JN063859

経営学の入門

Introduction to Management Studies

JaSeung Koo

具　滋承

編著

法律文化社

はしがき
――これから経営学を学ぶにあたって――

21世紀に入り現代社会は，これまで集積された科学技術に基づき，人工知能，IoTなどの先端技術が実用化された第4次産業革命の只中にあり，さらに，AI，IoTにゲノム編集といったバイオテクノロジーが融合する第5次産業革命をも目前に迎えつつある。

社会環境のすべての部分が変動性（volatility），不確実性（uncertainty），複雑性（complexity），曖昧性（ambiguity）といった言葉によって表現されるほど，これからの社会の未来像を予測することがより難しくなる状況となっている。このような不確実性に対応するためには，今まで人類が経験したことのない新しい問題を解決するための，創意的かつ挑戦的な姿勢が必要となるが，経営学は，こうした環境の変化に対応するための対策を模索するに当たって，重要な知識基盤を提供している。

経営学に接する機会がなかった人からみると，経営学を会社運営スキルや金銭的利益を得る実利的な方法を学ぶ学問分野として認識することもあり得ないことではないのだが，経営学は企業をはじめとする多様な組織の経営現象を対象に，科学的な方法でその中に存在する法則を探り，実践的な目的に従って活用しようとする社会科学の学問である。

巨大企業の運営に成功し莫大な富を蓄積した実業家が，必ずしも経営学の知識を背景に，そのような結果を得たとはいえない。多くの場合，企業の成長過程で磨かれてきた自分だけの経営ノウハウが，多様な環境要因と絡み合い，成功という結果を生み出したのである。経営学は，このような経営活動を成功に導くためのノウハウを，特定個人の「ストーリー」や「経験」だけではなく誰もに適用可能な，より一般化された知識として理論化するため，経営活動と様々な環境的変化の原因を科学的方法で分析し，理論を構築する学問といえる。

経営活動は，企業のような組織の構成員や一般の個人を含め，国や世界経済のような多彩な経済主体と相互に作用するため，経営学は，経済学，社会学，心理学といった多様な学問領域までを総合的に考慮し，科学的理論を展開していく領域横断的な性格をもっている。そして，そこで成立した理論的基盤は現実の世界ですぐに応用することが可能であり，実務的な影響力が重視されている学問領域でもある。

このような経営学の属性を踏まえて，経営学に対する理解を深めるためには，前述のとおり経済学や社会学，心理学などの関連分野に興味をもち並行して学習を進めていくことが望ましい。また，学んだ内容を様々な社会の実状に照らし合わせ応用してみることで，現実的な活用度を高めることが大切である。

大学などで自然科学をはじめとする他の学問領域を専攻している場合は，経営学を学習することで，これから様々な分野に就職後，その経営現場において，経営学の知識を活かして活躍の場を広げることができる。そして，それぞれの専門分野でプロフェッショナルとして活躍しながら，一定の経験を積んで管理層になったときには，組織の管理者として，経営学で学んだ知識を活用することでより一層大きな役割を果たすことができるだろう。さらに，細分化された専門知識を身につければ，「会計」，「財務」，「マーケティング」，「人事・組織管理」の専門家，または「経営戦略」の専門家としてポジショニングし，経営コンサルタント，金融専門家，財務アナリスト，会計士，税理士などの資格をもって活躍することも可能となる。

本書の構成

本書は，経営学における各分野で活躍する気鋭の専門研究者が執筆し，経営学全般に対する基本的かつ基礎的な知識をわかりやすく解説している。

各章では，事例も交えながら重要な理論やキーワードについて詳解し，関連するテーマを結ぶクロスリファレンスをはじめ，理解を深めるための「コラム」なども設け，初学者にとって経営学を学び始めるための第一歩として，必要十分な知識と問題意識を習得することを可能にしている。

ぜひ本書が，読者の方々にとって，これからの企業社会で活躍する際に役立つ知識を提供することができれば幸です。

2022年3月

執筆者を代表して　具（ク）　滋承（ジャスン）（JaSeung Koo）

目　次

第1章　企業・ビジネス活動とは何か

本章では，企業の経営活動の基本概念，基盤体系と経営環境分析などについて説明します。そこで第1節では，ビジネス活動の概念，第2節では，企業活動の制度的基盤としての企業の形態について述べ，第3節では，経営活動の価値体系，ステークホルダー，ビジネスモデル，精鋭戦略の階層などの概要について，第4節では，経営戦略構築プロセスの概要，事業活動を取り巻く外部，内部環境分析についてPEST，バリューチェーン分析，など具体的な方法論に対する説明を行います。

Keywords▶企業，ビジネス活動（経営活動），株式会社，ビジョン，ミッション，ステークホルダー，ビジネスモデル，外部環境分析，内部環境分析

第1節　企業の経営活動

企業は，多様な原材料を基に企業特有のプロセスを通じ，自社独自の価値を付け加え販売し，利益を創出するという一連の活動を繰り返すことで永続的成長を成し遂げる。**経営活動**は，原材料本来がもつ価値に自社独自の特徴的な価値を加えることで付加価値をもたせ，その価値を認めて代価を払う顧客を確保することにより，利益を得る。その利益は，再投資の過程を経て，企業がより大きな価値を追求できる基盤を提供する。すなわち，一連の企業活動はこのような付加価値の創造と拡大の流れを繰り返すことである。そのため，いかなる付加価値を，どのような過程を通じて生み出せるのか，誰にその価値を提供するべきかという認識は，企業経営活動の根本的な土台になる。

企業活動または経営活動の原材料となる**経営資源**は，**人**，**物**，**金**，**情報**の要

素によって構成される。人的，物的，金銭的，情報的資源をどのように組み合わせて加工するかによって企業活動のアウトプットが決められ，自社の特色が反映された付加価値を生み出すことができる。すべての自然資源と同様，企業活動に必要な経営資源も，各々の企業の経営状況によって活用可能な資源の範囲や量は制限される。したがって，自社の使用可能な資源の状況と，目標とするアウトプットレベルのバランスを適切に顧慮し，効果的かつ効率的に資源を配分することが重要である。自社特有の価値創出プロセスの下で，より高い付加価値を生み出し顧客から選ばれること，そして今後の企業全体の持続的価値を向上させることは，限られた経営資源をより効率よく配分するために熟慮すべき課題である。経営資源の配分が適切に行われない場合，企業経営は致命的危機に直面することになる。金銭的資源の不足，優秀な人材の不足，企業特有のビジネスノウハウの喪失などの問題で結果的に企業活動が継続できなくなるのは，経営資源管理や配分が適切に行われていないことが主な原因の１つである。したがって，経営資源の管理や配分を効果的に行うため，企業は様々な取組みを進めている。その取組みが企業経営活動の総合的な姿になるといえる。企業はこのような経営活動の成功を収めることで，主要な経済主体の１つとして社会と共存共栄し，人類，社会の進歩と発展に貢献することができる。

第２節　企業活動の制度的基盤：企業の形態

経営活動は主に企業という組織体を通じて行われる。経営活動の主体である企業に対しては，各々の国が法律的な活動根拠を設けている。したがって，国によって会社の形態を含む企業活動に対する法律的な根拠が少しずつ異なる部分があるが，現在の日本では会社法に基づいて，**株式会社**，**合同会社**，**合名会社**，**合弁会社**の４つの会社の形態が存在する。

1　株式会社

まず，**株式会社**は最も一般的で人気のある会社の形態である。株式会社設立のためには資本金が必要であるが，過去には株式会社設立の最小資本金が相当高かった時期もあったのだが，現在は資本金１円以上なら設立が自由になっている。株式会社は設立当時の企業価値として評価された初期資本金をもとに「株式」[▶1]を発行し，経営活動を通じて高まったその企業のビジネスの価値は株式の価値に反映される。したがって，企業の経営活動は「ビジネスの価値を代表する株式の価値」を高めていく過程としても考えられる。

法律に定められた株式会社という制度的形態は，資本金を出してくれた出資者（株主）の責任が株式の価値に限定され，有限であることから，事業がうまくいかず，問題が発生した場合には，そのリスクを最小化することができる会社形態である。株式会社の最も大きなメリットは，当該ビジネスに興味のある誰からでも資本（資金）を受けることができることである。つまり，株式会社制度を通じては，ビジネスに興味のある誰にでも株式の権利を付与し，投資を受けることができる利点がある。株式会社は，既存の株式を他人の名義に移転することも，新しい株式を発行して出資（投資）をしたい人に割り当てることにより，資金の募集を比較的円滑に行うことができる。株式に投資することにより，株式会社の株主となった出資者は，会社の経営活動の価値を共有することになり，「配当」という余剰利益の配分や，事業価値に大きな影響を与える主要な意思決定過程に参加する「経営参画」の権利を有することになる。したがって，株式会社制度では出資者になるための資格や制限がなく，株式所有の程度に応じて議決権という経営権の大きさも異なるため，ビジネスに興味をもっている誰もが出資額を多くした場合は，いきなり企業全体の経営権をもつオーナーになることも可能である。株式会社の場合は，このような特性を生かし，より多くの人々から自分のビジネスに対する注目を集め投資を受けるために株式取引市場に「上場」[▶2]することができる。上場することにより，企業は財務資源を含む様々な経営資源の獲得がより便利になることで，企業の価値向上のための戦略的選択肢をより広げることも可能になる。

株式会社は，上記のように様々なメリットがある企業形態であるが，いくつかのデメリットも存在する。例えば，誰からでも出資を受けることが可能なだけに，それに対する投資者の保護のため，経営活動の内容を透明に公開する決

▶1　資金を提供した出資者（株主）に対して発行する証書。

▶2　企業の株式を取引所（市場）において売買可能にすること。

算公告義務，財務状態を定期的に公示しなければならない財務諸表の開示義務などがあり，従わないと法律により処罰の対象になることや様々な不利益を受けることになる。そのため，その報告や告示など投資者の管理と維持のために多様な経営資源を消費しないといけないことが１つの課題として考えられる。

2 合同会社

合同会社は，株式会社とは違い決算公告のような情報提示の義務がなく，より自由に自分たちのルールを制定することが可能である。そして，出資者と経営者が同じ存在として認識されることや，出資者全員が「有限責任社員」になること，経営の自由度が比較的に高いことなどが特徴である。しかし，出資者すなわち経営者間の紛争が発生する場合を想定し，「定款[▶3]」上で詳細な対応策を定めておくことが重要である。合同会社は初期設立にかかる経費が株式会社に比べ低いことや，制度そのものが2006年「会社法改正」により設立が可能になった新しい企業形態であるため，知名度が低いので企業間関係で信用を重視する場合には不便な側面がありうる。しかし，企業の形態より製品やサービスに注目する傾向が強い一般消費者向けのビジネスを行う会社の場合には，より適した企業の形態として認識されている。

3 合資会社・合名会社

合資会社と**合名会社**は株式会社や合同会社に比べ，その数が少なく，徐々に少なくなる傾向である。これらの会社形態も，合同会社と同様，外部的な義務事項より自治的にルールを定め，経営活動を進めていける自由度が高い形態として評価されるが，出資者の責任が無限であることから，その需要が高くない制度である。企業は経営活動による利益を享受することも大事であるが，同時に誤った経営活動に対する責任も負わなければならない。最悪の場合，設立した企業が倒産してしまうと，その責任を資本提供した出資者が負うことになる。それが「出資者責任」制度の概念である。出資者がどこまで責任を負わなければならないかに関する「出資者責任」の範囲については，企業形態により

▶３　法人の設立目的，組織，主要活動などについての基本規約や規則を記録したもの。

異なるルールが定められている。「出資者責任」には「有限責任」と「無限責任」があり，「有限責任」は会社が倒産した場合，会社の負債を出資した分だけに責任を負うことを意味する。すなわち，「有限責任」の場合は会社が倒産しても，本人が投資した分だけに責任を取り，それ以上の責任をとることによる損失はない。しかし，「無限責任」の場合は会社が倒産した場合，会社の負債がなくなるまで出資者が責任を負わなければならないことを意味する。すなわち，会社の活動と関係なく本人が所有している個人的な資産なども倒産した会社の負債が完全に解消するまでに処分しなければならない，文字通りの「無限に責任を負う」ことになる。合名会社と合資会社の場合は「無限責任社員」制度を採用しているので，出資者が経営活動のリスクに対して他の会社形態より広い責任範囲があり，それが会社の形態として人気が高くない理由である。

第3節　企業経営活動の基盤

1　企業経営活動の根幹

企業の経営活動は，利用可能な経営資源を使用し独自のプロセスを通じて付加価値を創出し，顧客にその価値を提供することで利益を獲得する過程を繰り返し，永続的な成長を遂げることを追求している。経営活動によって作り出されるアウトプットは，結果的に類似の商品やサービスになる場合もあるが，企業特有の価値創出プロセスに基づき作り出された成果物としては一定の区別がつく特徴が存在する。これは企業の経営活動に対する根本的な価値観に基づくもので，このような企業活動の土台となる価値基準の基盤が**企業理念**，**ビジョン**，**ミッション**，**核心価値**などである。

企業の**経営理念**はミッション，ビジョン，核心価値，さらに行動規範などの概念が具体化され，企業のマネジメントシステムと企業文化の基盤になる。個人の人生において，様々な判断や意思決定の最も根本的な基準となり，人生の目標設定や生活方式に大きな影響を与えている個人の「価値観」と同様，経営理念は，企業が経営活動を通じてどのような価値を目標にすべきかを定める基本的かつ根本的な経営活動の価値観を示す概念である。経営理念を具体的に実現するためには**価値体系**（Value system）という下位概念かあり，ミッション

(Mission)，ビジョン（Vision)，**核心価値**（Core value)，**行動規範**（code of conduct）などがその構成要素である。**ミッション**は，組織が存在しなければならない根本的な理由や経済的，社会的使命を表している概念である。ビジョンは，組織のミッションに基づいて企業が長期的に実現しようとする目標や未来像を示すなど，ミッションをより具体的に表現するものである。**核心価値**は，企業が経営活動を通じて顧客，株主，従業員などの様々なステークホルダーに伝えようとする究極的な価値を示し，**行動規範**は核心価値を組織構成員の行動につなげるための具体的な行動基準を表している。

このような価値体系は，経営哲学，経営原則，○○ウェイのような形で示される場合もある。価値体系は，中長期財務目標などの経営目標や，経営資源配分の根幹となる経営戦略のようなマネジメントシステムの指針を提供することで，より具体的に可視化される。また，企業の価値体系は組織と組織構成員に長期間わたって内在化され，**企業組織文化**として現れる。企業文化は組織構成員が組織の内部から広く共有されている信念，価値観，行動様式，意識構造などを称する概念であり，一般的には他の組織と差別化される特徴がある。企業文化を効果的に活用すると，組織構成員が同じ目標意識をもち続けることで，組織内部の意思決定が円滑に行われるなどのメリットが期待される。しかし，現代社会の急速な変化に対応するためには，長く保ち続けられた強い企業文化が経営成果に悪影響を与える可能性などのデメリットも存在するので，注意深く管理を行う必要がある。(➡詳細は第5章第**5**節参照)

ミッション，ビジョン，核心価値，行動規範，経営戦略，組織文化などを含む経営理念体系とマネジメントシステムは，企業経営活動の根幹であり，経営を成功に導く大きな基盤になる（Kotter & Heskett, 1992)。

2 ステークホルダー（利害関係者）

企業の経営活動は，事業の主体である企業を取り巻く多様な**ステークホルダー（利害関係者）**との持続的な相互作用を基盤としている。経営活動に資本を提供してくれる株主，事業活動の根幹になる従業員，原材料をはじめとする各種経営資源の供給元，顧客，地域社会，政府など，企業の経営活動には欠かせない様々なステークホルダーが存在している。過去には，他のステークホルダーより株主を最も重要なステークホルダーとして認識し，株主の利益を一番優先する観点が支配的だった（Freeman, 1984）。すなわち，経営活動は何よりも株主のための財務的利益を最も重要な目的とし，それ以外のことは付随的であり時には必要ではないこととして認識する観点である。このような観点は現在大きく変化しており，重く意識しなければならないステークホルダーの種類が多様化し，幅が広くなっている。より幅広いステークホルダーを認識する必要性を主張したエドワード・フリードマンによれば，ステークホルダーとは企業と企業の業務に影響を与えているすべての対象を含むものである（Freeman, 1984）。これは，資本主義社会で企業が関心をもたなければならないのは財務的利益や株主価値だけだとしてきた既存の観点とは相反する見方である。しかし，21世紀に入ってから，より幅広いステークホルダーの利益を考えることやその関係性を考慮した経営活動の必要性が一層大きくなり，経営活動に関連するステークホルダーの範囲も徐々に拡大していく傾向である。企業と企業の経営活動がもつ社会的な価値が，経済的な価値よりさらに大きく認識される状況になっている。実際，現代の企業が利害関係を共にしなければならない対象は，顧客，従業員，供給元，政治団体，環境運動団体，地域社会，メディア，金融機関，国内外の国家機関，国際機構などが含まれる。現代は会社を永続的に成長させる土台として，多様なステークホルダーとの利害関係を十分に共有しつつ，企業を成長させることが最も重要な課題として認識されている。つまり，株主の利益だけを考慮し短期的な利益を追求することよりも，様々なステークホルダーと利害関係を共にし，共存共栄を図り，より長期的な観点で企業経営を継続していく重要性が認識されているということである。

例えば，発電所を建設し運営する上場企業の場合，以前の観点から見れば自分のビジネスをより費用効率的に進めていき，最大の利益を得て株主に最大限の経済的価値を提供することを一番の目標として認識することになる。しかし，拡大されたステークホルダーの概念を適用すると，各々のステークホルダーの観点を以下のように考えることができるので，それらの利害関係に基づき事業推進方針を変更または修正し，より大きな経営上の目標を成し遂げることが重要である。

・**従業員**：新たな発電所を建設し運営を行うことは，企業のビジネスが成長することなので，組織のメンバーとしては歓迎するべきであるが，発電所の種類により，施設内の働く環境や安全性を確かめようとすることが予測される。組織全体の運営成果と共に，個人の利害関係が，企業のビジネス展開の方向に対する従業員の反応に影響を及ぼすことになる。

・**地域コミュニティ**：発電所の建設に従い，多少は地域の経済発展に貢献する部分が存在するのだが，発電所建設に伴う急な生活環境の変化や地域の広い範囲にかけて設置される高圧送電線，鉄塔などの関連設備などにより，近隣の住民は生活の質の低下を懸念することが予想される。住民の健康への悪影響などの諸問題に関しては，科学的な証明も難しく，法律的な争いになった前例が以前にも複数あるため，地域住民としては発電所建設に反発する可能性が高いことが予測される。

・**地方自治体**：自治体として地域住民の安全と地域経済活性化の両面を同時に追求しないといけないのだが，発電設備の種類により，住民の安全な暮らしに悪影響を与えるかもしれない場合もあるので，発電設備の誘致による税収以外の多方面での配慮が必要になる。

・**金融機関**：取引先の会社が新たなビジネスを進めていくことに対し，基本的に金融機関は財務資源を供給する供給元として極力協力するべきであるし，電力の生産と販売は長期的に安定的な収入が予測されるビジネスなので，金融機関には最適なビジネスパートナであり，投資先にもなる。しかし，最近では環境や持続可能なビジネスを意識した金融取引，投資に関する外部からの圧力を受けるので，収益性と社会的な圧力を両方意識した意思決定を行わないといけない。

・**環境団体**：電力生産のためには，多様なエネルギーが使われているのだが，大規模な発電施設の建設には自然環境の侵害，環境汚染が懸念されるのが一般的である。再生エネルギーを使用する発電設備でも同様な問題を起こす状況なので，新たな発電設備建設に関しては，徹底的な補完策を設けた上での計画実行を強く求めることになる。そのため，環境に対する専門知識を活かし，事業主の計画を検討し，政界，地域住民などとその問題点を共有しつつ，改善を促す活動を行う。

・**国・政府**：発電所の新規建設は，安定的な電力供給に対する国の大きなエネルギー政策の実行のためには必要不可欠である。計画通り，事業を進めていくためには，建設や運営を行う企業以上に，事業を成功させるために，様々な場面で協力を行う必要がある。その対応によっては，国民の政府に対する信頼，政策に対す支持にもつながるので，政治的な観点からも重要な問題である。

幅広いステークホルダーの概念が普及し始めた頃には，例えば気候変動などの影響を実感できないまま，企業のブランドイメージ向上などの抽象的な目的だけのためにその概念が活用されてきた。しかし，気候変動に対する国際機構の積極的な活動や先進国を中心とした主要国の危機意識の拡散に伴い，実質的かつ実体的な措置や制度などの枠組みが設けられ，気候問題を含む拡大された概念のステークホルダーに対する十分な理解と，共存共栄のための長期的観点をベースにした経営戦略が，現代の企業にとっては必要不可欠な経営活動の根幹になっている。

3 ビジネスモデル

新しい製品，サービス，技術が可能性を越えて現実的な成功を遂げるためには，事前にビジネスとしての展開方向を具体的に決めなければならない。

製品，サービス，技術を通じて顧客にどのような価値を提供できるのか，協力パートナーは誰なのか，企業の特徴を表す核心的な事業活動には何があるのか，どのような経営資源を必要とするのか，顧客との関係管理はどのようにするのか，顧客へのデリバリーチャネル（サービスを提供するための拠点や仕組み）はどのように確保するのか，主なターゲット顧客層は誰なのか，収益と費用の構造はどなっているのかなどのビジネス全体像を細かく考えないといけない。**ビジネスモデル**は，ビジネスのアイデアを経済的価値と繋げるフレームワークでありつつ，経営組織が価値を創出，伝達，獲得する方法に対するロジックや根拠を説明する。企業は，経営活動をより包括的に構造化したビジネスモデルを確立することで，経営活動が生み出す価値をより具体的に認識し，価値を獲得するプロセスをより明確に理解することができる。

ビジネスモデルには，企業の経営活動を包括的かつ具体的に表すため，様々な構成要素が含まれている。アメリカ UC バークレー大学のヘンリー・チェスブローは，**ビジネスモデルを構成する6つの要素**を以下のように提示した（Chesbrough, 2003）。

・**価値提案**（Value proposition）：商品とサービスを通じて顧客にもたらす価値
・**細分市場**（Market segment and revenue generation mechanism）：商品とサービスを提供する対象および収益発生のメカニズム

- **価値連鎖**（Structure of the value chain）：製品とサービスを生産・提供するために必要なバリューチェーンの構造とバリューチェーン内の企業のポジショニングをサポートしている補完的な資産
- **費用構造と収益潜在力**（Cost structure and profit potential）：与えられたバリューチェーンと価値提案（Value Proposition）の下でのコスト構造と収益など財務実績の成長潜在力
- **価値ネットワーク**（Value network）：原材料供給元から顧客に至るまで，製品やサービスだけでなく情報，知識などの無形の価値を包括的に共有し，取引を行う価値ネットワーク内でのポジション
- **競争戦略**（Competitive strategy）：自社の競争優位の要因と競争優位を維持するための戦略

一方，アメリカハーバード大学のC. M. クリステンセンは，革新的なビジネスモデルに対し次の4つの構成要素を取り上げ，説明を行った（Johnson, Clayton & Kagermann, 2008）。

- **顧客価値提案**（Customer value proposition）：顧客は誰か，どのような問題を解決しようとしているのか，具体的にどのような価値を顧客に提供し便益を増加させるかに対する概念定義
- **収益算式**（Profit formula）：どのように売上を発生させるのか，原価の構造とマージン（利益）はどのように設定するか，目標とする収益を達成するため，在庫，納期，資産回転などの管理，運営をどのように行うかに対する定義
- **キー・リソース**（Key resource）：ビジネスモデルを展開する場合，収益性を確保するため，どのようは核心的な経営資源が必要になるのかに対する定義（人員，技術，特許，チャンネル，パートナーシップ，提携，ブランド管理などの企業内外の有形，無形の資源〔リソース〕を含む）
- **キー・プロセス**（Key process）：ビジネスモデルを実行する際に発生する問題と解決策，持続可能な成長を促すために必要な経営活動全般にわたるビジネス運用プロセス，行動様式などに対する定義

ビジネスモデルは，技術環境の変化，新製品開発，新市場開拓など様々なビジネス環境変化に従い，調整や修正を適切に行わなければならない。ビジネスの流れとのバランスを常に意識しつつ，将来に向けての方向性も反映し進化さ

せることで，企業は事業活動の効率化を進展させる重要な基盤を構築することができる。

4 戦略の階層

企業理念，ビジョンなどを土台に企業の経営活動に対する大きな方向を決めるのは，企業外部環境の変化と内部環境に対する深い理解の下で，経営活動の中長期的な目標を提示することである。**企業戦略**（Corporate Strategy）は企業理念体系に基づき，企業の内部・外部経営環境に対する正しい理解を基盤とし，中長期的に企業の経営活動が目標とすべき方向性と具体的目標を策定し，企業内のすべての組織と機能が向かうべき到達点を提示する。企業戦略の観点からは，企業全体の持続可能な成長のためどのように限られた経営資源を個別事業や組織に配分するのかを判断する基準を提供する。企業の事業多角化，買収合併，海外進出／海外直接投資のような企業レベルの大きな意思決定は，企業戦略の領域として認識される。

事業戦略（Business Strategy）は上述した企業戦略の下で，複数の事業を営む企業の場合，個別事業単位別に環境分析を行い個別事業の経営活動に対する独自の戦略や実行方法を策定することを意味する。事業戦略は，主に個別事業市場で「勝ち抜く」もしくは「生き残る」ための観点から，個別事業として独自の経営戦略を展開することである。事業部制組織として運営される場合なら，該当事業部の責任者は，事業戦略を通して企業戦略の目標との一貫性を保ちながら，独立的権限を活用し，当該事業市場での競争優位を確保しつつ発展維持できる独自の経営戦略を策定し実行する。

企業戦略と事業戦略の効果的な実行のためには，製品やブランド・レベルでは，**マーケティング戦略**（Marketing Strategy）などを活用する。外部環境分析を含む多様な分析作業を通し，企業レベルの戦略的方向性と各々事業単位の競争戦略が固まれば，事業市場で可視的な成果を収めるための具体的な実践方法やと成果目標を設定し，実行段階に移すことになる。これがマーケティング活動の領域である。マーケティング戦略は，目標市場（Target market）の設定と差別化されたポジショニング戦略の樹立，実行のための具体的な**マーケティング・ミックス**の管理（➡詳細は第11章第5節参照），資源配分に対するガイドライ

図1－1　戦略の階層

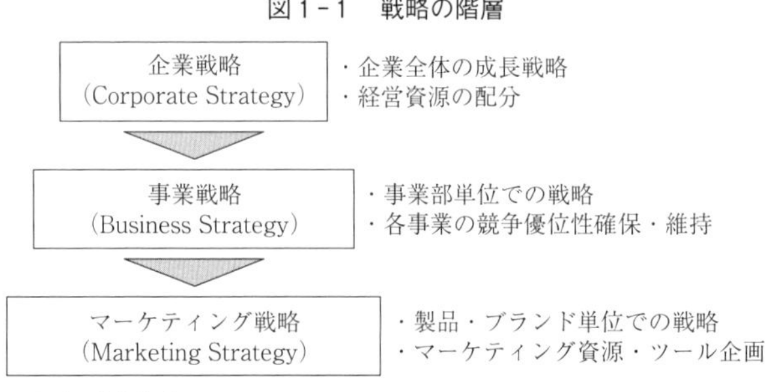

出所：筆者作成。

ンを策定し，戦略目標実現のための詳細な方策を提示する。

企業戦略，ビジネス戦略，マーケティング戦略は，この階層（ハイアラーキー）に基づいて，企業戦略の大きな方向性を共有しつつ，独自の戦略的効率性を求めていく（図1－1）。企業の大きな戦略的方向性や一貫性を維持せずに，各々の事業ごとでバラバラな方向を向いていると，企業全体の方向性を失い，戦略実行体制が崩れてしまい，結局は経営に大きな打撃を与えてしまう。したがって，経営者と組織構成員は，経営戦略の階層構造とその内容を十分に理解し，企業が求めている究極的な価値を効果的に共有することが重要である。

第4節　企業経営戦略の策定

経営戦略における本格的かつ詳細な解説は，本書第4章で行うが，本章では企業活動の全体像を総括的に紹介する脈絡で，経営戦略の策定プロセスや戦略目標を設定するための企業内外部の環境分析方法とその内容について説明する。

1　経営戦略の構築プロセスの概要

経営戦略は企業の経営活動に対する中長期的な進路を指す羅針盤のような役割をしている。企業の持続的な成長のため，事業を取り巻く外部環境の現在と未来を正しく把握しつつ，自社が現在所有している内部的な能力に対する客観的な理解に基づき，どのようなビジネス上の選択を行い，事業を成功に導くかといったことに対し，経営戦略は企業全体の観点からその解答を提示しなければならない。一度策定された経営戦略は，３～５年間の中期または長期的観点から経営活動の方針を示すのが一般的であるが，急激な外部環境変化や大きな内部的な問題が発生する場合には，そのつど経営戦略全般に対する再検討が必要となる。しかし，特に問題が発生していないにもかかわらず，頻繁に経営戦略に変更を加えることは，組織全体の活動に大きく影響を及ぼし，経営成果に悪影響を及ぼしかねないため，経営戦略は慎重に策定しなければならない。

経営戦略は全般的な企業経営活動に対する方向性を表すため，経営環境の変化に対応し，企業運営の方向をどのように設定し，事業活動を成功に導くかを示すことが最も重要なポイントである。さらに，より具体的に企業と経営組織が向かっていくべき方向と成し遂げるべき目標を提示しつつ，現実的な実践方法を現すためには，具体的かつ実体的に諸般の事業環境を分析し，理解を深めることが重要である。また，自社の組織が内部に保っている能力を正確に把握し，現状と成長潜在力を的確に判断することで，今後必要となる力量の確保に向けて戦略の方向を設定しつつ，実現可能な挑戦的戦略目標を設定することが非常に重要である。したがって，経営戦略は，まず外部環境と内部環境に対する「経営環境分析」に基づき，経営活動全般の「戦略の方向性」を設定し，より具体的な「戦略方法の策定」を行い，最終的に樹立された方法を「実行」する一連のプロセスを踏んでいくことになる。

外部環境分析は，マクロ環境分析，産業動向，市場競争環境，ビジネスケース分析，ベンチマーキング（Benchmarking）[▶4] などの内容を含め，効果的な分析のために様々な方法論を使っている。**内部環境分析**には，ビジネス構造，競争力，財務構造などの分析が含まれ，**バリューチェーン分析**などの様々な方法が使用されている。企業は，このような経営環境分析の結果に基づき，今後の経営活動に対する戦略的方向性を新たに設定することで，ミッション，ビジョン，核心価値のような企業の価値体系も再確立することができる。また，再構築された価値体系を根幹として中長期経営目標，未来事業構想などの中長期戦略の基盤や方向性を固められる。中長期戦略と経営目標は，各事業組織の事業

▶４　企業が製品，サービスやビジネスプロセスなどの経営活動を優れた競合他社と比較し分析を行う活動。

戦略と事業単位の経営目標としてより細かく具体化される。そして企業レベルの経営戦略は，下部組織単位の具体的な実計画策定とその実行をモニタリングする体制を設けることにより，目標達成のための現実的な実践基盤を構築することができる。

2 外部環境の分析

企業の経営活動を取り巻く外部環境の現状と未来をより効果的に理解するためには様々な分析方法とアプローチが存在している。企業活動を取り巻くステークホルダーがますます拡大している現代の経営環境では，事業環境に影響を及ぼすより多くの要素に対し注意を払いつつ，慎重に分析を進めなければならない。外部環境分析は，マクロ環境，産業構造，競争環境，産業発展段階などに関する内容を含めて進めていくことが一般的である。産業の特性など特別な必要がある場合は顧客や技術など特定の分野を深堀する場合もあるが，中長期経営戦略の樹立のためには，より幅広い範囲での全般的かつ総合的な環境分析が適切である。

外部環境は経営活動に多くの影響を及ぼしているが，一般的には経営主体である企業がコントロールできない範囲に置かれている。マクロ環境分析は，その中でも最も幅広い社会的な環境要因を対象にしている。**マクロ環境分析**には，**社会的（人口統計的）環境**（Society），**技術的環境**（Technology），**経済的環境**（Economics），**自然環境**（Ecology），そして**政治的（法律的）環境**（Politics）などが含まれている。マクロ環境分析の古典的な手法はPEST分析（Politic, Economy, Society, Technology）である。最近ではPEST分析に環境（Ecology）を加えたSTEEP分析も広く活用されている。マクロ環境分析を効果的に行うことができれば，メガトレンド[▶5]のような大きな社会変化の方向を理解することができ，自社の経営活動がそれに逆行していないかといった自己診断や，その流れに沿った企業レベルでの戦略的方向を設定することができる。**産業環境分析**は，マクロ環境分析より具体的に企業の経営活動が行われる産業に対する政府の政策，業界の現況，産業のライフサイクルなどを包括的に検討することを

▶5　社会に大きな課題を提示する巨大な潮流または総体的な動向。

意味する。産業を巡る経営環境は，国の経済政策とも緊密につながっている場合が多く，競争環境をより広い視野で分析することが重要なポイントである。そこで，産業の構造的特徴を正確に理解し，産業の魅力度を的確に認識しつつ，企業の当該産業での経営活動に対する現状診断や方向の転換などの政策決定の基盤を構築することが，産業環境分析の大きな意義である。

産業環境分析には「産業構造分析モデル」または「５フォースモデル」という M. E. ポーターの分析方法が広く使われている（Porter, 1979）。

５フォースモデル（5 Forces Model）分析は，**業界内の競合関係**，**売り手の交渉力**，**買い手の交渉力**，**代替品の脅威**，そして潜在的な**新規参入業者の脅威**に対する理解に基づき，当該産業内での競争方式や収益構造，成功要因など，今後を予想する産業環境分析のフレームワークである。

競争環境分析は，競合他社を分析し，ライバルの競争力の源泉は何か，そして同じ産業内で類似の戦略を取っている企業の集団がどのように形成され，どのような要素が市場参入の障壁になっているのかなどを把握する手法である。

産業発展段階分析は，産業が新しく生まれ発展しつつ，一定の時間を経て衰退していくことを想定し，産業ライフサイクルの中で該当産業がどのように位置づけられているのかを分析する方法である。開発段階，成長段階，成熟段階，そして衰退期のうち，どの段階に位置しているのかを確認することによって，ビジネスをより拡大すべきか，もしくは撤退すべきかなど経営戦略を策定するに当たって必要とする基礎的な土台を固めることができる。

外部環境分析は，経営戦略策定や戦略的方向性設定のための論理的基盤や根拠を導き出すための過程である。企業は，マクロな経営環境や産業に対する理解を深めることで，経営活動の今の状況や今後の予測，産業の特性や魅力度などを総合的かつ的確に認識し，今後の戦略的方向性を設定しつつ，内部環境に対する理解をまとめ，経営戦略策定のための準備材料を揃えることになる。

３ 内部環境の分析

外部環境分析を通して得られた事業環境に対する理解と共に，事業活動の主体として企業組織内部の環境を正確に理解し分析することは，経営戦略を成功させるために欠かせない要素である。企業の組織能力は，企業競争力の基盤となる組織全体の力量の総体を意味する。それは，目に見える有形資産だけでなく，ブランド価値，経営能力，組織文化のような無形の資産も含まれた概念である。

企業の内部環境分析を行うためには，様々な方法が存在しているが，原材料調達，製造，販売などの一連の経営活動に対し，付加価値を生み出す企業独自の価値連鎖として認識し，企業の競争優位の源泉やその創出能力を把握する**バリューチェーン分析**が広く知られている（Porter, 1985）。アメリカハーバード大学教授のM. E. ポーターにより提案されたこの方法論は，企業の生産，販売，経営支援の経営活動プロセスを全体的に包括しつつ，個別の組織機能ごとに分けて組織能力を分析することで，競争優位の源泉や付加価値創造の要因を企業独自のバリュエーション構成や組織特徴により把握できる。

バリューチェーン分析は，企業の経営活動を「**主活動**（Primary activities）」と「**支援活動**（Support activities）」に大きく分けて認識している。支援活動は，主活動が効果的に行われるようサポートする活動であり，購買，人事管理，技術（研究）開発，間接・支援部門（企画，財務 / 会計，法務など）のように直接企業の業績に結び付くのは難しいが，付加価値の創出を間接的に支援する活動を意味する。バリューチェーン分析は，個別に価値を生み出す活動と，他の経営プロセスとの連携により作られるシナジー効果（相乗効果）まで把握できることで，組織の核心的な能力がより総合的かつ明確に認識できる分析方法である。そして，複雑な経営活動の流れを，より簡単明瞭に理解することで，戦略的意思決定に役立つとともに，各経営活動間の関係とその流れを明確に認識することによって内部競争力の改善案策定の基盤も提供している（図1-2）。

一方，アメリカユタ大学のJ. バーニー教授は**企業の競争力を評価**するフレームワークとして，企業が所有している有形，無形の経営資源について**保有価値**（Value），**希少性**（Rareness），**模倣可能性**（Imitability），**組織化**（Organized）の4つの概念的基準を提示した（Barney, 1991）。この**VRIO分析**とも呼ばれている内部環境分析フレームワークは，企業が所有している経営資源や独自の組織能力が持続可能な競争優位の源泉になることを提唱する資源基盤論（Resource based view）に基づく分析方法である。**価値**は組織内部の資源と能力が企業の業績や成果に直結することができることを意味する。**希少性**は企業が

図1－2　バリューチェーン

支援活動（Support Activities）
間接・支援部門（Firm Infrastructure）
人事管理（Human Resource Management）
技術開発（Technological Development）
購買（Procurement）

主活動（Primary Activities）
購買物流（Inbound Logistics）
製造・加工（Operations）
出荷物流（Outbound Logistics）
マーケティング・販売（Marketing & Sales）
アフターサービス（After Service）

利益（Margin）

出所：Porter（1985）より筆者作成。

所有している資源と能力が希少でありつつ，競合他社が入手することが難しい状況を示す。**模倣可能性**は，自社が所有している資源と能力を競合他社が模倣できないか，模倣するために相当なコストがかかるため，持続可能な競争優位を確保することができることを意味する。最後に，**組織化**は，市場の変化に素早く対応できる内部意思決定プロセスなど，所有している資源や能力を有効に活用できる組織体系が設けているのかを確認することである。VRIO分析は，この4つの観点で企業が所有している経営資源や能力の属性を定義し，戦略的に重要である内部資源を判別する手法としてもよく使われている。

企業の内部環境に対する分析は，経営戦略樹立プロセスの一貫として活用される場合が多いが，組織競争力改善のための診断方法としてもよく使われ，その分析結果は経営戦略の実行力を向上させるための重要な政策基盤を提供している。

設　問

1．任意の企業を挙げ，その事業内容をビジネスモデルの構成要素に基づき分析しよう。
2．上場企業を取り上げ，その企業のバリューチェーンを分析してみよう。

推薦図書

入山章栄，2019，『世界標準の経営理論』ダイアモンド社

経営学を取り巻く多様な理論的背景をわかりやすく説明しつつ，学術研究の知識的基

▶▶ *column 1* ◀◀

プラットフォームビジネス

いつの間にか,「プラットフォーム企業」という言葉を新聞記事やニュースで日常的に見聞きするようになった。通称「GAFA」と呼ばれているグーグル(Google),アップル(Apple),フェイスブック(Facebook),アマゾン(Amazon)は,従来のITやE-Commerceといった既存のビジネスモデルの分類とは異なる,「プラットフォーム」という新たな概念と価値を生み出すことで,「プラットフォーム企業」の代表格として認知されている。

「プラットフォーム」とは,駅に設置されている乗降のためのデッキなどの足場のことである。その駅を目的地として列車を降りる人やその駅からどこかの目的地に向かう人にとって,列車に乗り降りをするためには必ず通らなければならない,通らざるをえない「場」がプラットフォームである。つまり,乗客にとっては,列車での移動とは別に,地理的に離れている場所(目的地)を結びつける「連結」,「つなぎ」の「場(媒体)」として,プラットフォームを認識することもできる。プラットフォーム企業はまさに,このような観点(立ち位置)をビジネスモデルとして成立させ,発展させてきたのである。

そして,インターネットやスマートフォンなどの普及に伴い,ネット上での物の販売や企業・個人間の取引が当たり前となった現在,検索エンジン,ポータルサイト,E-Commerceなどから始まった新たなビジネスモデルは,利用者の爆発的な増加と,提供可能なサービスの種類が大幅に拡大したため,既存の産業分類やビジネスモデルの概念では適切に定義できなくなり,「プラットフォームビジネス」が注目され始めた。

このように,プラットフォーム企業は,インターネットという仮想空間で取引を連結する「場」を提供し,ニーズのある物やサービスを利用者と結びつける媒体としての役割を担っているが,場合によっては物の製造,流通,サービス提供の分野に直接参加することもあり,国や産業の枠を超えて自由自在に活動している。そして,多くの利用者のデータベースと人工知能などの先端技術力を活かし,消費者の物やサービスに対するニーズの変化などを迅速に認知し,即座にビジネスモデルを変化させることもできる。こうした新たなニーズや需要の変化など,顧客に関する多方面での分析データを積極的に活用した情報連結ビジネスは,プラットフォームビジネスの価値を一層高めるポイントとして大きな注目を集めている。

盤を提供している。

井上達彦，2019,『ゼロからつくるビジネスモデル』東洋経済新報社

アイデア開発，ビジネスモデル構築など事業開発の全体的なサイクルを網羅し，事例を交えながら解説している。

入山章栄，2015,『ビジネススクールでは学べない 世界最先端の経営学』日経BP

経営学における古典的な理論や概念を超えて実務的かつ世界的に通用する最先端の経営学について議論している。

引用参考文献

Kotter, J. P., & Heskett, J. L., 1992, *Corporate Culture and Performance*, Free Press.

Freidman, M., 1970,　A Friedman doctrine — The Social Responsibility of Business Is to Increase Its Profits, The New York Times Magazine.

Freeman, R. E., 1984, *Strategic Management: A Stakeholder Approach*, Pitman.

Chesbrough, H. W., 2003, *Open Innovation: The New Imperative for Creating and Profiting from Technology*, Harvard Business Press.

Johnson, M. W., Clayton M. C., & Kagermann, H., 2008, "Reinventing Your Business Model," *Harvard Business Review*, 86(12).

Porter, M. E., 1979, "How Competitive Forces Shape Strategy," *Harvard Business Review*, 57(2), pp.137-145.

Porter, M. E., 1985, *Competitive Advantage: Creating and Sustaining Superior Performance*, Free Press.

Barney, J., 1991, "Firm Resources and Sustained Competitive Advantage," *Journal of Management*, 17(1), pp.99-120.

（具（ク）　滋承（ジャスン））

第2章　戦略を実現する資源としての「人」
――人的資源管理論――

第2章では，組織における「人」に注目します。優れた戦略の実行には，人が不可欠です。経営学では，人の存在を組織にとって必要な資源，つまり人的資源として捉えます。その上で，組織の中で人的資源を活用するリーダーシップ，および人的資源の価値を最大限に引き出すためのモチベーション(動機づけ)について紹介します。そして，人的資源管理論の歴史をおさらいし，最後に，組織における人はいつでも集団性の影響を受けることについて考えます。

Keywords▶人材，リーダーシップ，モチベーション，人的資源管理，集団性

第1節　人は城，人は石垣

現代の組織において，人はどんな存在だろうか。昨今，AI（Artificial Intelligence, 人工知能）の進化によって人の仕事が奪われ人が要らなくなる，といった懸念も叫ばれる。しかし組織内においてAIを管理するのは人である。どれだけAIが進化したとしても，組織から人が要らなくなるという事態は起こり得ない。組織は常に，人があってこそ存続可能となる。

そして，組織が競争に勝って生き残るためには，人の価値をどれだけ引き出せるかが重要となる。戦国大名の武田信玄は，「人は城，人は石垣」という言葉を遺したそうだ。城や石垣は，戦国時代を生き残るために必須であった。武田信玄の言葉には，2つのメッセージが込められている。まず，人は城や石垣と同じくらい重要であるということ。次に，城だったり石垣だったり，場面に応じて人を適材適所で用いないといけない，ということである。

組織が戦略を実現するためにも，その２点に気をつけないといけない。組織において戦略を立案するのも人だし，実行するのも人である。つまり人が戦略をつくり，その戦略は組織内の人々の行動を規定する。人なくして組織も戦略も成立しない。また，人が組織のどこでどんな役割をもつのかによってそのパフォーマンスは大きく変わる。既存の人員構成だけでは実行できない戦略を策定した場合は，人員を配置転換したり，新たに人を雇用したりする。人を大切にするとはいえ，ときには人を整理解雇する必要も生じ得る。このように組織が戦略を実行・実現するにおいて，人という要素は無視できない必須の存在であり，人をどう用いるかによって組織の成否は大きく変わってしまう。

こういった観点から，第２章では，組織における「人」に注目し，経営学の重要な概念について学んでいく。まず，組織内で人を管理するリーダーの役割に目を向けた「**リーダーシップ**」，人の働きを最大限に引き出すための「**モチベーション**」について学び，その後「**人的資源管理**」という観点から，経営学における人の扱われ方についての歴史をたどる。最後に，人が集まることによってもたらされる「**集団性**」について検討する。

第２節　リーダーシップ

組織において人の存在は不可欠である。組織は人の集合体であり，大きな組織ほど多数の人を抱えている。人の価値を引き出すためには，その多くの人々を統べる人，すなわちリーダーが必須である。本節では，組織におけるリーダーとしての役割，すなわち**リーダーシップ**に関する研究をみていこう。

1　資質論と行動論

どのようなリーダー（シップ）が，組織にとってふさわしいだろうか。これが，リーダーシップ研究に通底する根本的な問いである。この問いに共感し，興味をもつ人も多いだろう。部活でもアルバイトでも，優れたリーダーを求める場面は日常的に少なくない。リーダーシップは，多くの人にとって身近で興味深いテーマであるといえる。

興味関心の高さの表れとして，大手保険会社の明治安田生命が毎年行っている「理想の上司」アンケートがある。これは新社会人となる学生を対象として，どのような芸能人やアスリートを「理想の上司」だと思うかについてアンケートしたものだ。このアンケートでは，2020年まで5年連続で同じ芸能人が1位を獲得しており，その選出理由は「親しみやすい」などが多い[▶1]。近年の新卒社員が，上司にどういった理想を抱いているかが推測できる調査である。

ところでこのアンケートは，理想とされる上司つまりリーダーが，どういった性格的特徴や人間的印象を有しているかを分析している。回答の理由として挙がるのは，主にリーダーの性格や印象である。また有名人を対象としている限り，見た目などの身体的特徴や，知的能力・運動能力なども考慮されているはずだ。このような，優れたリーダーが有する性格・身体的特徴・知的能力などの人間的な「属性」に注目する考え方を，**リーダーシップ資質論**と呼ぶ。

対して，優れたリーダーがとる「行動」に注目するのが，**リーダーシップ行動論**である。アメリカのオハイオ州立大学とミシガン大学で行われた研究が古典として有名で，この2つの研究は，優れたリーダーの行動は仕事（タスク）[▶2]に関するものと，人間性に対する配慮に関するものの2種類に分けられると結論づけ，リーダーは両方の行動の質を高める必要があると指摘した。この流れを汲んで，日本人研究者の三隅二不二が，三隅の**PM理論**と呼ばれる研究を生み出している。これは，リーダーのとるべき行動を，P（パフォーマンス：目標達成能力）とM（メンテナンス：集団維持能力），すなわちタスクの成果を求める側面と従業員の人間性に配慮する側面とに分類したモデルである。

資質論も行動論も，優れたリーダーの特徴を見出そうとする考え方である。しかしこれらの研究は，どのようにしてそうした特徴が成果に繋がるのか，という具体的なプロセスを明示するに至らなかった。例えば行動論の結論として，仕事の進捗管理も部下への配慮も両方できるリーダーがよいとはいうのだが，両立するプロセスまでは明確にできなかったのである。

▶1　明治安田生命「理想の上司」アンケートより。2021年7月30日取得。

▶2　仕事（タスク）から視点を拡張させて「構造づくり」と表現することもある。構造づくりには，仕事に対するチームビルディングや，役割の配分が含まれる。

2 コンティンジェンシー理論

資質論にしても行動論にしても，ある特徴を有しているからといって，優れたリーダーシップの発揮に繋がるわけではない。では，それ以外のどういった要因を考慮すべきなのだろうか。この疑問に答えるのが，**リーダーシップのコンティンジェンシー理論**である。

コンティンジェンシー理論は，初期の経営学における著名な理論であり，日本語では「状況適合理論」と訳されることもある。端的には，組織の成果は外部環境への適応度で決定される，とする理論だ。リーダーシップのコンティンジェンシー理論は，この考え方をリーダーシップの文脈に当てはめている。すなわち，リーダーのおかれる状況を加味しないと，優れたリーダーシップがどのようなものであるかは明らかにならないだろう，という考え方だ。

リーダーシップのコンティンジェンシー理論は，現実への応用がしやすい点で優れている。資質論でも行動論でも，優れたリーダーというものが先験的に存在し，すべてのリーダーはその理想のようになるべきだ，という前提が暗に共有されていた。ただ，現実として，世にいるリーダーがすべて理想通りになれるわけでもない。資質論で「背の高いリーダー」がよいとされたら，背の低い人はリーダーになれない。行動論によってタスク管理と人間的配慮の両方ができるべきだ，といわれても，両方こなせる人はそうそういないだろう。

しかし，適任者がいないからリーダーを置かない，というわけにもいかない。ほとんどの組織では，リーダーを置くことが先に決まっている。消去法でリーダーを選出することすらあるはずだ。このような状況をふまえると，コンティンジェンシー理論のもつ意味が明確化される。すなわち，現在の状況に最も相応しいリーダーを選出するという方法と，選んだリーダーに合わせて状況を変化させるという方法の２段構えによって，リーダーのパフォーマンスの向上を図る。誰もが理想のリーダーをめざすのではなく，今いるリーダーと状況とを加味して必要なリーダーシップを策定することで，より優れたリーダーシップの発揮をめざすのである。

3 個人機能説と集団機能説

ところで，ここまで触れたすべての議論は，リーダーシップが特定の個人によって発揮されるものであることを前提としている。これをリーダーシップの**個人機能説**と呼ぶ。しかし，リーダーシップが「個人のもの」であるとしても，リーダーシップが効果を発揮するのは常に，組織や集団といった他者との関係性の中であるはずだ。こうした議論をさらに発展させたのが，リーダーシップの**集団機能説**である。

リーダーシップが属人的であるか否かにかかわらず，リーダーシップの価値は，職場や組織といった他者が存在する場においてのみ発揮される。リーダーシップは集団の目標達成のためにこそ必要なのである。さらに，リーダーシップの「シップ」とは，「ように」という意味であり，つまりリーダーシップとは「リーダーのように振る舞うこと」なのである。このように考えると，実はリーダーシップを発揮するのは公式リーダー，つまり組織の中で明示的に役割を与えられたリーダーである必要すらなく，集団の中で結果的にリーダーシップが発揮されていればよい，ということになる。

4 様々なリーダーシップ

集団機能説をはじめ，近年のリーダーシップ研究は様々な展開をみせている。ここでは，比較的近年になって提唱されたリーダーシップの学説について，紹介しておこう。

まず，集団機能説ではなく個人機能説に立脚して発展したリーダーシップ理論が，**変革型リーダーシップ**である。このリーダーシップにおいては，明確で強いビジョンをもち，高い組織成果をめざし，部下に刺激を与え鼓舞するようなリーダー像が念頭に置かれる。組織の利益を第一として，強い牽引力をもとにめざす方向へと組織を変革していくイメージである。変革型リーダーシップは，環境の変化が激しい現代において，組織が生き残るために変革を迫られているような場面で求められるリーダーシップである。変革型リーダーシップは公式リーダーが発揮するものであり，相対的に部下の存在よりもリーダーの資質・行動に注目が置かれる。

対して，集団機能説に立脚した研究においては，リーダーと関わる部下の存在が注目されてきた。リーダーシップを集団の機能と捉えるのならば，リーダーシップは分有（shared）されていてもいいし，メンバー間で分散（distributed）

しているかもしれないし，新たなメンバーが外部から参加（participated）してもよい。特に，メンバー間で共有されるリーダーシップのことを，**分有型リーダーシップ**（shared leadership）と呼ぶ。リーダーと部下が情報を共有し，責任も共有し，比較的に水平な関係でリーダーシップの発揮をめざすのが分有型リーダーシップであり，新たなリーダーシップとして近年注目を浴びている。

他にも，リーダー個人が強く振る舞うというより，部下との関係性を気にしながら，ときに部下の目線にも立ち，水平関係を重視しながらコミュニティづくりに腐心する，といったリーダーシップを，**交流型リーダーシップ**と呼ぶ。交流型リーダーシップにおいては，リーダーのみならずそれを支えるフォロワーがいかに力を発揮するべきかという，**フォロワーシップ**が重要視される。

ところで，これらの新たなリーダーシップは，組織におけるどういった「成果」に結びつくのだろうか。経営学の著名なジャーナル[▶3]である*Journal of Applied Psychology*（応用心理学ジャーナル）において2014年に発表された研究では，それらのリーダーシップと様々な成果指標との因果関係が検討されている。この研究によると，分有型リーダーシップが発揮されている職場では，従業員の満足度・コミットメントや，まとまりの強さ・互いへの助け合いといった要素の度合いが高くなる。しかし一方で，よい成果を上げたという仕事への主観的な評価や，客観的な数値指標とは，あまり相関がなかった。つまり，分有型リーダーシップは，従業員満足度の向上には意味があるが，チームの成績の向上には必ずしも繋がらない。よって，分有型リーダーシップが発揮されると離職率は下がるが営業成績は上がらない，といった結果になるかもしれない。多様なリーダーシップが結果的に何を得ようとするものなのか，という視点は常に意識される必要がある。

最後に，**リーダーシップの交換理論**（leader member exchange, LMX）を紹介する。LMX は特にリーダーと部下の関係に注目している。繰り返すように，リーダーシップが個人の機能だとしても，最終的にはチームや職場の中で発揮されないと意味がない。そして，リーダーがチームや職場に置かれる限り，常に部下との関係，しかも複数の部下との関係を意識する必要がある。LMX

▶3　研究論文が掲載される雑誌のことを，ジャーナルと呼ぶ。

は，リーダーシップは一人のリーダーと一人の部下で完結するものではない，というメッセージを我々に伝えている。リーダーへの評価は，部下によって異なり得る。ある部下からは信頼されるが，別の部下には苦手な上司だと思われている，ということもあるだろう。経営学における最高峰のジャーナルである *Academy of Management Journal*（経営学会ジャーナル）に2018年に掲載された調査結果によると，上司への評価が極端に分かれている，つまりリーダーと部下の関係にばらつきが大きいほどに，職場における協働・役割外行動・交流などの程度が下がる。リーダーシップは，ただ個人の能力として発揮されればよいものでなく，部下との関係，特に複数の部下との関係を考慮すべきである，というのが，LMX の示すメッセージである。

第3節　モチベーション

1　欲求理論と期待理論

次なる問いは，どうすれば，人は自分の力を最大限に発揮できるのだろうか，という問題である。前節のリーダーシップにしても，部下に能力を発揮させることは，リーダーの重要な役割の1つだといえる。この問いに，「やる気を上げること」と答える人も少なくないだろう。本節では，モチベーション（動機づけ），つまり人の行動を引き起こす心理的なメカニズムに注目する。人がやる気を出し，仕事に動機をもつメカニズムとは，どのようなものであるのか，という問いに沿って，モチベーション研究は現在まで発展してきた。

第4節で詳説するマズローやハーズバーグのような古典的なモチベーション理論は，**欲求理論**と呼ばれる。人は，自身の内部に欲求を抱き，それを満たすために行動する。その欲求という性質とモチベーションとを紐づけたのが，欲求理論である。しかし欲求理論は，欲求が動機づけに繋がるメカニズムへの検討が不十分であった。そのメカニズムを説明したのが，**期待理論**である。期待理論をまとめたヴルーム（Vroom, V. H.）は，行為と成果と報酬とを結びつけたモデルを考えた。例えば，勉強を頑張る（行為）ことで，テストで高い点数を取り（成果），ご褒美が貰える（報酬），というメカニズムによって，人はモチベーションを保つのである。また，このメカニズムは常に生じるわけではなく，本人の「主観的な確率」によってモチベーションの多寡が左右される。頑張っても高い点数を取れないと思っているのであれば，モチベーションは低くなってしまうのだ。この考え方は，モチベーションが人の主観的確率つまり「期待」に基づいているという意味で，期待理論と呼ばれる。

２　動機づけの外発性と内発性

期待理論は，欠勤や離職については高い説明力をもつ。この会社を辞めて転職すれば(行為)，今より業績が上げられるから(成果)，給料が高くなる(報酬)，という期待によって，離職が生じると考えるのだ。期待理論のような考え方は，自分の外部から与えられる報酬や罰によって動機づけが左右されるという意味で，**外発的動機づけ**とよばれる。

では，人間は，報酬や罰によってでのみ動機づけられるのであろうか。これに反する考え方が，デシ（Decl,E.L）による**内発的動機づけ**である。デシが自ら行った研究群から導いた結論は次のようなものであった。まず，外発的な要因が与えられると，人間の心の中から湧き上がる内発的動機づけが下がってしまう可能性がある。そして，内発的動機づけを支えるのは，自分で目標や作業プロセスを決められるという自律性，自分は優れたことができるという有能感，それが他人との関係の中で達成されるという人間関係，という３つの要素である。これが，デシの提唱した内発的動機づけの骨子である。

なお，自律性に注目した研究に，**目標設定理論**がある。これは，具体的でかつ（やや）高い目標を自己で決定し，その目標に向かって努力し，かつフィードバックを得ることで，動機づけとパフォーマンスが向上する，と考える理論である。目標設定理論が興味深いのは，その目標が結果的に達成されなかったとしても，高いパフォーマンスが導かれる点である。例えばある部活が「全国優勝」という目標を掲げたとしよう。高い目標を設定したことで，部員のモチベーションが向上する。このとき，仮に３位で終わってしまったとしても，目標の設定はモチベーションの向上には寄与している。目標設定理論は，文字の通り目標を設定することに意義があり，その目標そのものを達成するかどうかは別の問題なのである。

3 内発性信奉

すでに述べたように，モチベーションには外発と内発がある。ところで現代では，どちらかというと内発的動機づけの方が「ふさわしい」と価値判断されることが多い。外から報酬を与える外発的動機づけは「モノで釣る」ようで，健康的ではない。内発的動機づけのように，人間の内的な自律性を信じ，自己成長や自己実現のために頑張ることこそが，「美しい」「正しい」モチベーションのあり方だ，という捉え方が，現代では支配的であるとすらいえよう。しかし古川久敬はこれを**内発性信奉**と呼び，批判的に捉えている（古川，2018)。内発性信奉の問題点を示す一例が，2019年に*Academy of Management Journal*に掲載されたマルチタスクの研究において示されている。この研究は，そもそも人がたった1つの仕事にだけ従事することはほとんどないはずだ，という鋭い視点からモチベーションについて検討している。

この研究の調査対象は，百貨店の従業員である。百貨店では，接客販売，陳列展示，クレーム対応，同僚への支援，といった複数の仕事を並行して行う必要がある。このように，仕事ではふつう複数のタスクを抱えるが，たしかに過去のモチベーション研究では，あたかもたった1つのタスクしかもたずに仕事をしているかのような前提がとられてきた。そして調査の結果から，ある特定のタスクに対して強い内発的動機づけを抱いている場合，他のタスクへの内発的動機づけが低くなる傾向が生じることがわかったのである。

例えば，接客販売が非常に得意で，強い内発的動機づけがなされている従業員がいたとしよう。お客さんと話すことが好きで，商品説明などのセールスを自分のために頑張ろうと思っている。しかし，その反面，陳列展示や同僚への支援は，接客販売ほどの熱意がもてない。よって，接客販売以外のタスクに気が向かず，接客販売の成績はよいのだが，商品を棚に並べたり後輩に指導することはまるでダメ，ということが起きる。これが，強い内発的動機づけが生じるがゆえに，仕事全体のパフォーマンスが落ちるメカニズムである。世にある仕事の多くはマルチタスクをこなす前提で設計されているにもかかわらず，強い内発的動機づけはマルチタスクの達成を阻害する可能性がある。

また内発性信奉の裏返しとして，外から強制したりプレッシャーをかけることは有害で悪だ，とする風潮も根強い。人は自分の中から湧いてくる興味関心や向上心のみから動機づけられるべきであり，外圧はできるだけ排除しないといけない，と言われがちだ。しかし，2016年に *Academy of Management Journal* に発表された研究によると，外発的動機づけ，特に外からプレッシャーをかけることにも意味がある。この研究では中間管理職を対象として調査を行い，中間管理職が生みだす成果が，仕事における自由度が高いほど下がり，上司からの管理が強いほど高まったことを示した。この例が示すように，ただ外圧を避け，自由度を上げ，内発性が高まる状況を作り出せば成果が上がるわけではない。適度に外からのプレッシャーを与えることも成果に繋がるのである。

人の心の働きは複雑で，周りの状況にも左右される。ゆえにどんな人でもモチベーションが向上する一般論を導くことや，いついかなるときも働く普遍的なメカニズムを見出すことは難しい。しかし，本節に挙げた研究からは，モチベーションが生まれるメカニズム，その源泉が人間の内か外か，といった伝統的かつ優れた整理の枠組みが提示されており，また，いつしか論理性を失って規範化された「内発性信奉」を修正するような知見が提供されている。

第4節　人的資源管理

1　人的資源管理論

ここまで，組織における「人」に対する着眼点として，リーダーのふるまいと，人を動機づけるメカニズムについて検討してきた。このように経営学では，人が組織の目標を達成するために必要な資源であると捉えており，ゆえに「**人的資源**」という言葉が用いられてきた。この表現には，人とは，組織が戦略を実行・実現するための必要不可欠な資源なのである，というメッセージが込められている。組織が戦略を達成するためには，お金（財務的資源）やモノ（物的資源）といった資源と同様に，人という資源，すなわち人的資源が必須となる。人的資源に対しては，モノやお金と同様に組織による特別な管理が必要である，という問題意識から生まれたのが，**人的資源管理論**である。人的資源をいかに管理すれば，所属する組織およびその人本人に価値をもたらすことができるのか？　そういった問題意識を基に，人的資源管理論は発展してきた。本節では，人的資源管理論の歴史をおさらいしていく。

2 人間性の考慮の始まり

人的資源管理論はいつ始まったのか？　という問いに対する答えは，実はあまり明確に定まっていない。伝統的な人的資源管理論は紀元前3000年から始まっているという主張すらある。本節では，人的資源管理論のルーツとして有力な説の１つである，1920年代の研究からみていこう。

経営学において「人間性」を最初に論じたとみなされる研究が，**ホーソン実験**に始まる**人間関係論**である。ホーソン実験の舞台は，F. テイラー[▶4]が提唱した科学的管理法が普及し始めていた1920年代のアメリカである。

イリノイ州シカゴの郊外にある，家庭用電気機械の組み立てを行うホーソン工場において，約９年に渡り行われた一連の実験のことをホーソン実験と呼ぶ。ホーソン実験は当初，どうすれば生産性，つまり工員による機械の組み立ての効率が上がるのかを調査することが目的だった。ところが実験を行う中で，それまで重要とされていた休憩の頻度や軽食の回数などの「作業条件」が生産性に関係していないことが判明する。さらに実験を進めた結果，職場における人間関係や，感情や態度といった心理的な要因が生産性に影響することがわかったのである。これらホーソン実験から始まる一連の研究は，人間的な側面に注目しているという意味で人間関係論と総称されている。

人間関係論は登場後，社会に多大な影響をもたらした。現代でも浸透している，企業におけるカウンセリングやレクリエーションといった活動の導入は，人間関係論をきっかけに登場したと考えられている。人間関係論は，企業における人間の欲求や心理に注目する活動の源流なのである。ただし，人間関係論には，多くの批判もある。特にホーソン実験は，その後の検証を通じ，科学的に妥当でない点が数多くあり，著しく信頼性に欠ける研究であったことが指摘されている[▶5]。端的には，人間関係論は，科学的に間違った事実をもとに発展したとすらいえる。過去の著名な研究は良質なメッセージを含んではいるもの

▶４　テイラー（Frederick Winslow Taylor, 1856-1915）。アメリカの経営学者。技術者・コンサルタントとして科学的管理法を生み出した。

▶５　ホーソン実験に対する主たる批判として，「実験」としての厳密さをほぼ満たしていないこと，一部の実験に関する公式の記録がほとんど残されていないこと，結果の解釈が恣意的であること，などが挙げられる（蔡，2015）。

▶▶ column 2 ◀◀

テイラーの科学的管理法と人間性

F.テイラーが提唱した「科学的管理法」は，経営学の起源ともいわれる記念碑的な業績であり，現代の経営組織や生産管理に多大な影響を与えている。科学的管理法が生まれた20世紀初頭のアメリカでは，工場の作業員が集団で意図的にさぼる，つまり作業の能率を下げる「組織的怠業」が蔓延していた。テイラーはこの組織的怠業を，主に以下の３つの方法によって解決に導いた。

まず，作業の標準化である。現場の入念な観察と計測によってデータを得て，データから導いた作業モデルを作業員に適用し，工場作業の効率を劇的に改善させたのである。次に，報酬制度の整備である。やればやるほど得になるように給料を設計すれば作業員はさぼらずに働くという仮説のもと，「差別的出来高給制度」を導入した。最後に，現場と経営の分離である。それまでは，現場に指揮命令するのは現場の年長作業員などであった。対してテイラーは，上に挙げたような施策を管理すべきは現場の作業員ではなく計画と命令を専業に担う経営者であるべきだとして，現場と経営とを分離したのである。

科学的管理法の効果は絶大で，数多くの工場に適用されて成果を上げ，テイラー自身もコンサルタントとして活躍した。ただ一方で，経営陣という立場から作業員をコントロールする科学的管理法は，人間を機械のように扱う非人道的な手法であるという批判も強かった。傑作映画として名高い「モダン・タイムス」(1936年)においても，科学的管理法を揶揄するシーンがみられる。こうした科学的管理法への心理的な抵抗は，のちの人間関係論の興りにつながっている。

ただしテイラーは，作業員への丁寧な説明や相互理解など人間的側面の重要性を著作において強調しており，一概に人間性を軽視していたともいえない。テイラーは直接的な言葉こそ用いていないものの，リーダーシップやモチベーションといった，後の経営学における主要概念に関しても当時から考察していたといえよう。

の，現代の水準からみて「正しい」とは限らないことには注意すべきである。

3　人間の本質をさぐる

人間関係論登場以降の1960年代には，特に「人間の本質」を解明しようとする研究が注目された。有名な研究にA. H. マズロー[6]の五段階欲求説がある。マズローは，人間の欲求を，食欲や睡眠などの生理的欲求，命を危険に晒したくないといった安全欲求，他者と交流したいという社会的欲求，他者に認められたいという尊厳欲求，「なりたい自分」になるという自己実現欲求，の５つに分類し，特に前者３つを低次の欲求，後者２つを高次の欲求と称した。人を動機づけて高いパフォーマンスを発揮させるためには，低次の欲求のみならず高次の欲求が必要だというのがマズローの主たるメッセージである。五段階欲求説は科学的根拠に乏しいという指摘はあるものの，その明快さやメッセージ性もあいまって，現代でも広く知られている。

他に，F. ハーズバーグの**二要因理論**と D. マグレガーの**X・Y 理論**を紹介する。まず，ハーズバーグ[▶7]は，企業で働く人々を対象として，仕事において「ポジティブに感じたこと」と「ネガティブに感じたこと」について調べたところ，それらの要因がはっきりと二分されることを明らかにした。例えば，昇進「する」ことをポジティブに感じる人が多い一方で，昇進「しない」ことはネガティブな要因になっていなかった。反対に，給与という要因については，高くても満足を感じにくいが，低いことには不満を感じやすいという結果が出た。

なお，そのようにネガティブにのみ働きやすい要因のことを，衛生，つまり「きれいさ」に例えて**衛生要因**と呼ぶ。お手洗いがきれいであるからといって満足に思うことは少ないが，汚いと不快感を抱きやすい，といった意味合いの表現である。また，ポジティブにのみ働く要因のことは，**動機づけ要因**と呼ぶ。この二要因理論に基づくと，平均的な従業員満足度の職場で，さらに満足度を高めようと思って衛生要因を整備しても，それ以上従業員満足度は上がらない。なぜなら，例えば給与を上げたとしても，給与は衛生要因であるため，ネガティブに働く力が強い一方で，ポジティブには働きづらいからである。

次に，マグレガー[▶8]の X 理論・Y 理論について紹介する。マグレガーの問題意識は，そもそも人間とは本質的にどういった性質をもつのかを探究することにあった。マグレガーは，科学的管理法や人間関係論などの過去の研究の傾向を分析した結果，過去の研究における「人間観」が２種類に分かれることを突

▶ 6　マズロー（Abraham Harold Maslow，1908-1970）。アメリカの心理学者。

▶ 7　ハーズバーグ（Frederick Herzberg，1923-2000）。アメリカの心理学者。

▶ 8　ダグラス・マグレガー（Douglas Murray McGregor，1906-1964）。アメリカの心理学者。

き止めた。そして，それぞれをX理論・Y理論と呼称したのである。

X理論においては，人間は元来から凡庸で，何か成したいという意志もなく，責任を回避したがる傾向があると捉える。それゆえ，働くことを好まず，怠けることを好む。そのため管理者は，そうした人間を管理する上では，強い命令や強制，ときには処罰することが手段として有効になる。おおまかには「性悪説」的な人間観だといえるだろう。対してY理論においては，人間は次のような性質をもつと考える。人間は，仕事を趣味や遊びのように楽しむことができる。目標設定においても，自分で決めた目標であれば意欲的に頑張るし，自ら責任を負うことも望んでいる。なぜなら，人間は自己実現することを求めているからである。よって管理者としては，人間のそういう性質を引き出すことが重要になる。「性善説」的な人間観であるともいえる。

これは人間の本質という深遠なテーマを扱った研究でもあり，X理論・Y理論のどちらかのみが正しい，と断言することはできない。言ってしまえば，世の中にはどちらの人間も存在するであろうし，同一の人間にX理論的な側面もY理論的な側面もある，ということもあるはずだ。マグレガーからの重要なメッセージは，そもそも人間をどういう性質だと捉えるかによって，とるべき施策が変わるのだ，という点である。例えばテイラーの科学的管理法は，X理論に基づいて作られたといわれている。そして，科学的管理法は結果的に世界中に浸透し，成功を収めた。一方で，Y理論のような考え方は，すでに述べた内発的動機づけの研究などに受け継がれ，現在も隆盛している。理論の前提としての人間観に早期からに踏み込んだという点で，X理論・Y理論は特筆すべきである。

第5節　集団性

1　集団だから起きること

ここまでの話の焦点は，一人の人間の本質であったり，人がどう動機づけられるか，あるいはリーダーがどのようであるか，といった一個人，および個人間の関係が中心であった。しかし，第**2**節で説明したLMXのように，個人が集合することに注目した研究も生まれている。個人が集合したとき，その結果は単なる総和にはならず，集団であることに起因する特有のメカニズムが働くことがある。そのような性質を，**集団性**と呼ぶ。集団とは，目的が共有されており，互いにコミュニケーションをとることで影響を与え合う人の集まりをさす。ここで注意すべきは，集団は「組織」よりも広い範囲の対象を指している。例えば，「同じ授業を受けている学生たち」は，上記の意味で集団ではあるが，通常は組織化，つまり明確な上下関係の規定や役割分担がなされてはいないため，組織とは呼ばない。

集団は，規範や文化をもつ。つまり，意図するかしないかに関わらず，集団内では従うべき姿や，同じような思考あるいは行動のパターンが生まれ，場合によってはそれが明文化されたルールとして共有される。授業を受けている学生の集団を例にして考えると，授業が進むにつれ，あらかじめ決めていなくてもいつも同じ席に座るようになったり，実は互いに知らない同士でも挨拶を交わしたり，授業中に水を飲むことが禁止されていなくても，誰も飲んでいないので自分も飲まないようにする。といったことが起きる。目に見えない，どこにも書かれていないことでも，特定の行為が当然のこととして行われる（あるいは，行われない）ようになるというのは，集団性が生じさせる現象である。

2 同調圧力と凝集性

他者がみな足並みを揃えているので，自分だけ違うことをすることがためらわれる，ということがあるだろう。集団は，その構成員に，同じになるようにプレッシャーをかける。これを**同調圧力**と呼ぶ。同調圧力が重要でかつやっかいなのは，規則で明示されていたり，それをすることで罰則や不利益がないとわかっていることでも，できなくなってしまうのである。授業中に水を飲んでいいと先生が明言していても，誰もやっていないから飲まない，という状況が起きる。明示的に外からの指示がなくとも自分から従ってしまうのが，同調圧力の不思議で怖いところである。なお同調圧力は日本人の（ネガティブな）特徴のように扱われることもあるが，国や人種，民族，年齢や職位にかかわらず，集団である限り必然に生じると思ってよい。

同調圧力の存在によって，集団内では**凝集性**が高まる。凝集性とは，集団が結束することである。集団がまとまること自体は，非常に重要な性質である。

組織が戦略を実行するにおいても，凝集性は欠かせない。凝集性が全く働いていない組織は，長くないうちに瓦解してしまうだろう。凝集性は，ある条件が揃っているときに高まる。例えば，集団の目標が明確で魅力的であるとき，集団の規模が小さいとき，メンバーが他の集団に移動する可能性が低いとき，敵対する集団があるとき，などである。凝集性の高まりは社会的な問題に繋がることもある。凝集性の高い集団が抵抗勢力となっていたり，あるいは犯罪行為に手を染めている場合，大きなトラブルの火種になりかねない。まとまりを強め，均一性を高め，異論を許さない雰囲気が出来上がった集団が負の方向に動きだすと，大きな紛争や事件のきっかけとなる。

3　グループシンク

多くの人は，一人で決めるよりは，みんなで決めた方がいいと考えているだろう。客観的で多様な意見が得られるし，みんなで決めた方が納得感があって，後ろめたさを排除できる。しかし，集団内でなされた意思決定には，歪みが出ることが知られている。集団でものごとを決めようとすると，個人ではあり得ないような決定が導かれることがある。集団での意思決定は，必ずしも最適な選択を導かないということである。

例えば，組織の戦略を策定するときに，この戦略を採用した場合もし成功すれば大きなリターンが得られるが，失敗すれば大きな実害を被る可能性がある，としよう。このようなリスクの大きい戦略は，個人レベルでの意思決定では実はあまり選好されない。しかし，集団で意思決定すると，リスクをテイクしようとする傾向がみられるのだ。このように，リスクの大きい方向に意思決定が傾くことを，**リスキーシフト**（risky shift）と呼ぶ。ときに真逆のことも起きる。集団で意思決定すると過度に慎重な判断が下されることがあり，これを**コーシャスシフト**（cautious shift）と呼ぶ。三人寄れば文殊の知恵というように，一人より多人数で考えた方がよい，と一般的には思われているが，集団で意思決定をすることによって，個人では起こり得ない歪みが生じることがある。これを，**グループシンク**（集団浅慮，集団思考）と呼ぶ。

4 集団性をのりこえる

さて，すでに述べたように，集団としてまとまることの意義はいうまでもないが，集団であるがゆえに起きる問題もある。このような問題は，どうやって克服することが可能だろうか。以下，近年話題となっている「SNS 炎上」を例にして考えよう。SNS 炎上は，概して非常に集団性の高い現象である。問題行動を糾弾するという明確な目的を共有し，敵対心が高く，ときに何万という人々にシェアされて拡散していく。炎上に加担する凝集性が高まるにつれ，異論を許さず炎上を加速する動きが強まり，異論を挟むことで次なる標的になったりすることもある。このように SNS 炎上は集団性に起因する社会問題であるといえるが，炎上現象には意外な特徴があることがわかっている。2014年の調査では，SNS に 1 回以上書き込みをするなど炎上に「加担」したことのある人は，アンケート調査に参加した 1 万9992人のうちの1.5% しかいなかったことがわかった（山口，2015）。つまり炎上現象は，極々少数の人々が主導しており，アクティブに関わっている人はきわめて少ないにもかかわらず，情報がシェアされていくことで社会的認知度が高まっていく。ごく少数の人しか関わっていないことを，集団の総意のように感じてしまっている可能性があるのだ。また，一人でも異議を唱える人がいたとき，集団性が弱まることが知られている。自分以外の全員が A と答えていると，B と思っていても A と答えてしまうが，一人でも B と答える人がいれば，本心の通り B と答える確率が高まるのである。集団内で異論を挟むこと自体が排除や制裁の対象となり得るため，当然難しいことではあるが，そういった「例外的な一人」が，集団をバイアスから救う可能性がある。

集団性は，集団がある限り必然的に生じるため，その支配から抜け出すことは難しい。しかし，非常に強力な集団であるように見えても，実は極々少数の，かつ極端な意見の人によって動かされていることもあるし，たった一人の異論によって集団性のバイアスが修正される可能性もある。経営学を学ぶことは，そうした勇気ある一人になれる機会を与えてくれるはずである。

設　問

1．組織においてリーダーが果たすべき役割にはどのようなものがあったか，確認して

みましょう。

2．集団性によって意思決定が誤った方向に傾くことを避けるためには，どのような方法が考えられるでしょうか。

推薦図書

高尾義明，2019，『はじめての経営組織論』有斐閣ストゥディア

本章の内容を含めた経営組織論の重要な概念について，具体例やコラムを交えて初学者向けに丁寧に解説している。

金井壽宏，2016，『働くみんなのモティベーション論』日経ビジネス人文庫

本章で挙げたようなモチベーションの議論を，自らに活かすにはどうするべきか，という実践の視点から考察している。

テイラー，F. W. ／有賀裕子訳，2009，『新訳 科学的管理法』ダイヤモンド社

経営学の祖ともいわれるテイラーの代表作の翻訳書。古典でありながら，今なお新鮮に感じられる，本質をとらえた書である。

引用参考文献

蔡芒錫，2015，「ホーソン研究：そのアナザー・ストーリー」『専修マネジメント・ジャーナル』第5巻第2号。

古川久敬，2018，「組織行動研究の展望：パラドックスを抱えた組織と個人を意識して」『組織科学』第52巻第2号。

山口真一，2015，「実証分析による炎上の実態と炎上加担者属性の検証」『情報通信学会誌』第33巻第2号。

Glaser, L., Stam, W., & Takeuchi, R., 2016, "Managing the risks of proactivity: Multilevel study of initiative and performance in the middle management context," *Academy of Management Journal*, Vol. 59, No. 4, pp. 1339-1360.

Shin, J., & Grant, A. M., 2019, "Bored by interest: How intrinsic motivation in one task can reduce performance on other tasks," *Academy of Management Journal*, Vol. 62, No. 2, pp. 415-436.

Wang, D., Waldman, D. A., & Zhang, Z., 2014, "A meta-analysis of shared leadership and team effectiveness," *Journal of Applied Psychology*, Vol. 99, No. 2, pp. 181-198.

Yu, A., Matta, F. K., & Cornfield, B., 2018, "Is leader-member exchange differentiation beneficial or detrimental for group effectiveness? A meta-analytic investigation and theoretical integration," *Academy of Management Journal*, Vol. 61, No. 3, pp. 1158-1188.

（舟津昌平）

第3章 企業活動の統治体制
——コーポレートガバナンス——

本章では，企業価値向上に欠かせないコーポレートガバナンスの本質や基本概念，具体的な実践体制などについて説明します。第1節では，コーポレートガバナンスの重要な概念や注目を集めている背景について，第2節では，エージェンシー理論などコーポレートガバナンスを取り巻く理論的背景について，第3節では，内部・外部統制を含むコーポレートガバナンスのコントロールメカニズムについて解説します。そして第4節では，株式会社の機関設計，取締役の役割，取締役会と各種委員会活動などコーポレートガバナンスの具体的な実行体制とCSRとの関係について解説し理解を深めます。

Keywords▶コーポレートガバナンス，エージェンシー理論，外部統制メカニズム，内部統制メカニズム，取締役会，コーポレートガバナンスの基本原則，機関設計

第1節　コーポレートガバナンスの基本概念

1　コーポレートガバナンスとは何か

コーポレートガバナンス（企業統治）は，株主，経営者，債権者などの企業の経営活動を取り巻く各種ステークホルダーの関係をコントロール（統治）する総合的なメカニズムを意味する。コーポレートガバナンスの**狭義の概念**は，企業経営に関する経営資源調達，運用や収益分配などに対する意思決定システムとその管理・監視体制を総合的に示している。**広義の概念**では，企業の経営者が株主を含む経営活動を取り巻く多様なステークホルダー（利害関係者）のためにその役割を果たすよう，監視や統制を行う体制を意味する。

狭義のコーポレートガバナンスの概念に関しては，アメリカハーバード大学教授のA.シュライファーが「株式会社に財務資源を提供した資本家が投資に対する収益を確保するための体系」として定義している（Shlefer, 1997）。それに対して，アメリカニューヨーク大学教授のK.ジョンはコーポレートガバナンスを「企業の経営活動を取り巻く様々なステークホルダーが自分の利害関係を保護するため企業の内部者や経営者対する統制を行う体制」として広く定義づけている（John, 1998）。さらに，OECDの報告書（2015）によるとコーポレートガバナンスの目的は，「経済的効率性，持続可能な成長と金融の安定的な運用をサポートしていくためのシステムであり，それによって外部からの投資を安定的に受けることや，経営活動の全般を支援しつつ，株主を含む様々なステークホルダーが公正にかつ共に成長していく社会を支えていくこと」であるとしている。これらの定義によってコーポレートガバナンスが，株主を含む様々なステークホルダーの利益を公正に保護しつつ，コンプライアンス（法令遵守）や経済的価値拡大を追及する体制であることがわかる。

2　コーポレートガバナンスはなぜ話題になっているのか

過去には，主に財務資源の提供に関わる投資家や銀行などの債権者を中心に，自分の収益性を保護するための経営活動や財務健全性，安定性などを管理することが，コーポレートガバナンス体制の主な役割であった。しかし，産業の近代化，経済成長による大量生産システムなどがもたらす自然環境への影響や労働環境に対する懸念が浮上することで，株主や銀行以外のステークホルダーに対して配慮する必要性が大きくなり始めた。

一方，経済的な利益だけを最優先の目標とする一部の経営者や金融機関によって不当配当，損失隠蔽，不正経理などの非道徳的犯罪行為や不祥事が生じることが多くなったため，一般投資家も参加している資本市場において，企業経営の透明性を高めるための様々な仕組みが設けられることになった。そして，商法や証券取引法をはじめとした法律的な体制を整えることや，監査役，監査役会などの企業経営活動を監督するシステムを設置し，企業組織外部から経営をけん制できる体制を構築することにもなった。さらに，企業の海外市場への進出やグローバル化の進展によって，資本市場も拡大し続け，海外資本の国内市場への参入や国際経済における環境変化による国内市場への影響などが大きくなることで，株主を含む経済主体全体を保護するためにもコーポレートガバナンスの体制に対するニーズが高まってきた。

第2節　コーポレートガバナンスを取り巻く理論的背景

1 エージェンシー理論

近代化された企業活動が成長を続けることによって，企業の規模が拡大しつつ，「株式会社」という企業形態を通じて資本調達額も多くなり，株主の数も増加する状況になった。そのため，株主の経営活動への直接参加が現実的に難しく，拡大しているビジネスの内容を確実に理解することも難しくなったことで，経営者への依存性が高まった。こうして，株主が企業の所有権をもっているにもかかわらず，企業活動を統括管理する経営者への依存性や経営者の影響力が大きくなることで，実質的には経営者による企業の支配が行われている状況にもなった。例えば，莫大な財務資源を提供してくれた銀行などの金融機関が，企業の法律的な支配権をもっているにもかかわらず，実質的には所有権の一部または所有権のない経営者に企業活動の全権を握らせることで，「**所有と支配の分離**」が起きることになった（Berle & Means, 1932）。

エージェンシー理論はこの「所有と支配の分離」問題に焦点を当ててコーポレートガバナンスに対する理論的な背景を提供している（Jensen & Meckling, 1976）。投資家としての**株主**（プリンシパル，Principal，依頼人）は投資に対する収益を確保するため，**経営者**（エージェント，Agent，代理人）の企業経営に関する専門知識を活用することになるのだが，経営者と株主の間に利害関係の衝突が発生すると様々な問題が起き，結局は企業全体の価値が減少することになる。資本を提供している株主が代理人として権限を任せている経営者への適切なコントロールができない状況に置かれている場合は，経営者が企業全体または株主のための行動を行うより，個人的な利害関係に基づく意思決定や判断を優先する可能性が高くなる。アメリカハーバード大学教授のM. C. ジェンセンは，企業の持ち主である株主と経営者には企業内部の活動などに関する情報量に差があることに着目し，その「**情報の非対称性**」によって，エージェントの経営者にはプリンシパルである株主より，多くの裁量が与えられるので，エージェントに有利な方向でその情報が利用されやすく，株主に損害をもたらす可能性が高くなることを指摘した（Jensen, 1976）。すなわち，株主にとっては経営者というエージェントを介して経営活動を行う特有のリスクやコスト，つまり「**エージェンシー・コスト**（Agency cost）」が発生するということである。

エージェントとしての経営者は自分の利害関係を守るため，倫理的に正しくない行動（Moral Hazard）をとる可能性が高くなるというリスクも指摘されている（Holmstrom, 1979）。専門経営者[1]の場合，企業の長期的な収益性より，自分の任期中の実績に意識を集中するため，大胆な組織改革や海外進出，新規事業推進に消極的になることがよく指摘されるのが，そのような経営者の判断は長期的には企業全体の価値を低下させる大きな原因になるので，典型的なエージェンシー・コストの事例として挙げられる。

コーポレートガバナンスは，このような利害関係の衝突について，株主がどのような方法で正当に自分の収益を守ることができるのか，経営者の企業価値に損害を与える行動をけん制する方法は何か，どのように経営者を監視するのかなどの課題に対する解決策を提供している。

2　契約理論とスチュワードシップ理論

一方，株主と経営者間の問題に対して，アメリカマサチューセッツ工科大学教授のB. ホルムストロームは，経営者や従業員と株主の間での契約関係に注目し，すべての契約関係は完全な形にならないことや，予測不可能な将来に起こりえる事態に備える条項を，契約に含めることが難しいという認識の下で，株主が雇用主として経営者や従業員との契約関係を設定する際には，その契約の不完備性を認識した上で，経営者や従業員の経営成果や実績を契約条件と連動させることが，企業価値の向上のために有利になることを提唱し，契約では解決できない株主とエージェントとの問題を効果的に統制するためのメカニズムの基盤を提供している（Holmstrom, 1979）。また，アメリカハーバード大学教授O. ハートは，業績連動型賞与のような契約条件だけでは，すべての問題が

▶1　企業の経営活動を専門的に総括する職業とする者のことをいう。

解決できないことを指摘しつつ，成果や実績の評価基準をどうのように設定するのが望ましいかについて論理的な基盤を提供した（Hart, 1990）。さらに，ハートの「**不完備契約論**」（1990）によると，買収合併のような企業間の取引を行う場合，契約条件では拘束力が至らない領域から起こりえる問題に関しては，物理的な資産取得を増やすことによって，株主のコントロールが効かない不確実性（残余コントロール権）を最小化することが，株主として支配権を保護する手段として有効活用されることが示唆された。

前述したエージェンシー理論では，株主をプリンシパルまたは依頼人，経営者をエージェントまたは代理人として認識し，株主は自分の利益を保護するため経営者の行動を監視監督することが必要であることを示したのだが，**スチュワードシップ理論**では，株主をプリンシパルまたは依頼人，経営者をスチュワード（Steward，執事）として認識し，経営者が株主の執事として，利害関係を完全に共有することを想定する。つまり，スチュワードシップ理論の下では，経営者に対する必要以上の監視監督が，むしろ経営者に負の影響を与えることを予想し，経営者により多くの権限を委譲しつつ，裁量権を与えることが求められる。そして株主には，経営者を助力者として認め，全面的に協力する体制を整えることが勧められる。

第３節　コーポレートガバナンスのメカニズム

1　大株主による統制

企業の「所有と支配の分離」によるエージェンシー・コストなどの問題を解決するためには，株式所有を集中させる方法と法的かつ制度的装置を設ける方法がある。

多くの株式に対する所有権をもっている**大株主**は，企業のオーナーシップをもっていることにより，経営実績に敏感に反応することができ，エージェントの経営者に対しても自分の強力な力を活かし効果的に圧力をかけることができるため，所有と実質的支配が乖離することによる副作用を防ぐことができる。

法的・制度的装置によるコントロール体制は，所有と支配の分離による問題に対し，株式所有のような直接的な問題解決策が難しい場合，株主の利害関係を保護するため設ける制度的装置である。

「所有と支配の分離」による問題にあたって，前述のとおり大株主による問題解決が最も直接的かつ確実な方法である。株式所有が分散されてしまうと，各々の株主の利害関係が複雑になり，意見をまとめ意思決定を行うことや，方向性を統一するためにも相当なコストがかかることになる。また，株主としてエージェントである経営者を監督するのは，株主の利害関係を守るためにも重要な責務であるが，株式所有が分散してしまうと，各々の株主は経営者を監督するための情報収集やモニタリングを自分で行うより，他の株主にその責任を転嫁する傾向があることで，フリーライダー問題が発生する可能性があることが指摘されている（Grossman & Hart, 1980）。

大株主は経営者に対しても大きな圧力をかけることができるので，情報の収集や分析の側面で有利でありつつ，経営状況の把握や経営者に対するモニタリングなどの側面でも蓄積された知識と経験に基づき，より正確に問題を認識し効果的に自分の意思決定通りに企業を動かすことができる。また，大株主は多くの株式をもつことで，自分の利益と直結している企業の実績に大きな興味をもち，経営者に対する監督責務にも常に注意を払う傾向がある。法的制度が整っていない国や経済圏の場合は，株主の権利が経営者によって阻まれる可能性があるので，制度的装置の代わりに大株主が他の株主や会社の価値保護のために効果的な役割を果たすこともある。

しかし，大株主による問題解決に当たっては注意すべきいくつかのポイントがある。大株主が企業全体の価値拡大だけを目標として認識し働く場合は，経営者のモラルハザードなど問題の原因をエージェント（経営者）に焦点をおいて解決策を設けることができるのだが，大株主が自分の個人的な利害関係に集中して働く場合は，他の株主の利害関係と衝突する可能性が出てくる。すなわち，大株主の莫大な影響力を活かして私的な利益を求めようとする場合，企業全体の価値に損害を与えることもあり得る（Barclay & Holderness, 1989）。大株主による問題は，効率的な企業運営にも大きく影響する可能性がある。複数の系列会社や関係会社をもっている場合，グループ企業全体の利益を最大化することにより，企業グループの大株主は私的利害関係を追及することができるのだが，もし全体の利益のため，個別の系列会社が自社の利益を犠牲すべき状況におかれてしまうと，その個別系列会社の株主は被害を受けることになる。それは株主間の利害関係が相反することになり，将来のビジネス展開にも悪影響を及ぼすことになる。また，大株主以外の株主，例えば少数株主の場合は，企業に対する影響力が大株主よりはるかに少なく，株主としての権益を保つことが難しいこともあり得る。そこで，影響力の大きい大株主や経営者による横暴を防ぐために，少数株主（Minority rights）保護，インサイダー取引の禁止などの方法がよく使われている（➡詳細は本節 3 「内部統制メカニズム」参照）。

このような制度的基盤が有効に活用されるためには，制度のデザインを行う時点で現実の状況に十分配慮し設定しなければならない。

そうした大株主に依存しすぎる意思決定とそのプロセスは，**経営の効率性**を阻む１つの大きな要因として指摘される。民間企業は公営や国営企業と比べれば，経営の効率性が確保されていると広く認識されているが，完全民営化による経営の効率化を図る場合，個人大株主の影響力が強すぎることで個人的利害関係が優先視されるなど，効率的な運営が阻まれ所期の目標を達成できないこともあり得る。途上国の場合，経済発展によりインフラ産業の民営化が進められているのだが，大株主の問題で企業の運営状況が厳しくなったり，政府機関との関係で不祥事も起こることがよくみられる。

大株主による問題を防ぐためには，業種や産業，国と経済状況を踏まえて様々な対策を工夫しなければならない。

2 外部統制メカニズム

前述してきた「所有と支配の分離」や「情報の非対称性」などのエージェント問題を防ぐものとして，参加している市場からの圧力，企業内部の規定や制度，国からの法的措置などの様々な統制メカニズムが存在している。そのコントロールの体制は大きく**外部的統制要因**と**内部的統制要因**に分けることができる。外部からの統制メカニズムの中で，最も強力な圧力としてみなされるのが**資本市場**での敵対的買収に対する脅威である。エージェンシー問題によって企業の現在価値が実際の企業の価値より低く評価される場合，資本市場の中で他の企業による敵対的買収のターゲットになる可能性が高くなる。買収が成功すれば，ターゲット企業の問題の発端である経営者を交代することで，企業に内在されている価値を表面に引き出し，企業の現在価値を大幅に引き上げることができるので，常に資本市場では，そのような現状におかれている企業をターゲットにしようとする動きが潜在している。

また，株主が経営者への影響力を行使するため，故意に株の売却を行うことで株価を下落させて圧力をかけつつ，株式市場による資金調達条件を厳しくすることも，経営者に対する株主の利害関係を守る外部的コントロール手段として使われている。財務資源を提供している債権者や銀行なども貸付金の返済を要求することで，企業の行動にコントロールをかけることができる。貸付の契約条件によってはより細かな企業活動のモニタリングもできるので，統制の影響力を拡大することもできる。

一方，**労働市場**からの影響力もコミュニケーション技術の発達によりますます増加している。転職市場の拡大，従業員への待遇，福利厚生，経営者への評判などの情報がSNSなどによって広く共有される状況になり，これらをうまく管理できない場合，人的資源の確保が難しくなり，経営実績にも悪影響を及ぼしかねない。また，**商品市場**でも経営者の不道徳的な行為や不祥事などが直ちに広く共有されることや，代替商品の選択肢が大幅に増えていることにより，問題のある行動を犯す企業の商品が消費者に受け入れられなくなり，企業価値が下落してしまうという形で統制のメカニズムが存在している。

3　内部統制メカニズム

内部統制は，企業内部で**経営活動を管理監督する体制**であり，経営者の行為を管理する取締役会，株主の権利が行使される株主総会，経営者と取締役会が行った経営活動を事後的に管理する監査活動などが含まれている。

そのうち，**取締役会**は最も基本的な形であり，効果的な手段である。取締役会は社内取締役と社外取締役で構成されている。アメリカの上場企業の場合は，社外取締役の割合が70～80%と高く，その重要性がますます注目されている。**社外取締役**は株主の代わりに経営陣を管理監督し，株主と経営陣間の問題を解決する役割を担っている。社外取締役は，主に他企業の最高経営者，大学教授，弁護士，コンサルタントのような経営にまつわる専門知識や経験を豊富にもっている人々が選任される場合が多い。そして，自分の専門分野での知識や経験に基づき，経営陣の経営活動を監督するとともに，外部からのアイディアの源泉として経営活動や企業価値向上に貢献することも責務である。具体的には，経営戦略の方向設定，新規事業開発，新市場進出などの大きな戦略的意思決定プロセスに参加し，最終的な政策承認や実行課程のモニタリングを行うことが求められる。

また，社外取締役には経営実績を評価し経営陣に対する報酬を適切に決めることや，実績が期待に達しなかった場合は経営陣を交代させることもできる大きな権限が与えられている。実際に取締役会の決定により社長などの最高経営者が退陣させられるケースは少なくない。このように重要な権限をもたされている社外取締役が，株主の利益保護や企業の価値向上のために働くためには，いくつかの制度的な装置が必要である。まずは，動機付与のための報酬として給与とともに成果報酬，ストックオプション[▶2]などを付与することや，また逆に忠実義務を課すことで社外取締役としての十分な役割を果たさなかった場合には法的責任まで担わないといけない，といった制度的措置が必要とされている。一方，経営陣に対する管理監督は株主からの直接的監視を受けることもある。特に最近は少数株主や機関投資家による直接監視機能が強化される傾向にある。

日本では，「物言う株主」と呼ばれる**株主アクティビズム**[▶3]（株主行動主義，Shareholder activism）の拡大に伴い，**株主代表訴訟**[▶4]，**株主提案権**[▶5]など株主の権利行使が容易になり，少数株主でも株主として経営者に対する管理監督を行える体制が設けられている。また，投資ファンド，年金基金など国内外の**機関投資家**の監視機能も注目を集めている。機関投資家は投資資金に対する収益を確保するため，企業経営活動に関する監視を徹底的に行う特性があり，株主としての影響力を十分活用し，直接的に経営者に経営活動に対する助言や意見を積

▶2　株式会社の従業員や取締役に対し，あらかじめ定められた価格で自社の株式を取得できる権利である。

▶3　株主が，株主の利益や企業価値の保護のために収益性改善，経営改革などの提言を積極的に示す行為である。

▶4　株主が，会社を体表して取締役会を含む経営陣に対し，経営実績などの経営責任を法的に追及することができる法的制度である。

▶5　株主が，株主総会の議題を提案することができる権利である。

極的に表明するなど，株価や企業価値向上のために働きかけている。機関投資家は個人投資家より莫大な金額を投下する場合が多いため，経営実績の悪化や経営者の不道徳な行為による不祥事などの問題が生じた場合には法的措置など，より厳しくその損失の責任を追及する傾向もある。しかし，場合によっては，長期的な事業改善による企業価値の向上よりも，短期的収益性を強く求めることもあり，中長期的な視点での経営活動が阻まれるケースもある。

そのほか重要な統制メカニズムとしては，商法，会社法などの法律的な規制によるものと企業倫理，文化や習慣のような社会的な要因によるコントロールのメカニズムも存在している。

4　OECDのガイドライン（コーポレートガバナンスの基本原則）

コーポレートガバナンスの体制は，国や経済システムの特徴などにより重要視するポイントが異なる場合があり，経営者に対するコントロールを行う主体を株主だけを中心に考えるべきなのか，ステークホルダー全体を含めて考えるべきなのかに対する異なるアプローチが存在する。

アメリカやイギリスなどの**英米系経済システム**の場合は，**株主を優先視する傾向**[▶6]があるが，ドイツを含む**ヨーロッパ諸国**や**日本**の場合は**ステークホルダー全体を重視する傾向**[▶7]があると評されている。

コーポレートガバナンスの体制に関しては，各国のおかれている状況により異なる仕組みを取るべきだが，近年は全体的な流れとして，能力のある経営者が経営者自身の利益または特定の株主の利益だけのために働くのではなく，すべての株主と企業全体の価値向上のために適切な権限をもち，責務を果たすことを重要視する認識が広がっている。また，財務資源の確保のために投資家が自社の経営内容を正確に理解し評価できるよう，財務情報を含む企業情報を管理し透明性をもって公開することが必要不可欠であることも強く認識されつつある。そうした流れの中で，先進国を中心に，コーポレートガバナンス体制の確立は企業競争力の源泉であり，長期的企業成長のための重要条件として認識

▶6　株主資本主義（Shareholder capitalism）型コーポレートガバナンス・モデルという。

▶7　ステークホルダー資本主義型コーポレートガバナンス・モデルという。

が広がり，コーポレートガバナンスの体制に関する国際的規範を設けることになった。それが1999年にOECDにより提示された「**コーポレートガバナンスの基本原則**」である。

OECDが示したコーポレートガバナンスの基本方針は，いくつかのポイントで要約できる。まず基本原則は，株主資本主義（Shareholder capitalism）をもとに作られた英米式コーポレートガバナンス・モデルを基盤にするのだが，企業経営を取り巻く様々なステークホルダーの役割や利害関係者への尊重も求めている。つまり，株主利益の重視，取締役会の積極的な運用，資本市場との信頼関係向上などに対しては，英米式株主資本主義的アプローチを取りつつ，同時に企業価値向上のためのステークホルダーの役割も重視し，ステークホルダーの法的権益保護や企業統治への参加，企業情報へのアクセスなどを保障することも重要視している。

第２に，取締役会の経営監督機能と責任強化をコーポレートガバナンス体制の根幹として位置づけている。コントロールまたは統治活動の主な主体として取締役会の役割を大きく取り上げ，取締役会が中長期的経営戦略，経営実績評価，経営監督など経営活動の重要な機能を担当する必要性を示している。

第３に，企業の経営活動に関する企業情報を完全に開示（Full disclosure）することを求めている。重要な経営上のリスク事項，取締役と執行役員に関する情報，コーポレートガバナンスの体制や政策，従業員，ステークホルダーに関する重要事項などについて，企業側が明確に開示することを勧告している。

つまり，コーポレートガバナンス体制の基本的条件として，株主権利の保護，すべての株主に対する平等な対応，ステークホルダーの権利尊重，企業情報の正確かつ適時の開示，そして取締役会の権限や責任の拡大を提示している。

OECDが示したコーポレートガバナンスの基本原則には拘束力はないものの，各国固有の環境を勘案しコーポレートガバナンスの体制を発展させていくことを勧告している。それで，個別国家単位でコーポレートガバナンスに対する独自のスタンダードや基準を設け，その体制を採用することを求めている。

日本でも金融庁と東京証券取引所による「**コーポレートガバナンス・コード**」及び「**投資家と企業の対話ガイドライン**」などを通じ日本的企業統治やコーポレートガバナンスの基本方針が示されている。

第４節　コーポレートガバナンスの活用

1　株式会社におけるコーポレートガバナンス

本書第１章にも「会社の形態」に対する説明が行われているが，株式会社は株を発行し，投資を行う株主に株の所有権を移譲することで経営活動に必要な財務資源を確保する。つまり，金銭的な支援を受ける代わりに会社の所有権を表す株を譲渡することで，株式会社は経営活動を行うのである。

企業の価値が上がれば，当該企業の株価はその価値を反映し上がっていくため，投資を行い株の所有権を握っている株主は，その投資による利益を配当または株価上昇により享受することができる。ビジネスの規模が拡大し，さらに大きな資本を獲得するために，株式取引市場に自社の株を上場すれば，より多くの投資家から資金を集めることができる。

政府が定めた一定の条件を満たし，株式取引市場に上場している企業については，その取引市場の中で誰でも該当企業の株を取得することができる。投資を専門的に行う金融機関といった機関投資家だけでなく，株式取引市場では一般投資家の個人も証券会社を通じていつでも，いくらでも，上場企業の株に投資することができるのである。そこで，政府当局は機関投資家や一般投資家の投資活動の保護のためにも，健全な投資環境への取組みをしっかり整える必要性が生じる。企業は利益を追求するために，投資家の目を欺く不正行為，経営者の会社資産の私的流用など，前述したようなエージェント問題の発生を防ぐため，制度的システムが必要不可欠である。株主または企業活動を取り巻く様々なステークホルダーの利害関係を保護するためには，前節で説明したコーポレートガバナンスの統制メカニズムに基づき，より公的な形で法律や制度的取組みによる管理を行わなければならない

そこで，日本では，**コーポレートガバナンス・コード**の制定とともに**商法**の改正（監査役機能強化），**会社法**の制定（内部統制システム体制整備），**金融商品取引法**で定める不正防止条項の強化（J-SOX 法▶8）などを通じて，様々な取組みを行ってきた。プライム，スタンダード，グロースのような日本の株式取引市場▶9に上場されている企業に対しては，コーポレートガバナンス・コードを基準に

したガイドラインがあり，その規定内容従っていない企業に対しては取引所から改善報告書の提出や上場契約違約金といった罰則に相当する措置が取られている。例えば，日本国の会社法や金融商品取引法に基づき，日本の上場企業には企業情報の開示が義務化されていることや，証券取引所のルールのよって適時開示[▶10]（タイムリー・ディスクロージャー）の義務がある。また，法令などの強制的な措置ではない形で，「コンプライ・オア・エクスプレイン[▶11]（Comply or Explain）」という取組みもあり，最近ではその制度を採用している企業が多く存在している。

2 コーポレートガバナンスの機関設計

コーポレートガバナンスの体制として様々な仕組みが設けられているのだが，株式会社は会社法上，株主総会，取締役会のような**機関**を設置することが義務づけられている。コーポレートガバナンス体制の根幹としても認識されるものであり，上場企業のような規模の大きな会社だけではなく，中小企業にも適用される制度である。

▶8　SOX法は，アメリカの企業エンロン社が犯した不正会計などの不祥事をきっかけに，企業の内部統制体制を強化するために制定されたアメリカの法律である。企業の財務報告と共に「内部統制報告書」の作成が求められることや公認会計士などによる内部統制監査を受けることなどが定められている。日本でも，2006年に金融商品取引法と共に新たな内部統制規定が定められ，それが「J-SOX（日本版SOX法）」と呼ばれている。

▶9　東京証券取引所は株式の取引市場の再編を行い，2022年4月から「プライム」「スタンダード」「グロース」の3市場となった。プライム，スタンダード市場は，より厳格なガバナンス，売買の流動性や利益水準，時価総額等の基準を定めて国際的競争力のある企業を集め，グロース市場では成長が期待できるベンチャー企業などの上場を促し，育成の市場となることを図っている。

▶10　日本の上場企業には株価に影響を及ぼす可能性がある重要な企業情報に関して，正確性を保ちつつ，迅速性を重視する適時開示の義務（適時開示義務）があり，投資家に対する保護に取り組んでいる。開示の内容は，株価または株主に影響を与えられる重要な意思決定事項やその情報，企業をまつわる重大な事故や事件など重要な項目に対する説明，そして決算報告書など企業の財務情報が含まれている。

▶11　法律などによる強制的な仕組みを設けるのではなく，情報開示などの一般的なコーポレートガバナンスのルールに従う（comply）か，従わない場合には説明責任（explain）を果たすべきかについて，企業側にその判断を任せる仕組のことである。

株式会社の機関には，**株主総会**，**取締役**，**取締役会**，**監査役**，**監査役会**，**会計監査人**，**会計参与**，**各委員会**，**執行役**，**監査等委員会**がある。会社法では，これらの機関の組み合わせを自社の状況に基づき，ある程度裁量をもって機関設計を行うことが認められている。

株主総会は，株式会社の最高意思決定機関である，法律によりその設置が義務づけられている。企業内部のルールをまとめている定款の変更や改正，取締役や役員の選任・解任，株式会社の経営活動に関する重要事項を決定する機関である（会社法295条）。

取締役は，会社の業務執行を行う機関であり，代表取締役の場合は会社の業務に関するすべての法律的な権限や責任を担う（会社法348条，349条）。

取締役会は，３人以上の取締役により構成され，代表取締役の選任など重要な業務の意思決定を行いつつ，業務執行者の業務執行を監督する機関である（会社法331条，361条）。

監査役は，取締役等の職務執行に対する監査を行う機関である（会社法381条）。

監査役会は，３人以上の監査役（うち半数以上は社外監査役）により構成され，監査報告書の作成，監査方針の決定，常任監査役の選任・解任などの意思決定を行う機関である（会社法335条，390条）。

会計参与は，取締役と共同して貸借対照表や損益計算書などの計算書類を作成する機関であり，会計参与は公認会計士，監査法人または税理士，税理士法人でなければならない（会社法374条，333条）。

会計監査人は，会社の計算書類を監査する機関であり，公認会計士または監査法人でなければならない（会社法396条，337条）。

各委員会に関しては，指名委員会等設置会社の場合，取締役等の選任・解任に関する意思決定を行う**指名委員会**，取締役および執行役等の職務執行監査や監査報告の作成，会計監査人の選任・解任などを行う**監査委員会**，取締役および執行役等の個人別報酬内容や方針などに対する意思決定を行う**報酬委員会**の３つの委員会を設置する。監査等委員会設置会社の場合は，監査等委員会を設置する。各委員会には独立性を確保するため，各委員会の過半数以上の委員は，社外取締役でなければならない（会社法404条，400条）。

執行役は，指名委員会等設置会社において，会社の業務執行を行う機関である（会社法418条）。

監査等委員会は，取締役の職務執行監査や監査報告の作成，会計監査人の選任・解任などに関する意思決定を行う機関であり，監査等委員は取締役でなければならない（会社法399条）。

企業の株を株式取引市場に公開し，投資家が自由に取引するよう，上場を計画している会社は，会社法上，上場企業に適用される基準に従って機関設計を行わなければならない。それで，**監査役会設置会社**，**監査等委員会設置会社**，**指名委員会等設置会社**のうちずれかを選択し，機関設計を行うことが求められている。

まず，**監査役会設置会社**は，最高意思決定機関の株主総会の下に取締役会と監査役会を設置し，各機関が独立性を確保する形で運用される仕組みである。**指名委員会等設置会社**は，株主総会の下に取締役会が単独で設置され，取締役会の中に指名委員会，監査委員会，報酬委員会を設置し運用する体制である。また，各委員会での意思決定事項は，取締役会で覆すことができないことで委員会活動の独立性を確保している。指名委員会等設置会社は監査役会設置会社体制がもっていた問題点を解消しようと，比較的に最近の2003年度から導入された仕組みである。**監査等委員会設置会社**は，2015年度に新たに導入された制度であり，監査役会設置会社と指名委員会等設置会社の弱点を補うための機関設計である。監査等委員会設置会社では，監査等委員会が取締役会の中に設置され，組織の一部として監査を行う仕組みである。監査等委員会の委員は業務執行取締役を兼職することができないことで，取締役会内部での業務執行と監督業務の分離ができる構図になっているので，より効果的な監査業務を行える体制とも認識されている。

3　CSR とコーポレートガバナンス

CSR（Corporate Social Responsibility，企業の社会的責任）については，本書第14章で詳しく説明するが，本章ではコーポレートガバナンスの観点からCSRとの関連性を考える。CSR は，企業を営利だけを追求する経済主体として認識するだけでなく，社会構成員の一員，いわゆる「**企業市民**」（Corporate citizen）としてとらえる観点である。そして，企業に対し，社会の構成員としてしかるべき責任を果たすことを強く求めている考え方でもある。

社会の一員としての企業活動を想定しているので，企業の経営活動もより長期的な観点での社会との共存，または社会構成員とお互いに助け合い，持続的に発展し続けていく関係を作り出すことを目標にしている。企業活動を取り巻くすべてのステークホルダーは，CSRの脈絡から考えてみれば，持続的に発展・共栄すべき貴重なパートナーである。株主，従業員，取引先，顧客，債権者，地域社会，自然環境など経営活動に関わっている利害関係者が企業活動を通じて，一方的に利用されることなく共存・共栄を視野に入れて協力し合う関係にならなければいけない。

CSRの重要な実践方法には，**SRI**（Socially Responsible Investment，社会的責任投資）または**ESG投資**[▶12]が挙げられる。金融機関などが投資を行う際，投資先の財務的な収益性だけでなく，社会的責務を果たしているのかを評価し投資の意思決定を行うことを意味する。最近では，企業価値を評価する基準にもこのようなCSR的な要素を含め総合的に判断をする状況になり，企業は資金調達を円滑に行うためにも常にCSRを意識した仕組みを設けなければならない。

したがって，コーポレートガバナンスが目標としている「株主や経営者を含む多様なステークホルダーがともに発展していく経営活動」は，CSRの目標と一脈相通じる概念である。例えば，CSR活動の一環そして行われている自然環境保護のための企業の様々な取組みは，ますます拡大している企業市民としての企業の存在感を反映し，多様なステークホルダーを含む社会全体に大きな影響を及ぼすことになるだろう。

これからの企業は，コーポレートガバナンス体制を確立・定着させるとともに，CSRが掲げている企業の社会的な責務を果たすことで，社会と共存・共栄する存在として発展していくことが求められているのである。

設　問

1．任意の企業を挙げ，その企業のコーポレートガバナンス体制を分析してみよう。

▶12　ESG投資は，環境（Environment），社会（Society），コーポレートガバナンス（〔Corporate〕Governance）に対する問題解決を目的とする投資活動を示している。

2．最近起きた企業の不祥事を取り上げ，当該企業のコーポレートガバナンス体制の問題点を分析してみよう。

推薦図書

江川雅子，2018,『現代のコーポレートガバナンス』日本経済新聞出版

コーポレートガバナンス（企業統治）にまつわる様々な話題を理論的背景や事例などをわかりやすく体系的に解説している。

松田千恵子，2015,『これならわかる コーポレートガバナンスの教科書』日経 BP

コーポレートガバナンスにおける基本概念や重要視される背景，実践方法などについて実務的な観点を交えて具体的に説明している。

風間信隆，2019,『よくわかるコーポレートガバナンス』ミネルヴァ書房

企業統治にかかわる理論的背景や知識を日本と他の国のシステムと比較しながら網羅的に議論している。

引用参考文献

Argyris, C., 1973, "Personality and organization theory revisited," *Administrative science quarterly*, pp. 141-167.

Barclay, M. J., & Holderness, C. G., 1989, "Private benefits from control of public corporations," *Journal of financial Economics*, 25(2), pp. 371-395.

Berle, A. A., & Means, G. C., 1932, "*The modern corporation and private property*," Routledge.

Grossman, S. J., & Hart, O. D., 1980, "Takeover bids, the free-rider problem, and the theory of the corporation," *The Bell Journal of Economics*, pp. 42-64.

Hart, O., & Moore, J., 1990, "Property Rights and the Nature of the Firm, *Journal of political economy*, 98(6), pp. 1119-1158.

Holmström, B., 1979, "Moral hazard and observability," *The Bell journal of economics*, pp. 74-91.

Jensen, M. C., & Meckling, W. H., 1976, "Theory of the firm: Managerial behavior, agency costs and ownership structure," *Journal of financial economics*, 3(4), pp. 305-360.

John, K., & Senbet, L. W., 1998, "Corporate governance and board effectiveness," *Journal of banking & Finance*, 22(4), pp. 371-403.

Shleifer, A., & Vishny, R. W., 1997, "A survey of corporate governance," *The journal of finance*, 52(2), pp. 737-783.

Shleifer, A., & Vishny, R. W., 1986, "Large shareholders and corporate control," *Journal of political economy*, 94(3, Part 1), pp. 461-488.

（具（ク）　滋承（ジャスン））

第4章 企業が競争に勝つためには
――企業の戦略を考える――

世の中には似たような製品・サービスを提供している企業は無数に存在し，企業はその中でなんとか生き残っていかなければなりません。しかし何も考えずに企業を経営していてはうまくいかないのは明白です。そこで本章では，無数に存在する企業の中で，自分たちが生き残れるためには何を考えなければいけないのか，またどうしたら企業を大きくしていけるのか，そのための方法を学んでいきます。

Keywords▶経営戦略，企業戦略，成長ベクトル，PPM，5フォースモデル分析，3つの基本戦略，VRIOフレームワーク

第1節　経営戦略：事業の方向性を考える

1　経営戦略とは何か

経営戦略とは，「**企業の長期的な目的を達成するための将来の道筋を，企業環境とのかかわりで示した長期的な構想**」とされている。これは将来の道筋，すなわち「自分たちはどうなりたいのか」という企業・組織の将来像を予想し，そのために必要なものを明確にすることである。なぜなら，企業・組織が持つ人・モノ・金・情報などの資源は限られているため，やりたいことすべてを実行することはできない。そのため，自分たちの望む姿を描き出し，そこに至るために必要なものを取捨選択していく必要があるのである。

経営戦略は，その戦略の幅によって大きく3つの階層が存在する。具体的には，「**企業戦略**（**全社戦略**）」「**事業戦略**（**競争戦略**）」「**機能別戦略**」の3つである（図4-1参照）。企業戦略は企業全体の戦略であり，その企業がどの事業を行うか

図 4－1　戦略の階層

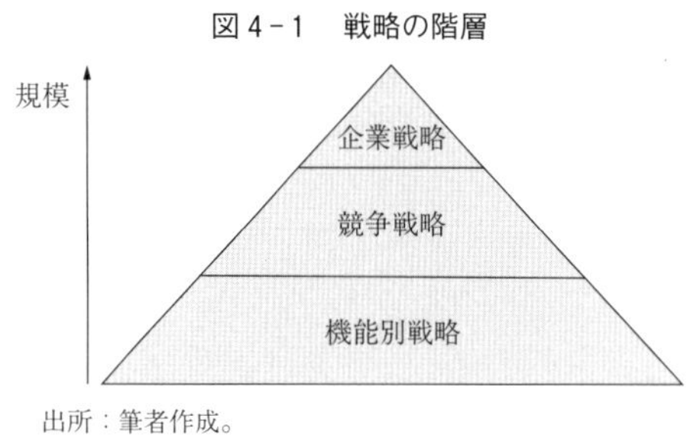

出所：筆者作成。

という事業構造を決定する。事業戦略は企業内の各事業がどのように他社との違いを産み出していくのかを決定する。最後に，機能別戦略は各事業内の機能（開発・製造・販売など）ごとの戦略を意味する。本章では，企業戦略と事業戦略に焦点を当てる。

2　戦略を考える上で重要なこと

どの階層の戦略を考える上でも重要なのは，実行しようとすることが自分たちの望む姿にいたるために，「効率的」かどうかよりも**「効果的」かどうかを考える**ことである。例えば，近年ではインターネットが発達し，店舗を持たずにオンラインサイトのみで製品を販売することは難しくない。店舗を持つことによりかかる費用（例えば土地や建物の賃貸費）や手間を考えれば，持たないほうが経営していく上で「効率的」だろう。しかし，もし企業が「業界での顧客満足度 No. 1」を目指していた場合，店舗を減らし，顧客と直接接触する機会を減らすことは，自分たちの望む姿にとって必ずしも「効果的」ではないかも知れない。手厚いサービスを求める顧客や直接商品を手に取ってみたい顧客にとっては，満足度が低くなる可能性が高いからである。このように，自分たちの望む姿に対して実行することが効果的かどうかが経営戦略を考える上で，非常に重要となる。

第 **2** 節では，企業全体の戦略を考える企業戦略，第 **3** 節では個別事業ごとの戦略を考える事業戦略について述べていく。

第 2 節　企業（全社）戦略：企業は「何をして」「何をしない」のか

1　企業戦略とは何か

企業は，自分たちが望む姿になるために，何を実行したらよいのかを考える必要があることを前節で述べた。その実行するための手段が事業であり，企業

図４－２　アンゾフの成長ベクトル

市場＼製品	既　存	新　規
既存	市場浸透戦略	新製品開発戦略
新規	市場拡大戦略	多角化戦略

出所：Ansoff, H. I.（1965）より筆者作成。

戦略とは事業の組み合わせを決定することであるともいえる。同時に，企業が何の事業を行うのかを決定することは，自社では何を実行しないのかを決定することでもある。このように自社で**「何をして」**，**「何をしない」**のかを決定するのが企業戦略である。

2　何をすべきかを見極める：アンゾフの成長ベクトル

ほとんどの企業は設立当初は１つの事業に取り組んでいることがほとんどである。しかし，企業が成長し，規模が大きくなる中で，新たな事業に着手することで，さらに企業を成長させようとする。

しかし，ただ闇雲に新しいことを始めるだけでは，うまくいかないだろう。そのため，H. I. アンゾフ[▶1]は，企業が新たな事業に着手しようとする場合，４つの方向性があることを示している。それが**図４－２**の成長ベクトルである。ここでは一つ一つの特徴を述べていく。

(1)市場浸透戦略

市場浸透戦略は，既存市場で既存製品を販売する戦略である。製品や市場は変わらないため，すでに存在する製品・サービスのデザインの変更，広告活動などを通じて，新規顧客の獲得や，既存顧客１人当たりの消費量を拡大させることで，市場シェアを拡大させる戦略である。

▶１　アンゾフ（Ansoff, H.I., 1918-2002）はアメリカの経営学者。企業戦略を主に研究し，代表的な著書は『Strategic Management（戦略経営論）』など。

例えば，新型コロナウイルス（COVID-19）の影響で多くの飲食店，とりわけ，夜のみ営業していた居酒屋などはお昼のランチ・お弁当を始めた。こうすることで，夜にお酒を飲みの来る顧客だけでなく，昼間に働いている人まで顧客層を拡大させたのである。

この戦略は，すでにノウハウ・知識を所持している市場であるため，失敗するリスクが低く取り組みやすい戦略でもある。

⑵市場拡大戦略

新市場開拓戦略は新市場で既存製品を販売する戦略である。ただし，日本国内の市場はすでに飽和しているため，近年では海外市場への進出が主となる。多くの場合，製品・サービスの基本的な機能はそのままであるが，細かい仕様などは海外市場に合わせることが多い。

例えば，力の源カンパニーが運営するラーメンチェーンの「一風堂」は2008年のアメリカへの海外進出に始まり，現在130店舗以上を海外で運営している（2021年３月現在）。当然，メインとなる商品はラーメンであるが，アメリカでは肉や野菜をバンズに挟んだ商品など，日本では販売していない商品も数多く存在する。このように，国･地域に合わせて製品･サービスを変更することで，顧客のニーズに合った製品・サービスを提供しているのである。

⑶新製品開発戦略

新製品開発戦略は，既存市場に新製品を投入する戦略である。すでに開拓している市場に対し，期間限定品や既存製品の新モデルを投入することで，売上の拡大や，新たな顧客の獲得をめざす戦略となる。

例えば，スマートフォンは毎年あるいは数年に１回新モデルが発表される。こうした新しい製品が発売されると，購入者の多くは初めてスマートフォンを購入する顧客ではなく，すでにスマートフォンを所持している顧客が買い替える場合が多い。しかし，本来であれば，顧客は旧モデルのスマートフォンでも機能面での不都合がない場合がほとんどである。そのため，新製品開発戦略では，新製品が顧客にとってニーズがあるのか，どこに乗り換えるだけの魅力があるのかを把握し，顧客が欲しいと思える製品・サービスを提供していくことが重要となる。

⑷多角化戦略

多角化戦略は，新市場に新製品を導入する戦略である。そのため，今まで企業が全く関連のない製品・市場に1から挑戦することとなる。しかし多くの場合，本当の意味で1から挑戦することは少なく，これまで企業が培ってきた，能力・資源などをうまく活かして，新しく取り組んでいく場合がほとんどである。

例えば，自転車部品の製造を行っているシマノは元々鉄工所からスタートした企業である。鉄工所の鍛冶仕事で培った技術を活かして，自転車部品の製造に多角化したのである。さらにシマノはその後，釣り具事業にも多角化している。なぜ，自転車と釣り具という一見すると関係のなさそうな事業に多角化したのだろうか。これは，自転車も釣りも「レジャーを通して人々の健康に寄与する」というシマノの企業哲学に合致したこともあるが，自転車部品のギアなどを製造するときに培った技術を，釣り具のリールなどに活かすことができたことも一因として挙げられる。

このように，企業は技術や市場などの面で既存の事業と関わりが深い**関連型多角化**をすることで，成功をおさめやすいとされている。逆に，既存技術や市場と関わりがない事業への多角化である**非関連型多角化**に関しては，望ましくないこととされており，実際にうまくいっていないケースがほとんどである。

これら4つの戦略は，企業の既存市場や製品の状況によって，取り組むべき戦略は変わってくる。そのため，企業は自分たちが何をすべきか，またそのためにはどの戦略がよいのかを見極め，実行していくことが重要となる。

3　何をしないのかを見極める：事業ポートフォリオ

企業は自分たちの事業を考える上で，何をすべきかを考えるのと同時に，何をやらない・何をやめるべきか考えていかなければならない。なぜなら，事業には**製品ライフサイクル**という概念が存在するからである。製品ライフサイクルとは，ほとんどの事業は，時間経過とともに成長・拡大し，最終的には衰退していくという製品の一生を図示したものである（図4-3参照）。そのため，1つの事業しか営んでいない企業は，その事業が衰退を迎えたときに企業自体の存続の危機に陥ってしまう。また，複数の事業を営んでいる場合でも，すでに衰退してしまい企業のお荷物となっている事業を抱え続けることは企業自体

図4－3　製品ライフサイクル

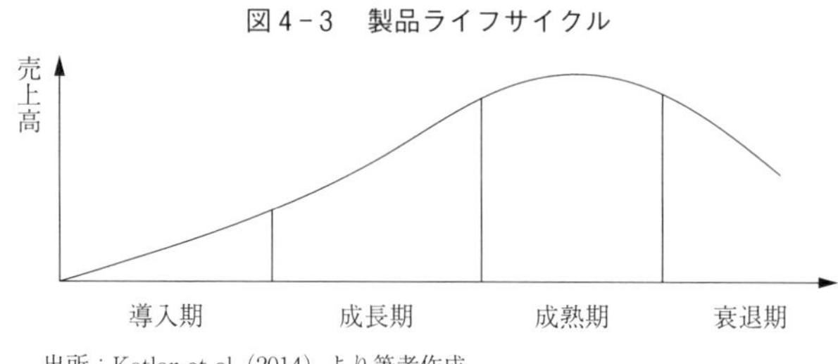

出所：Kotler et al（2014）より筆者作成。

の衰退を招く危険があるため，早急に対処する必要がある。

このように企業は参入すべきではない市場，あるいはすでに参入しているなら撤退すべき市場を見極めることも重要なのである。その見極めるための方法が事業を分類するポートフォリオ・プランニングであり，その代表例がボストン・コンサルティング・グループが提唱した**PPM（プロダクト・ポートフォリオ・マネジメント）分析**である（図4－4参照）。

このPPM分析では，市場の成長率と相対的市場シェアから各事業がどのポジションに当てはまるか分類され，各事業の将来性と競合他社との差を把握することができる。市場の成長率は一律の基準があるわけではないが，成長率が高い市場ほど，これから市場が拡大することが期待されるため，多くの企業が新規参入し，競争は激しくなりやすい。一方で，市場成長率が低い市場では今後市場の成長は期待できないため，新規参入は少なく，安定的な利益を出しやすくなる。**相対的市場シェア**は，「**自社の製品シェア／自社以外での最大の製品シェア**」で表される。そのため，この値が大きいほど，相対的な市場シェアは高く，その製品が競合他社よりも顧客に認知・購買されていることを示している。

PPMでは，「金のなる木」から得られる資金を企業の次世代を担う「スター」や「問題児」に投入し，将来の「金のなる木」とすべきことを示唆している。また，「負け犬」からは早期に撤退し，余剰資金を「スター」「問題児」に投入すべきともしている。

このように企業は，自分たちの事業の状況を見極め，今後の成長・利益が見込めない事業に関して，撤退や他社への売却などを検討することも重要な戦略となる。

図4－4　PPM（Portfolio planning management）

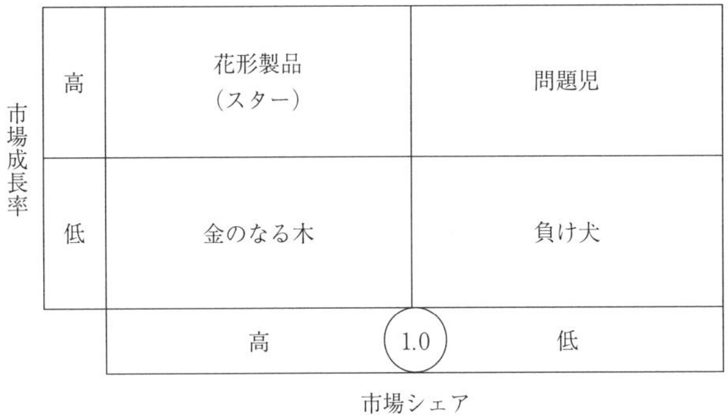

市場成長率			
高	花形製品（スター）	問題児
低	金のなる木	負け犬
	高	1.0	低

市場シェア

出所：筆者作成。

第3節　事業戦略：いかにして他社との「違い」を作り出すのか

1　ポジショニングによる差別化

企業が成長し収益性を高めるためには，新たな市場へと参入することが重要となるが，ただやみくもに参入するだけではうまくいかない場合がほとんどである。なぜなら，市場では多くの企業が競い合い，同じような製品・サービスを提供しているため，顧客に他社の製品ではなく，自社の製品を選んでもらうために十分な準備を行う必要がある。そのため，企業は顧客に対して他社とは違うということを認識してもらう「差別化」が重要となってくる。この差別化の方法として，「**ポジショニング**」と「**経営資源**」が挙げられる。本節ではポジショニングによる差別化を実践する方法として，(1)ポーターの5フォースモデル，(2)ポーターの3つの基本戦略を紹介する。

(1)ポーターの5フォースモデル

「ポジショニング」を考える上で重要なのは，自社がどれだけ魅力的な業界・市場に参入するかである。なぜなら，競合他社が少ない市場や，競合他社がなかなか参入できない業界・市場であれば，それだけで，他社と「差別化」しやすい。また，企業が属する**業界・市場の魅力度**によって，企業の収益性が定まることも1つの要因である。例えば，家電などを作っている電気機器業界は，中国など安価な海外メーカーに押され，利益率は1～3％程度しかないといわれている。このように企業は自分が属する業界・市場によってどれくらい稼げるか（どれくらい魅力度があるか）がある程度予想できるのである。この魅力度を，M. E. ポーター[▶2]は，図4－5に示される5つの競争要因によって規定されるとしている。

ここでは日本マクドナルドを例に，ハンバーガー業界の魅力度を分析する。

まず①に関して，業界内の競合関係は非常に激しいといえるだろう。有名な企業だけでもモスバーガーやロッテリア，ファーストキッチン，バーガーキングなど多くの競合企業が存在している。また，そのほとんどが若年層をターゲットにしているため，お互いに顧客を奪い合っている状態である。

次に②に関して，新規参入業者の脅威はそこまで大きくないといえるだろう。シェイクシャック[▶3]やカールスジュニア[▶4]などの海外の有名チェーン店が参入してきたが，いずれも店舗数は少なく，価格帯も高級路線であり，マクドナルドの顧客層とは被っていない。くら寿司など別の飲食物を提供している企業がハンバーガーなどを提供していることもあるが，本格的にハンバーガーを打ち出しているわけではなく，大きな脅威とはいえないだろう。

次に③に関して，代替品の脅威は非常に大きいといえるだろう。マクドナルドを「ファストフード」と捉えたとき，その代替品としては，ラーメンや牛丼，回転ずしなどほとんどのファストフードが代替品に当てはまる。また，コンビニや弁当屋なども手軽に利用できるため，これらも代替品といえるだろう。

次に④に関して，売り手の交渉力は中間程度といえるだろう。マクドナルドへの売り手（供給者）としては，バンズの原材料となる穀物の製造・販売業者やハンバーグの原材料となる食肉の製造加工業者などが挙げられる。昨今では食の安全性が叫ばれ，信頼性の高い穀物・食肉業者は取引相手に困らない状況

▶2　ポーター（Porter, M.E., 1947-）はアメリカの経営学者。経営戦略論に関する多くの手法（フレームワーク）を提唱しており，代表的著書に『Competitive strategy（競争の戦略）』がある。

▶3　アメリカ発のハンバーガーチェーン。2015年日本に初出店

▶4　アメリカ発のファストフードチェーン。日本では1989年の初出店後，1度日本から撤退しているが，2016年に再出店。

図4-5　ポーターの5フォースモデル

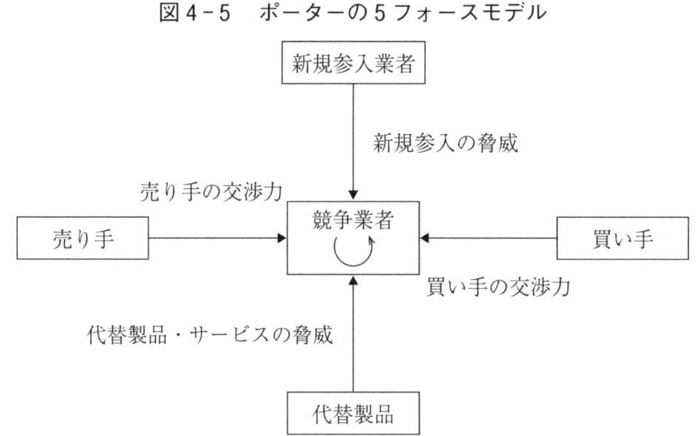

出所：Porter（1985）より筆者作成。

である。そのため，必ずしもマクドナルドを取引相手に選ぶ必要はなく，売り手の交渉力は高いと考えられる。しかし，マクドナルドは世界最大規模のファストフード企業であり，世界中に仕入れ先をもつため，マクドナルドとしても1つの供給先にこだわる必要は大きくないといえる。

最後に⑤に関して，買い手の交渉力も高いといえるだろう。マクドナルドの買い手は一般消費者が当てはまる。世の中には外食できる場所は無数にあふれており，一般消費者がマクドナルドにこだわる理由はほとんどない。一方で，マクドナルドは一般消費者に売上の多くを依存しているため，買い手に選ばれるための努力が必要となる。

以上より，マクドナルドを中心にした5要因分析の結果から，ハンバーガー業界の業界としての魅力度は決して高くないと推測される。そのため，ハンバーガー業界（特に低価格帯で）で事業を続けていくことは，非常に厳しいことがこの分析からも読み取れるのである。

企業がどれだけ素晴らしい製品・サービスを提供していたとしても，業界の魅力度が低いと必ずしも，よい業績を残せるとは限らない。そのため，企業が新規参入や事業転換などをする際には，参入しようと考えている業界の魅力度を把握し，今後発展が見込まれるような業界を選択することが重要となる。

⑵ポーターの3つの基本戦略

⑴では，魅力的な産業・業界を選択する重要性を述べたが，多くの企業はす

図4－6　3つの基本戦略

ターゲット層 ＼ 競争優位の源	低コスト	差別化
業界全般	コスト・リーダーシップ	差別化
特定セグメントのみ	コスト集中	差別化集中

出所：Porter（1985）より筆者作成。

でに何らかの産業・業界に参入しており，その市場で競合他社と競い合う必要がある。そのため，すでに参入している産業・業界において自分たちに望ましいポジションをとることで，収益性を高めることも重要となる。では，望ましいポジションをとるにはどうしたらよいのだろうか。

企業がおかれている環境はそれぞれの企業によって違うため，自社にとって適切なポジションは企業によって異なる。その適切なポジションを知るためのツールとしてポーターの3つの基本戦略が存在する。これは，**図4－6**に示されるように業界を競争優位[5]の源とターゲット層の2軸で分類することで，**コスト・リーダーシップ**，**差別化戦略**，**集中戦略**という企業が採るべき3つの戦略について示しているのである。集中戦略はさらに，**コスト集中・差別化集中**に分けることができる。ここではそれぞれの戦略の特徴について述べていく。

① コスト・リーダーシップ戦略

コスト・リーダーシップ戦略とは，他社よりも「**価格面での違い**」を作り出すことで競争優位を獲得しようとする戦略である。そのため，コスト・リーダーシップ戦略では顧客への販売価格を他社よりも安くすることは当然として，利益を出すためには製品・サービスを作るための価格（コスト）も安くすることが重要となる。このコストを下げるために，コスト・リーダーシップ戦略で重要となるのが，**規模の経済**と**経験効果**である。

▶5　競争優位とは，競争相手（ライバル企業）と比較して自社が優れている能力によって競争が有利になることを指す。

図４－７　規模の経済

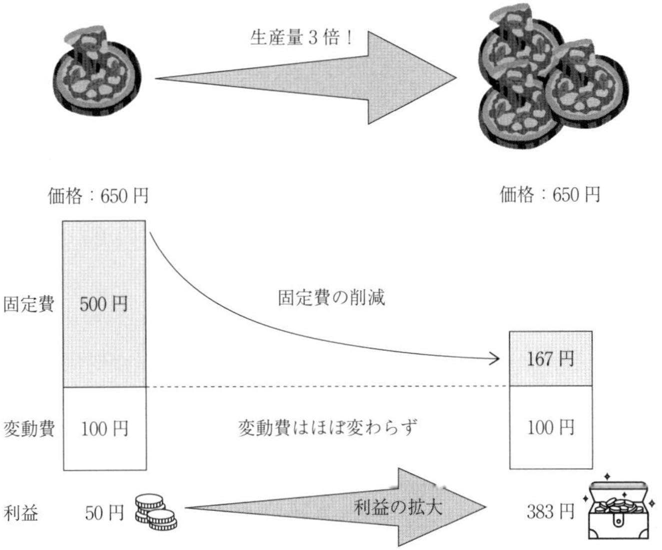

生産量３倍！
価格：650円
価格：650円
固定費　500円
固定費の削減
167円
変動費　100円
変動費はほぼ変わらず
100円
利益　50円
利益の拡大
383円

出所：筆者作成。

規模の経済とは端的にいえば，製品の生産量が増えるほど，１個当たりの費用が安くなることである。例えばある企業がピザを１枚700円で販売していたとする。ピザ１枚にかかる小麦粉やチーズなどの原材料費は100円とし，ピザを焼くためのピザ窯を１カ月500万円でレンタルしたとする。もし，このピザ窯を使って，１カ月で１万枚ピザを焼くと，１枚当たり500円の機械の使用料がかかることになる。そのため，ピザ１枚当たりの利益は700円（価格）－100円（原材料費）－500円（機械代）=100円となる。これがもし１カ月で３倍の３万枚焼いたとしたらどうなるだろうか。１枚当たりの機械の使用料は３分の１の166.7円にまで減少することになる。そのため，１枚当たりの利益は700円－100円－166.7円 =433.3円となるのである。このように，企業は生産量を増加させることで，費用を大幅に安くできるのである（図４－７参照）。

また，１カ月に１万枚しかピザを焼けない企業は，１枚当たり600円の費用がかかるため，利益を出すためにはピザを600円以下で売ることはできない。しかし１カ月に３万枚ピザを焼ける企業は，１枚当たり266.7円の費用しか掛

図4－8　経験効果

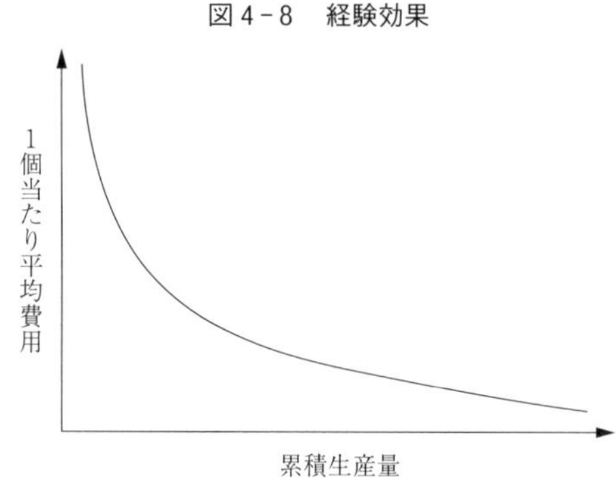

出所：筆者作成。

からないため，300円で売っても利益を出すことができるのである。そのため，大量生産ができる企業は，規模の経済によって他社が追随できないような低価格を実現することができ，「価格面での違い」を発揮できるのである。

この500万円の機械のように，生産量が変化しても変わらない費用のことを**固定費**と呼び，土地代や，人件費，広告代などが含まれる。そのため，こうした固定費の割合が高い産業ほど規模の経済の効果は大きくなるのである。

もう1つコストを下げるために重要となるのが，**経験効果**である（図4－8）。**経験効果とは，企業の累積生産量が増えるほど，費用が安くなること**である。なぜならば，同じ製品を作り続けることで，経験が蓄積されるため，効率が上がり（習熟効果），1個当たりの平均費用が下がるのである。

例えば，先ほどのピザの話に例えると，当初1人の職人が1日に焼けるピザの枚数が100枚と仮定する。当初は，ピザ生地の作成や具材を切るのにも時間がかかり，焼きすぎによる失敗なども多いだろう。しかし，毎日何枚も焼くうちに職人は作業にも慣れ，1枚当たりの作業時間は減っていき，1日120枚，150枚，200枚と作れる枚数は増加していく。職人1人当たりの人件費などは何枚焼いても変化しないとすると，1枚当たりの平均費用は徐々に低下していくことになる。こうした経験効果の影響は産業や業界によって異なるが，**累積生産量が2倍になると，費用は10%から30%程度安くなる**とされている。

このようにコスト・リーダーシップ戦略は，**規模の経済や経験効果を利用することで他社と「価格面の違い」を出そうとする戦略**なのである。ただし，違いを出すためには，他社と比較して圧倒的な生産量の差を生み出すことが何よりも重要となる。そのため，コスト・リーダーシップ戦略は**その産業・業界で最大のシェアをもつ企業が採りやすい戦略**となっている。

② 差別化戦略

コスト・リーダーシップ戦略が「価格面での違い」を作り出していたのに対し，差別化戦略は「**製品・サービス面での違い**」を作り出すことで競争優位を獲得しようとする戦略である。この差別化の要因は様々なものが存在し，**製品・サービスの機能やデザイン，技術，ブランド**などが挙げられる。

例えば，スターバックスコーヒーは，差別化をうまく行い，成功した企業である。それまで喫茶店といえば，男性サラリーマンが活用するイメージが強かったが，スターバックスは女性客を主要なターゲットと定め，女性に好まれるような商品名や店舗の内装を心掛け，「他のカフェよりもおしゃれ」というイメージを顧客に植え付けてきた。また，カフェといえば喫煙できるのが当たり前であった時代から，全面禁煙を実施しており，周りを気にせずゆったりと過ごせるイメージを作り上げてきたのである。そのため，多少値段が高くてもおしゃれなカフェに行きたい，ゆったり過ごしたい人にとっては，他のカフェではなく，スターバックスコーヒーがよいと価値を感じてもらえるのである。

このように差別化戦略では，**「他とは違うというイメージ」を顧客がもつことで，競争優位を築き上げていく戦略**である。この「他とは違うイメージ」という点で重要なのは，顧客がそれをきちんと価値あるものと認識できるかどうかである。自分たちが他とは違うと思っていても，それが顧客に伝わらなければ意味がないのである。逆にいえば，顧客が「他社の製品・サービスよりも素晴らしい」と認めるならば，それが差別化につながる。

③ 集中戦略

コスト・リーダーシップ戦略や差別化戦略のいずれにせよ，企業はある程度自分たちのターゲットを絞って活動をしている。しかし集中戦略ではそれをさらに徹底し，**特定のターゲット層や，地域，志向に特化**して競争優位を獲得しようとする戦略である。この戦略の最大の強みは，ターゲットを絞ることで，そのターゲットからは熱烈な支持を得られることである。また，活動が限定的であるため，経営資源を効果的に活用することができるのである。

多くの飲食業界はこの集中戦略によって成功しているケースが多い。例えば，ミスタードーナツはドーナツ事業に特化し，若い女性をメインターゲットとしている。吉野家は牛丼事業に特化し，20～50代の働き盛りの男性をメインターゲットとしている。また牛丼に特化し，余計な商品・サービスを減らすことでコストを削減し，牛丼の低価格化を実現しているのである。このように，**特定のターゲットに特化し，そのターゲットが好む製品・サービスに集中的に資源を投下する**ことで，競争優位を築いているのが集中戦略である。

2 経営資源による差別化

前項では，ポジショニングの違いによって，他社との違いを生み出し，競争優位を築くことを示した。しかし，適切なポジショニングを理解したとしても，それを実行するための資源・能力がなければ机上の空論に終わってしまう。そのため，企業が競争優位を築くためには，ポジショニングとはまた別に特異な「**経営資源**」をもっている必要がある。この経営資源とは，企業が販売している製品やサービスは当然として，ヒト，金，設備，ノウハウ，流通網やブランドなど多くの要素を含んでいる。

では，企業が持つこれらの経営資源が競争優位に結びつくかどうかはどのように判断すればよいのだろうか。それを判断する基準として，J. B. バーニー[▶6]が考案した**VRIO フレームワーク**が存在する。これは**Value（価値）**，**Rareness（希少性）**，**Imitability（模倣可能性）**，**Organized（組織化）**という４つの判断基準から，その経営資源がどれくらい競争優位に結びつくかを判断できるのである。次に，それぞれがどのような内容かを見ていく。

(1) Value：どれくらいその資源に価値があるのか

第１の判断基準は**Value（価値）**である。これは，その経営資源が現時点でどれくらいの価値をもっているかを見極めることである。なぜ価値を見極める必要があるかというと，他社と比較して，自社の経営資源の価値が低い場合，競争で敗北する可能性が高いからである。

例えば，スターバックスコーヒーの「おしゃれでゆったりとくつろげる空間演出」はスターバックスコーヒーの人気を高め，成長を支えてきた経営資源で

▶6　バーニー（Barney, J.B., 1954-）はアメリカの経営学者。経営資源に基づく競争優位性に関して多くの研究を行っており，代表的著書に『Gaining and Sustaining Competitive Advantage（企業戦略論）』などがある。

あることは間違いない。しかし，スターバックスコーヒーが日本に進出した当初に比べ，今ではおしゃれなカフェや空間演出を大事にしている競合カフェは多く存在する。そのため，スターバックスコーヒーの「おしゃれでゆったりとくつろげる空間演出」という経営資源が今後も同社を支える重要な経営資源であり続けるとは限らないのである。

このように，経営資源の価値は時代とともに変化していくものであり，必ずしも過去の強みが永遠に続くものではない。そのため，企業は常に自社の経営資源を多面的に評価し，自分たちの何が価値あるものなのかを認識することが重要なのである。

⑵ Rareness：どれくらいその資源に希少性があるのか

第2の判断基準はRareness（希少性）である。第1の判断基準によってそれが価値ある経営資源だとしても，だれもが持っている資源や簡単に入手できる経営資源では，企業の競争優位にはつながらない。そのため，他社が容易に獲得できない希少性があるかどうかが第2の判断基準となる。

例えば，動画投稿サイトなどに誰もが気軽にアクセスできるようになった現在でも，地上波放送を行っているテレビ局は大きな存在感を保ち続けている。電波の有限性もあり，新たに地上波放送の免許を得ることが事実上不可能なため，既存のテレビ局は地上波放送という希少性の高い資源を独占することで，他社には真似できない競争優位を保っているのである。

このように，希少性の高い経営資源でなければ自社だけの強みとすることはできないのである。そのため，企業は他社が容易に入手できない経営資源を持つことで，他社と差別化することができるのである。

⑶ Imitability：どれくらいその資源が真似しやすいか

第3の判断基準はImitability（模倣可能性）である。すなわち，自社の経営資源を競合他社がどれくらい真似できるかどうかが重要となる。価値があり希少な資源だとしても，競合他社が容易に類似の資源を獲得・作製できるのであれば，競争優位は一時的なものにとどまってしまう。そのため，企業が長期的な競争優位を築くには，簡単に真似できない経営資源を持つことが必要となる。

例えば，サントリーが2004年に発売した「伊右衛門」は，お茶本来のおいしさを届けたいという思いから，「急須で入れたようなお茶」というコンセプト

表4－1　VRIO フレームワーク

Value（価値）	Rareness（希少性）	Imitability（模倣可能性）	Organized（組織化）	競争優位の状態
×	×	×	×	競争劣位
○	×	×	×	競争均衡
○	○	×	×	一時的競争優位
○	○	○	×	持続的競争優位
○	○	○	○	持続的競争優位かつ資源の最大活用

出所：Barney（2007）より筆者作成。

で販売された。この商品は京都のお茶の老舗「福寿園」と協力し，ペットボトルも竹筒をイメージしたものにすることで大ヒットした。しかし，本格的なお茶の風味やペットボトルの改良などは，決してサントリー独自の技術ではなかったため，同年には伊藤園が「お～いお茶　濃い味」を販売，翌2005年には，キリンが「生茶」をリニューアル，コカ・コーラが「一（はじめ）」を販売するなど，競合他社がサントリーに追随する形で似たような緑茶飲料を開発し，サントリーの独壇場とはならなかった。

このように，価値があり希少性の高い経営資源を持っていても，それが容易に模倣できるものであれば，企業の競争優位は一時的なものに留まってしまう。

⑷ Organized：どれくらいその資源を組織が有効活用できるか

最後の判断基準は，Organized（組織化）である。企業がどんなに価値があり，希少で他社が模倣できない経営資源を持っていたとしても，それを組織で有効に活用できなければ，宝の持ち腐れとなってしまう。そのため，経営資源を上手く活用できるよう，組織に組み込んでいく必要がある。

例えば，テレビゲームの制作会社が誰もが知っている有名なキャラクターを所持していたとしても，そのキャラクターを活かせるコンテンツを作れなければ，意味がない。他社よりも圧倒的に膨大な顧客データを持っていても，その顧客データを分析・活用できる人材・部署などが組織に存在しなければ，せっかくの価値あるデータもその真価を発揮することはかなわない。このように，どんなに素晴らしい経営資源であっても，ただ存在すればよいのではなく，そ

▶▶ *column 3* ◀◀

大谷選手はなぜ成功したのか

野球の大谷翔平選手といえば，詳しくは知らなくても，名前は聞いたことがある人がほとんどではないだろうか。ピッチャーとバッターの両方を行う「二刀流」の選手として有名であり，現在は米国大リーグのエンゼルスの選手として活躍している。現在の年俸は3億円程度といわれており，今後のキャリアがどうなるかはまだわからないが，少なくとも大谷選手の人生が成功か失敗かと問われたら，成功と答える人が大半だろう。では，なぜ大谷選手は成功できたのだろうか。160キロ近い速球を投げられる肩，日本人離れしたパワーなど本人の飛びぬけた身体能力がその成功の要因の1つであることは間違いないだろう。一方で，このような考え方をすることもできる。成功したのは「野球というスポーツを選んだから」。仮に大谷選手がトランポリンなど競技人口の少ないスポーツを選択していたらどうなるだろうか（トランポリンが好きな人ごめんなさい)。仮に世界で圧倒的な実力をもっていたとしても，知名度はほとんどなく，一般的なサラリーマン並みの給料を稼げたかどうかも怪しかっただろう。もちろん，スポーツによって求められる能力は違うし，知名度が高く収入が多いスポーツはそれだけ競争も激しく，比較することにほとんど意味はない。しかし，どのスポーツを選択するかは，その選手の知名度や収入に大きく影響してくるのは間違いない。

これを経営学の視点でみると，大谷選手の身体能力は，企業における「経営資源」であり，スポーツの中で野球を選択したことは，企業における「ポジショニング」の決定に当たるといえるだろう。このように，企業にしろ個人にしろ，他者と違う競争優位を築くためには，「ポジショニング」と「経営資源」の両方を意識することが重要なのである。

れを活かすための組織作りができて初めて輝くことができるのである。

以上をまとめると，VRIO フレームワークは**表4-1**のように表される。これにより，企業の持つ経営資源がどの競争優位の状態にあるかを知ることができるのである。

3　長期的な競争優位のためには

これまでそれぞれ「ポジショニング」と「経営資源」の重要性を語ってきた。しかし，ポジショニングの発想だけでは，魅力的な市場に参入できたとしてもその後が続かない。逆に経営資源の発想だけでは，そもそも将来性のない市場に参入してしまうかもしれない。そのため，企業は，「ポジショニング」と「経営資源」の両方の発想をもつことで，始めて長期的な競争優位を築くことができる。そのため，企業はどちらが重要なのかではなく，常に両方の視点で物事を見定めていくことが重要なのである。

設　問

1．ポーターの５フォースモデルの５つの競争要因は何か。また５つの競争要因がどのような時にその業界の要因の魅力は低くなるのだろうか。

2．分が興味のある企業は３つの基本戦略のうち，どれを採用しているか調べてみよう。また，なぜその基本戦略を採用しているのか考えてみよう。

推薦図書

井上達彦・中川功一・川瀬真紀『経営戦略（ベーシック＋)』中央経済社

経営戦略を体系的にまとめている著書であり，より経営戦略を詳しく学びたい人におすすめ。

楠木健『ストーリーとしての競争戦略　優れた企業の条件』東洋経済新報社

企業の様々な戦略を「ストーリー」と捉え，解説している。企業の事例に当てはめながら戦略論を学びたい人におすすめ。

井上達彦『ビジュアル　ビジネスモデルがわかる』日経文庫

本書では扱わなかったが，企業の設ける仕組みである「ビジネスモデル」をわかりやすく解説している。

引用参考文献

ポーター，M. E.／土岐坤・中辻萬治・小野寺武夫訳，1985，『競争優位の戦略―いかに高業績を持続させるか』ダイヤモンド社。

コトラー，P.，ケラー，K. L.／恩蔵直人・月谷真紀訳，2014，『コトラー＆ケラーのマーケティングマネジメント　第12版』丸善出版。

Ansoff, H. I., 1965, *Corporate Strategy: An analytic approach to business policy for growth and expansion*, McGraw-Hill.

Barney, J.B., Clark, D.N., 2007, *Resource-Based Theory: Creating and Sustaining Competitive*, Oxford University Press.

（伊藤泰生）

第5章　戦略のための組織，組織のための戦略
――組織デザイン――

第5章では，戦略を実行するための組織のつくり方について学びます。戦略と組織は一方が他方を規定するようなものではなく，常に一体として考えられるべきものであり，そして組織は戦略に照らし合わせて作り変えることができます。本章では，まず組織と戦略の関係を考える上で欠かせない環境について解説し，その上で組織をデザインすることについて学び，さらに考慮すべき要素としての組織の構造および文化についてみていきます。

Keywords▶組織と戦略の関係，環境セクター，組織デザイン，組織構造，組織文化

第1節　組織は戦略に従う？

「組織は戦略に従う」。これは，著名な経営学者 A. チャンドラー[▶1]が1962年に残した言葉であるといわれる[▶2]。組織にとっての経営戦略の重要性を説く言葉として知られており，戦略が決定されたとき，それに合わせて組織も変化せねばならない，という戦略と組織の規定関係を示している。本書においても，戦略がいかに重要であるかについては繰り返し強調されてきたはずだ。では，優れた戦略があれば組織は自然と戦略に従い，成功に導かれるのかというと，常にそうなるわけではない。組織が優れた戦略を策定できたとしても，それを実行

▶1　チャンドラー（Alfred DuPont Chandler, Jr., 1918-2007）。アメリカの経営史学者。

▶2　「組織は戦略に従う」は，厳密にはチャンドラーの著書“Strategy and Structure”の翻訳書の邦題である。

する力が組織になければ「絵に描いた餅」になってしまう。

同じく著名な経営学者であるH. I. アンゾフ[▶3]は，1979年に「戦略は組織に従う」と残している。アンゾフはチャンドラーの主張を理解しつつも，現実の組織が戦略通りには作動しないことに気づいていた。なぜ組織は，自分で決めたはずの戦略を実行できないという事態に陥ることがあるのだろうか。ここではまず，組織が（新たな）戦略を実行できない要因について考察してみよう。

組織が戦略に従えなくなる理由の1つが，**組織慣性**である。慣性とは本来は物理学の用語で，一度動き出した物体は動き続け，一度止まった物体は止まり続ける，という性質を意味し，ここでは組織にも慣性があると考える。組織慣性とは，組織がそのままであろうとする力，と表現できるだろう。組織慣性が生じる理由はいくつか指摘されており，例えば戦略の実行のために組織が変わることで損をする部門が組織内にあったとすれば，その部門は変化に対する抵抗勢力となる。あるいは，組織が変わることは過去の否定に繋がることがあり，過去の投資がムダになるという懸念や，過去の行いを正当化するために変化に抵抗が起きることがある。このように組織慣性が生じる理由は様々であるが，組織慣性はあらゆる組織に生じ得る。組織が以前のままであろうとする力が強いならば，いくら戦略が優れていたとしても，組織が戦略に従うことは容易ではない。

戦略が組織を従えるのか？　組織が戦略を従えるのか？　結論を先取りすれば，どちらでもないはずだ。戦略は，既存の組織あるいは将来的にあるべき組織を十分に考慮した上で策定されるべきであろうし，組織は，策定された戦略の実現のために，ときに柔軟に変化することで機能を発揮していかなければならない。戦略と組織は，互いが互いに影響し合い相互作用をもたらす，常にセットで捉えられるべき概念である。本章では，戦略を実現するための組織，という視点から，「組織づくり」について考察していく。次の第**2**節では，戦略を策定する上で必須である組織（内部環境）と環境（外部環境）について説明する。続く第**3**節では，組織デザイン，つまり組織を設計するということにつ

▶3　アンゾフ（Harry Igor Ansoff, 1918-2002）。ロシア出身，アメリカの経営学者。➡第4章2節を参照。

いて考える。第4節・第5節では，組織デザインの重要な要素である組織構造と組織文化について解説する。

第2節　組織と環境

1　環境とは何か

戦略や組織について考える上での，きわめて重要な概念が，**環境**である。現代の経営学では，組織は当然に環境の影響を受けていると考える。環境は，組織の外部にあるすべてのもの，と定義される[▶4]。つまり，組織は自分たちの外にあるものから常に影響を受け，そしてそれらを考慮しなければならない。

なぜ環境の存在がそこまでに重要視されるのだろうか。最大の理由は，環境は組織にときに強い影響を与えるにもかかわらず，組織が自力でコントロールできないことが多いからである。環境は，組織自身で操作できないにもかかわらず，組織が破滅するほどの影響をもつことがある。1881年に創業したイーストマン・コダックは，世界的に有名なフィルムメーカーであった。１世紀以上にわたり世界中にフィルムなどの写真用品を届け，カメラの世界的な普及に貢献した。オリンピックのスポンサーも長年務めた世界的大企業である。しかし，コダックは2000年代以降急激に勢いを失い，2012年に倒産してしまう。

コダックが倒産に至った背景には，デジタルカメラという新技術の登場があった。撮影枚数に上限がありフィルムの頻繁な取り換えが必要なフィルムカメラに対して，デジタルカメラは取り損じや撮影枚数の懸念なく撮影できるなどの利点が多く，結果的にフィルムカメラはデジタルカメラに代替されてしまった。新技術が出現し，既存企業から市場を奪い，既存企業が駆逐されるという現象は珍しいものではない。そして新技術の脅威は，往々にして組織外部からもたらされる。これはまさに，環境が組織に大きな影響を与えた例であるといえる。なお余談ではあるが，コダックを破滅に追い込んだデジタルカメラすら，スマートフォンの出現によって，業界の変容を余儀なくされている。もはや家庭用デジタルカメラはスマートフォンで代替されてしまうので，デジタ

▶４　組織内部の情況を内部環境，組織の外にある環境を外部環境と呼ぶことがある。

ルカメラは家庭用からは徐々に撤退し，写真やカメラの愛好家向けの高価格製品にラインナップを移行させている。

2 環境の諸要素

環境の重要性が示されたところで，環境とは何であるかについて細かく検討していこう。組織の外にあるすべてのものが環境であるといっても，あまりにも広すぎて想像がつきづらいかもしれない。環境を分類する区分として，**環境セクター**という考え方がある。環境をいくつかのセクターに分類したもので，一例として**表5-1**のような区分がある。セクターの分類には多少のバリエーションがあり，表5-1に示した要素で過不足がないわけではないが，およそ環境を捕捉するには十分な分類がなされている。

環境セクターのうち，直接的に組織に影響を与えることが多いという点で重要なセクターのことを**タスク環境**と呼ぶ。業界セクター・原材料セクター・市場セクターの3つがタスク環境に含まれ，人的資源セクターと国際セクターを含むこともある。なお，それ以外の環境セクターは**一般環境**と呼ぶ。すべてのセクターについて詳説することは紙幅の制限から割愛するが，どのセクターも多かれ少なかれ組織に影響をもたらしている。ここでは，主にタスク環境とみなされる3つの環境セクターについて詳しくみておこう。

業界セクターには，競合企業や関連業界が含まれる。競争環境，という表現もあるくらいで，競争相手は常に自社の利益を脅かす可能性があるものとして注意深く認識される必要がある。先述のコダックについて考えると，日本の富士フイルム株式会社は，カメラ用のフィルムを製造しているメーカーであるという点で，長らくコダックの直接的なライバル企業であった。

業界セクターについて注意が必要なのは，主体の能動的な認識によって，何を業界セクターとみなすかは異なるという点である。例えば，東京ディズニーリゾート（株式会社オリエンタルランド）とユニバーサル・スタジオ・ジャパン（合同会社ユー・エス・ジェイ）は，競合関係にあるだろうか。この二者は業態，価格帯，顧客層，プロモーション手法などに類似点が多く，一見すると競争相手同士であると認識されうる。しかし現実には，「ディズニーランドに行くかUSJに行くか」で迷う消費者は，そこまでいないかもしれない。地理的に遠い

表５－１　環境セクターの分類

セクター	具体的内容
業界セクター	競争相手，関連業界
原材料セクター	サプライヤー，製造会社，不動産
市場セクター	顧客，クライアント，潜在ユーザー
人的資源セクター	労働市場，大学，労働組合
国際セクター	海外企業，海外市場，為替レート
財務資源セクター	株式市場，銀行，個人投資家
技術セクター	生産技術，科学，eコマース
経済セクター	景気変動，投資率，経済状況
政治・法律セクター	法律および規制，政治的プロセス
社会文化セクター	消費者運動，環境保護運動，個人の属性

などの理由から，消費者がこれらを二択で捉えるとは限らない。「先月はディズニーランドに行って楽しかった。今度はUSJにも行ってみたい」と思うかもしれないし，消費者が首都圏への観光客であれば，ディズニーランドに行くかわりに浅草に行く，という選択肢をもつかもしれない。その場合，ディズニーランドにとってUSJは競争相手というよりかは，単なる関連業界の他社という位置づけか，顧客を創造し合う協力関係にあるとすらいえるかもしれない。組織が対象を主観的にみてどう捉えるかによっても，環境セクターのカテゴライズは変わってくるのだといえる。

次に，原材料セクターである。コダックにとっては，フィルムの原材料となる化学物質を製造している化学メーカーなどが挙げられる。原材料セクターにはB to B企業[▶5]が多いため，消費者の目線からは企業を認識しづらく，重要度が伝わりづらいこともある。しかし，企業組織の存続にとっては，決定的に重要となるセクターである。

2017年の春，ポテトチップスを製造している食品メーカーの多くが，ポテトチップスの販売を中止するという事態が起きた。ポテトチップスはいうまでも

▶５　Business to Businessの略語。企業向けの製品サービスを提供している企業のことを指す。代表例に，メーカーに原材料を提供するサプライヤーなどが挙げられる。

なく根強い人気を広く獲得している製品であり，代替品や競争相手によって市場を奪われたわけでもない。この事態は，2016年の秋に大型台風が北海道を直撃し，ジャガイモ農家が大きなダメージを受けたことに起因していた。農業はその成果が自然災害によって左右されることがあり，台風によってジャガイモの収穫量が大きく減ったため，食品メーカーは原材料を調達できなくなってしまったのだ。この例はまさに，外部環境がいかに組織にとってコントロールが難しく，かつ大きな影響を与えるのかということを示している。すでに述べたように，原材料セクターは消費者からは見えづらい。ポテトチップスを食べるときにジャガイモ農家の存在を意識するとは考えづらいが，原材料セクターはメーカーに対して強い影響力を有している。

最後に，市場セクターである。市場セクターには，現在取引を行っている顧客のみならず潜在的なユーザーも含まれる。コダックにとっては，フィルムを購入し使用していたカメラユーザーが市場セクターとして挙げられる。コダックにとってはデジタル技術という代替技術の存在（技術セクターに分類される）もたしかに大いなる脅威ではあったのだが，衰退の直接的原因は顧客が離れてしまったことである。もし代替技術が出現したとしても，顧客がコダックの製品に強い愛着をもち，コダックでなければならないという必然性を感じていたとすれば，顧客がコダックから離れていくことはない。しかし結果的には，顧客はコダック製品ではなく，デジタルカメラを購入することを選んだ。市場セクターは，組織にとって能動的に働きかけたり，コントロールすることができないわけではない。しかし，もちろんコントロールの難しい環境セクターであり，かつ何より組織の趨勢に直接的な影響力をもつセクターである。

3 環境の不確実性

環境は，組織にとってコントロールがしづらく，それゆえに将来的な予測が難しいという特徴がある。この予測の難しさを特に**環境の不確実性**と呼ぶ。不確実性（uncertainty）は，「将来がどれだけ予測できるかの程度」と定義される。環境の将来予測が立ちづらい状態であれば，「環境の不確実性が高い」と表現される。不確実性はどのように計測できるだろうか。不確実性の多寡を左右する指標として，単純性／複雑性と，安定性／不安定性がある。

▶▶ *column 4* ◀◀

コダックの倒産は「失敗」だったのか

すでに紹介したように，コダックは世界的に有名な企業でありながら最後は倒産してしまう。対照的に日本企業の富士フイルムが生き残ったこともあって，富士フイルムは新技術であるデジタルに移行した成功例であり，コダックは旧来の技術に固執してデジタル化できなかった失敗例である，と比較するケース・スタディは，経営学において一般的である。しかし，いくつかの研究は，こうした見方が一面的であることを示している。

まず，ありがちな誤解は，コダックがデジタル技術に見向きもしていなかった，という見方である。実は，コダックはデジタルカメラ（のコア技術）を世界で初めて開発した企業であった。では，なぜ最終的にデジタルへの移行が遅れてしまったのかというと，短期的な株主価値や利益を重視したからであると指摘されている[*1]。言い換えると，デジタルを選択しないことは，短期的には正しい戦略であると認識され得るのである。

他にも，コダックの倒産は，ある意味で成功を導いたのだと指摘する研究もある[*2]。コダックは研究開発に熱心で，優秀な技術者をたくさん雇用していた。実はその「コダック出身」の技術者が，ベンチャー企業をはじめ多くの企業に散っていき，主にヘルスケア領域において中核的な人材となっていった。組織単位では消滅という結末になったものの，業界や社会といった広いスコープでみると，あるいは長い時間軸でみると，コダックは人材を一企業で独占せず，社会に輩出するという役割を担っていたのである。これをふまえると，コダックという企業がなくなろうが，コダックを支えた人々は別の形で社会に貢献しているのだから，コダックが人材を抱えたままゾンビのように生き残るよりはよかった，とも考えられるだろう。

こうした研究からは，企業の「成功」を一概に語ることがいかに難しいかが示唆されている。ときには個人や組織という枠を超えて，さらには時間軸を長くとって対象を検討することは，経営学において重要な意味をもつのである。

＊1　「ダイナミック・ケイパビリティと経営戦略論―コダックと富士フイルムのケース」『DIAMOND ハーバード・ビジネス・レビュー』（2021年９月21日閲覧）を参照。

＊2　「富士フイルムは『倒産のコダック』に勝ったのか」東洋経済 ONLINE（2021年９月21日閲覧）を参考とした。

単純性／複雑性は，外部要素の数と異質性で決定される。環境セクターのうち組織に影響を与えるセクターの数が多く，またそれぞれの質が異なるほどに，複雑性が高まる。安定性／不安定性とは，外部要素の動きの激しさによって決定される。例えば経済セクターは，比較的短期で大きく変動することがある不安定なセクターである。政治・法律セクターは，組織に多大な影響を与える法律が制定されることもあり影響力は大きいものの，短期での変動が少ない（変動に長い時間がかかる）という意味では安定性の高いセクターである。

組織は多かれ少なかれ，不確実性に対処しないと，戦略を実行することはできない。不確実性への組織的対応は，大きく２種類挙げられる。１つは不確実性を減らすという対応であり，もう１つは，不確実性が高いことを受け入れた上で，高い不確実性に対処するという対応である。前者のように不確実性を減らすためには，環境に対する情報収集を促進したり，環境に対し積極的に働きかけるという手段が考えられる。政治・法律セクターの不確実性に対応するために政治家に献金を行う，といった行動も，不確実性への対応だといえる。後者は，もし不確実性が高いがゆえに組織にとって大きな変化が起きたとしても，事後的に変化に対応していく，という考え方に基づく。リアル・オプション[▶6]は，財務資源セクターにおける不確実性に対応するために生まれた手法である。このように，組織が不確実性に対応するための方策も，代表的なものがいくつか存在する。

4 SWOT分析

本節では最後に，組織と環境の関係を捉える有名なフレームワークとして**SWOT分析**を紹介する。SWOTとは，それぞれ強み（strength），弱み（weakness），機会（opportunity），脅威（threat）の頭文字をとったものだ。強み・弱みは組織内部の要素であり，機会･脅威は外部環境に関する要素である。**図5－1**は，架空の自動車メーカーを対象としてSWOT分析を行ったものである。

SWOT分析の利点はいくつか考えられる。まず，常に内部環境と外部環境

▶6　金融工学において生まれた手法で，将来が不確実であることを前提として，複数の選択肢を計画に組み込むことを意味する。

図5－1　SWOT分析の例

強み（S）	機会（O）
・技術力とデザイン力 ・国内におけるブランド力	・近隣国の経済成長による市場拡大 ・景気の上向き傾向
弱み（W）	**脅威（T）**
・生産における慢性的なコスト高	・環境規制による生産ラインの変更 ・競合領域におけるベンチャー企業の成長

とを隣り合わせに併記することにある。組織の内部にある人間はややもすると環境を意識することを忘れがちであり，SWOT分析を用いれば，簡便な方法で組織と環境の関係を視認することができる。次に，各要素間の関係を考察することで，SWOT分析の効用をより高めることができる。例えば図5－1を例にとると，弱みと脅威との間に関係があることがみてとれる。

この自動車メーカーは従来より生産においてコストがかさむことを懸念してきたが，SDGs[▶7]やカーボンニュートラル[▶8]などの潮流を受けて環境規制の動きが高まり，生産ラインの改善を余儀なくされている。この状況は逆に，企業にとって弱みであった生産ラインのイノベーションを大々的に進めるべき時機が来ていると認識することもできる。SWOTの各要素間の関係を考察することで，企業のとるべき戦略の方向性にヒントが生まれるかもしれない。時系列でSWOT分析を行い，その動態を探るという方法も，有効であろう。

なお，SWOT分析は非常に有名で，様々な場面で活用されるが，SWOT分析そのものから得られる情報は必ずしも多くはないことには注意すべきである。端的には，SWOT分析をしたからといって組織が戦略を実行できるわけでもないし，優れたインサイト（発見，新たな知見）を提供してくれるわけでもない。フレームワークを用いる際は，何を目的として用いられるのか，どこに利点と限界があるのか，に注意すべきである（➡第11章第2節［4］も参照）。

▶7　Sustainable Development Goals（持続可能な開発目標）の略称。2015年9月の国連サミットで採択された，持続可能性に関する国際目標を意味する。➡第14章を参照。

▶8　二酸化炭素などの温室効果ガスについて，排出量から吸収量を差し引いた量をゼロにすることを意味する。2020年10月に，菅義偉総理（当時）が2050年までの国家目標として宣言した。

第3節　戦略実行のための組織デザイン

1 組織を設計する

ここまで，組織にとっての環境の重要性，そして組織と環境との関係についてみてきた。次に，これらの要素をふまえた「組織づくり」について考えていこう。「**組織デザイン**」という言葉がある。このデザインとは，服飾デザインといった言葉よりは比較的広い意味で使われており，あえて日本語にするならば「設計」と訳される。組織は，デザインつまり設計する（できる）ものなのである。多くの場合，人はすでに設計され構築された組織に入っていくため，組織を所与のものと捉えており，そこに設計の介入の余地があるとは考えない。しかし，本来組織とは，戦略の実行や組織目的の達成のために，意図的につくられたものである。なので，今ある組織の構造にも文化にも，そのように出来上がった理由や経緯は，必ず存在する。

今から組織を新しくデザインする人は，戦略に照らし合わせて，適した組織にデザインするべきであるし，既存の組織をデザインする人も，既存の組織のデザインについて理解した上で，戦略を加味して**構造再編**（**リストラクチャリング**）などの組織変革を行う必要がある。組織は意味もなくそこにあり，もう変化もしない固着したものではない。何らかの意図や理由によってつくられたものであるし，今後何らかのきっかけ——例えば環境の変化——によってつくり直されるべきものである。

2 組織デザインの基礎

組織は，デザインされるものであり，デザインによって組織が発揮する効果はいかようにも変わり得る。では，組織デザインにおいて何が重要だろうか。組織デザインとは，換言すれば**組織構造**（第4節）と**組織文化**（第5節）をつくることであり，そのためには組織の**機能**と**指示命令系統**を分析する必要がある。

組織の機能（functions）とは，組織の目的を果たすために必要な働きを指す。自動車メーカーにとって一番シンプルな目的とは，自動車を製造・販売し，それによって利益を得ることである。しかし，そのために必要な機能は単一ではなく，むしろ非常に広範で多種多様である。自動車を製造販売するために必要な機能を挙げていくと，技術を生みだすための「R&D（Research and Development, 研究開発）」，原材料や製造部品を得るための「調達・購買」，何万という部品をどのように組み立てて１台の車にするかを考える「設計・エンジニアリング」，工場で実際に組み立てを行う「製造・生産」，それら働く人々の労務管理を行う「人事」，こうした諸活動を行うためのお金を管理する「財務・経理」，法律上の問題に対処する「法務」，出来上がった自動車を販売したり市場調査・顧客調査を行う「セールス・マーケティング」，組織の情報を外に向けて発信する「広報」，といったように，機能はきわめて多様であり，しかもどれが欠けても組織の目的は達成されない。組織デザインを行う上では，組織にとって必要な機能を網羅し，かつそれを組織の構成員に割り振っていく必要がある。

指示命令系統（command line）とは，組織が活動する上で，誰が誰に指示を出し，その責任は誰がもつのか，といったいわゆる「報連相」や意思決定に関する「連絡網」のことである。近年，「ティール組織[▶9]」のようなフラットな組織，つまりタテの指示命令系統を極力減少させた組織が注目され，もて囃されてすらいる。しかし，組織が指示命令系統をもつ一番の目的は，コミュニケーションを促進し，情報を早く広く共有し，的確な判断をできるだけ素早く下すことにある。こうした主目的を考えたとき，タテの指示命令系統を減じれば組織はうまくいく，というのはあまりに短絡的であろう。組織が情報を共有し意思決定を行うためには，タテの関係で上にある人間が，責任をもって命令することの重要性がきわめて高いからである。現代における応用的な組織のかたちとしてフラットな組織はたしかに魅力的だが，組織デザインの基本はタテの関係をつくることから始まることには注意が必要である。

3　官僚制組織

本節の最後に，最も古典的かつ著名な組織デザインの例として**官僚制**

▶９　タテの関係を減じた組織が理想であると主張する，2018年に出版された同名の著書において提唱された概念。同概念に関する解説および批判として「ティール組織を絵空事で終わらせないために」英治出版オンライン（2021年９月21日閲覧）の参照を薦める。

（ビューロクラシー，bureaucracy）**組織**を紹介しておこう。官僚制組織は，社会学者のM.ウェーバー[▶10]によって提唱された組織体制である。官僚制組織は，組織メンバー各人の技術を養い，発揮し，熟練させるための「専門化・分業化」，明確なタテの指示命令関係を徹底する「ヒエラルキーの重視」，組織内のルールを明確に定め，ルール通りに組織行動を実行する「規則の明文化と絶対化」，個人の性格や人格を業務や意思決定に反映させない「脱人格化」，記録や伝達を文書によって行う「文書主義」，などの機能を有した組織である。官僚制は効率性を高めることを目的としてデザインされており，最も効率性な組織体制であるといわれることもある。

一方で官僚制組織には，長所と同時に短所もあることが知られている。マートン[▶11]は，**官僚制の逆機能**という表現で，これらの官僚制の機能が，逆にデメリットを生じさせていることを指摘した。例えば，「繋文縟礼（はんぶんじょくれい）」は，官僚制の問題をうまく表した四字熟語であろう。繋文縟礼とは，規則や手続きがこまごまとし過ぎていて煩瑣であることを意味する。文書主義に則って何でもかんでも文書で共有することで，読むべき文書が増えすぎてしまい，かえって非効率である，というのである。他にも，部門ごとの独立性や結束が高まり過ぎてしまい，部門間のコミュニケーションが不全になってしまう**セクショナリズム**も，専門化・分業化が引き起こす問題である。

このように，現代では官僚制への悪いイメージが定着して，否定的に評されることも多い。しかし同時に，官僚制は現代の組織の基盤でもあり，官僚制の諸要素を参照していない組織など，ほとんどないに等しい。警察，軍隊，病院など，官僚制をほぼすべて維持したまま運営されている組織も少なくない。このように，官僚制組織は逆機能も指摘されてはいるものの，諸々の優れた機能を有しており，現代組織の基盤となっている。いたずらに官僚制を否定するのでなく，官僚制の意義を参照しデザインのベースとしながら，戦略や目的と照合して欠点の修正を試みるのが，賢明な組織デザインだといえる。

▶10　ウェーバー（Max Weber, 1864-1920）。ドイツの社会学者。
▶11　マートン（Robert King Merton, 1910-2003）。アメリカの社会学者。

第4節　組織の構造

ところで話はだいぶ巻き戻るが，チャンドラーは「組織は戦略に従う」というフレーズを，原著では“Structure follows strategy”と表現している。忠実に訳するならば，「構造は戦略に従う」となる。焦点は組織（organization）ではなく構造（structure）にある。本節では，組織デザインの重要な構成要素としての**組織構造**についてみていこう。組織構造とは，生物にたとえるならば，骨格や臓器であるといえる。構造は組織の骨組みであり，部門として臓器のように小分けされ，それぞれの機能を果たすことが求められる。

1　企業における様々な組織構造

⑴機能別組織

組織構造の最も基本的なものとして，**機能別組織**が挙げられる。第3節で挙げた機能ごとに組織をグループ分けし，部門として独立させることで，それぞれの機能を発揮することに専念させるのが機能別組織の特徴である。研究開発部門，生産部門，営業部門，等の区分は機能別組織に則ったものであり，ある程度の規模をもつ組織においてはきわめて一般的な組織構造である。

機能別組織のメリットは，官僚制組織を参照してもわかるように，専門性によってグループ分けされていることでそれぞれの仕事が効率化し，かつ熟練していくことが挙げられる。研究開発部門には研究と開発に関する知識が集約され，その道のプロが集まり，スキルを熟達させていく。それゆえ部門内のコミュニケーションも円滑化され，意思決定も迅速化することが期待される。デメリットは，先述のセクショナリズムが進行しやすいことにある。機能別組織は部門をまたいだ情報共有が特に不得手であり，部門間における利害の対立などは，よくあると同時に解決が困難な問題である。

⑵事業部制組織

ここまでの組織構造は，基本的には営む事業が1つだけであるケースを想定してきた。しかし，企業が拡大し，1つの組織が複数の事業を営むようになると，単なる機能別組織では制御できない問題がでてくる。例えば，家電事業によって成長してきた家電メーカーが住宅事業も営もうとすると，必要な研究開発上の専門分野も，工場の生産ラインも，営業の仕方も，家電と住宅では異なっているだろう。そのような違いを認識した上での解決策として，**事業部制組織**という手法がとられてきた。事業部制組織の利点は，事業部ごとに成果や目標達成度が明示化されることで，全社的にみて事業ごとの経営判断が行いやすいという点が挙げられる。さらに，事業部のトップである事業部長に多くの権限が委譲されることによって，より各事業部としての目標が明確化されるため，事業部間の競争意識を促進しやすいといった効果も期待できる。

一方で，事業部制には問題点もある。事業部制組織は，機能別組織と併用されることが多い。つまり，事業部の中にA事業部の研究開発，調達，営業……といった部門があり，B事業部にもそれぞれ機能別の部門がある，という組織構造になる。つまり，組織内の階層やグループが増加することになるので，より部門間の調整やコミュニケーションが難しくなり，意思決定が遅くなる傾向がある。事業部制組織は組織の巨大化に対応するために生まれた組織構造だが，その巨大さゆえの問題をも抱えているのである。

⑶マトリックス組織

主たる組織構造の最後のものとして，**マトリックス組織**が挙げられる。マトリックス組織とは，製品（白物家電[▶12]とAV機器など），市場（ファミリー層向けと若年女性向けなど），地域（日本市場と米国市場など）の3つの基準のうち，1つをタテ，1つをヨコとして，タテ・ヨコの指示命令系統を有する組織である。例えば事業×地域というマトリックスを採用すると，その企業は「白物家電事業のアジア部門」「白物家電事業のアメリカ部門」「AV機器事業のアジア部門」「AV機器事業のアメリカ部門」という細分化された部門を有する。このときの指揮命令系統と情報流は，事業ごとと地域ごとの両方が存在するのである。このような方法をとることで，よりコミュニケーションの流れが増え，セクショナリズムを解消できる可能性が高まる。一方でマトリックス組織は情報の

▶12　日常生活や家事に用いられる家電の総称であり，具体的には，冷蔵庫・洗濯機・エアコンなどを意味する。それらは普及の初期に白色の製品が多かったため，こう呼ばれるようになった。

流れを増やしているぶん，情報の氾濫と混乱が起きやすい。特に，ある従業員が事業軸の上司と地域軸の上司を両方とも有する**ツーボスシステム**と呼ばれる状態ができあがるため，２人の上司の意見が食い違っていたりすると，従業員にとっては混乱を招くことになる。

なお，現実の企業組織では，これら３つのどれかのみを採用しているというわけではなく，複合させているケースが多い。研究開発部門については全社で統一した機能として有しつつ，マーケティング部門は事業ごとに部門分けし，工場ではマトリックス組織を採用する，などである。まずは基本形としての３つの組織構造を理解しつつ，現実の組織デザインにおいては，それらを応用的に使い分けるのである。

2　組織をまたいだ組織構造

組織構造の基本形は，すでに挙げた３つである。しかし近年の企業組織はより複雑化・高度化しており，必ずしも３つの基本形に収まらない組織構造も見受けられる。つまり，組織をまたいだ構造の再編，具体的には戦略的提携やM&A[▶13]，ジョイント・ベンチャー[▶14]などの増加によって，組織構造のパターンは複雑化している。組織の中に部門を増やしていくという方法ではなく，そもそも別の会社として本社と切り離してしまったり，外部組織に機能をアウトソーシングしてしまったり，新事業創造のために他社と組んでベンチャー企業を作ったりするのである。このような新しい組織構造の具体例として，パナソニックの経営機構刷新，つまり組織構造の刷新について紹介しよう[▶15]。

パナソニックは長い歴史をもつ日本でも非常に著名な企業であるが，実は日本においてかなり早期に事業部制を導入した企業であった。パナソニックの前身である松下電器は家電事業を主力事業として誕生し，成長してきた企業である。一方で，住宅事業をはじめ多角化にも熱心であった。多角化に伴って事業

▶13　Mergers and Acquisitions の略語。企業同士の合併および買収を意味する。

▶14　新規事業の創成のために，複数の企業が共同で出資してつくられたベンチャー企業のこと。日本語では合弁企業ともいう。

▶15「ソニーとパナソニックの経営機構刷新に思う『結局，何を目指す会社なのか』」DIAMONDonline（2021年９月21日閲覧）を参考とした。

部制の組織構造をとることで，先に挙げた事業ごとの責任感を向上させ，中間管理職や現場社員の士気向上を促進させていたのである。さらにパナソニックは2017年に，事業部制から**カンパニー制**に移行している。事業部制では損益が明示化され，それぞれの事業ごとの成果の責任が明確になることは既に説明した。カンパニー制はそれに加え，各事業ごとの資本金を，あたかも企業のように増減することができる組織構造である。事業部を，1つの組織の中の部門というよりも，1つの会社組織としてみなすような仕組みである。

そしてさらにパナソニックは，2022年にはカンパニー制から**持ち株会社制（ホールディングス制）**に移行することも発表している。カンパニー制をとっていても，会社法つまり法制度上は各事業部が同じ会社として扱われるのに対して，ホールディングス制では法制度上も別の会社として扱われるようになる。ホールディングス制においては，持ち株会社と呼ばれる1つの親会社が全社的な意思決定を担い，グループ会社と呼ばれるそれぞれの子会社が，事業レベルの運営と意思決定を担うことになる。

例えばパナソニック・ホールディングスという親会社がパナソニック全体の運営を担い，パナソニック・エレクトロニクスやパナソニック・ホームといった名前をつけられた子会社がその下で各事業を行うというイメージである。カンパニー制では経営トップが全社的意思決定と事業ごとの意思決定を担っていたのに対して，ホールディングス制では親会社はガバナンスなど全社的な意思決定に専念し，各事業の運営は子会社に委譲する。

ホールディングス制がもたらす影響として，事業ごとの管理，特に事業ごとの売買がしやすくなる点が挙げられる。事業ごとに完全に別会社として扱われるので，M&Aによる組織再編がより柔軟に行えるようになる。また，財務上も事業ごとの自由度と責任が委譲されるので，子会社はよりシビアに自社の業績と向かい合う必要が出てくる。パナソニックの再編も，生き残るために各事業の採算をシビアに見つめ，全社にとって必要な事業を見極めていこうとする姿勢がみてとれる。

このように，組織構造は基本形としてのいくつかの類型があり，同時に，組織をまたぐような手法の登場によって，より複雑化・高度化している。しかし，それぞれの組織構造にはメリットとデメリットがあり，メリットを享受するために組織構造は決定され，デメリットを解消するための施策にも気が配られているという点は，組織構造がどうなろうと変わらないといえよう。

第５節　組織の文化

1　文化と企業文化論

本章の最後に，**組織文化**について紹介する。組織構造が骨格や臓器だとしたら，組織文化は気のめぐり，心の動きだといえる。組織をデザインするにおいては，構造のみならず「雰囲気づくり」のようなものも必要である。それらはときに目に見えなかったり，何かの指標で測ったりすることが難しいため，なかなか理解されなかったり軽視されたりすることもあるが，たしかに組織の中に存在し，影響をもつものでもある。

文化の定義は様々であり，専門家の間でも見解が分かれることがある。およそ共通する定義としては「組織や集団の中で共有されている価値や信念」となる。ポイントは，文化とは①組織や集団において共有されているもの，②価値や信念といった心理的・精神的なもの，であり，また上の定義には述べられていないが，③新たな参加者にも共有されるもの，④ガイドラインや規範とみなされるもの，といった特徴も強調されることが多い。

ここで，文化が経営学において注目されるようになった歴史的経緯を追っていこう。高度経済成長期に当たる1960～70年代は，日本企業が世界的な進出に成功した時期であった。自動車やエレクトロニクスのメーカーを中心に日本企業が世界で市場を獲得し，場合によっては既存の国内企業を駆逐するほどの勢いをみせつけた。その状況はアメリカでも同様であり，当時のアメリカ人は，日本企業の台頭におおいに衝撃を受けたのだった。そういった時流から，アメリカでも日本企業を対象とした経営学研究が盛んに行われた。

いくつかの研究は書籍になり，日本でも翻訳され，ベストセラーになった。E. F. ヴォーゲルの『ジャパン・アズ・ナンバーワン』（1979年）や，T. ピーターズと R. ウォーターマンの『エクセレント・カンパニー』（1982年）が有名であり，これらと並ぶ書籍に，T. ディールと A. ケネディが著した『シンボリック・マネジャー』（1982年）がある。『シンボリック・マネジャー』の原題は“Corporate

Cultures”であり，実はまさに企業の「文化」を主題とした本なのである。

例えば組織構造について考えてみると，組織構造に関する研究は，およそアメリカを舞台にして発展してきた。組織構造はアメリカ発で，アメリカの企業はみな似たような組織構造を有しているし，日本企業はそれを模倣している。だとすると，組織構造は日本企業が躍進した根拠にはなり得ない。そうした考察を経て，日本企業の躍進の根拠として見いだされたのが，**企業文化**であったのだ。そのように考えてみると，実は日本にとどまらず，世界全体でみても，業績の傑出した企業は独自の価値観や理念，規範，すなわち文化を有していることがうかがえた。これが，文化が注目されたストーリーである。このようにして，企業文化論は一気に衆目を集め，企業から組織に対象を広げたかたちで，**組織文化論**として発展していくことになる。

組織文化論において著名な研究者であるE. H.シャイン[▶16]は，組織文化を３つの段階に分けている。それぞれ，可視的な「人工物」，より意識内の段階で外からは観測できにくくなっている「価値」，当たり前だと思われており，ゆえに見えづらく，意識にすらのぼらない「基本的前提」の３つである。ある企業に「自由な文化」なるものがあるとして，それは社員のラフな格好や先進的で開放的なオフィスという「人工物」によって確認できるし，自由な社員であるべきという社是や，創業者が非常に自由闊達な人であったことが成功に繋がったなどのストーリーが「価値」であり，それゆえに会議でも職位や立場にかかわらず当然のように忌憚のない発言が交わされ，過去に先例のない提案でもよいと思えば採用するという雰囲気——当たり前すぎて気にもしていないし，人によっては気づいてすらいない——は「基本的前提」だということになる。自由な文化，といったとき，それはこうした３要素によって捉えることができる。

2 文化の効果

文化には，外向けの効果と内向けの効果がある。外向けの効果とは，その文化が組織の認知度を上げるためのシグナルとして作用し，また好印象をもつきっかけになることを意味する。例えば，会社を評価したければトイレを見

▶16 シャイン（Edgar Henry Schein, 1928-）。アメリカの心理学者。

よ，といわれることがある。営業で他社を訪れた際にトイレを見れば社風がわかる，というのだ。これが正しいかは別として，「常にきちんとしておく」という基本的前提をもつ企業ならば，トイレという人工物においてもその勤勉さや清潔さが表れており，それが他社の営業などの外部にも働きかけている，と考えることはできよう。他にも，Google は自由で創造的な文化をもつというイメージがあるが，それによって Google のことを知らない人でも Google が創造的であると思うようになるし，好印象をもつことによって，より優秀な人材が Google を志望したり，投資家が投資をしたがる，ということも期待できるようになる。文化がブランドとして機能することもあるのである。

また，内向けの効果としては，組織のメンバーに，**アイデンティティ**を感じさせ，**コミットメント**を高めることが期待できる。つまり，組織の文化に対してメンバーが同意し，共感し，同化していくことによって，アイデンティティつまり自己同一性を組織に感じるようになる。それによって，組織に対するコミットメントつまり取組みの深さが強くなっていくのである。

文化の効果を考える事例として，Honda（本田技研工業株式会社）の組織文化について考えよう。Honda は創業者の本田宗一郎氏の名を冠した，世界的に有名な企業である。実は，先述のように70～80年代に世界的に注目を浴びた日本企業の１つでもある。Honda は国際的に全く無名だった60年代に北米市場に進出し，66年には北米市場で63% ものシェアを獲得している[▶17]。Honda を世界的な地位に押し上げたこの成功体験は，創業者の本田宗一郎氏の没後も，「DNA」として Honda に継承されている。Honda の中期経営計画をみると[▶18]，冒頭に「トップ･メッセージ」として代表取締役社長の言葉が載せられており，次の「Honda フィロソフィ」と題した頁には次のような記述がある。

Honda には，「自由闊達・チャレンジ・共創」，すなわち「既成概念にとらわれない自由な発想と，信頼に基づくチームワークをベースに，失敗を恐れずチャレンジす

▶17　この躍進は，綿密な計画（戦略）に則ったというより，現地における創発的な（emergent）試行錯誤によって成し遂げられたものであった。さらに詳しくは Pascale（1984）の参照を薦める。

▶18　「Honda Sustainability Report 2020」より。2021年７月30日取得。

る」という企業文化があります。Hondaはこの企業文化を発揮しながら，企業活動を実践しています。

Hondaの組織文化は，「既成概念にとらわれない自由な発想と，信頼に基づくチームワークをベースに，失敗を恐れずチャレンジする」と定められている。これは，文化の3段階でいうと，価値や基本的前提に当たるものだといえる。さらに人工物としての文化について，「白い作業着」を取り上げよう。Hondaは「白い作業服に込めた思い」と題して，次のように紹介している。

Hondaの研究所や製作所では「良い製品はきれいな職場から生まれる」，そんな考え方から汚れの目立つ白い作業服を着ています。また「Hondaで働く人は皆平等なんだ」という意味で社長も同じ白い作業服を着ます。日本だけでなく，世界中のHondaで着用されているこの白い作業服はお客様に質の高い商品を提供したいというHondaの想いの表れです。

製造現場における作業服は，通常では汚れの目立たない黒や青が好まれる。工場作業員を「ブルーカラー（青い襟）」と呼ぶゆえんである。しかしHondaは，あえて白い作業服を採用している。なぜなら，より汚れが目立つため，いっそう工場のきれいさに気をつけるようになるはずだ，という狙いがあるからである。さらに，社長も同じ服を着る。これは，作業現場を非常に大事にしたといわれる本田宗一郎氏の振る舞いを意識したものであろう。このように，常にきれいな職場をつくり，さらに社員全員が対等である，という理念が込められた作業服が，文化の一部として機能している。これは，先述の「信頼に基づくチームワーク」とも関連している。上司と部下が良好な関係を築くことは容易ではない。Hondaはそこで「対等な関係」を強調し，チームワークの強化に努めているのだと解釈できる。人工物としての文化はそれだけで独立するのでなく，価値や基本的前提とも，密接に繋がり合っているといえる。

文化はときに目に見えず，気づかれすらしないこともある。しかし文化はたしかに組織に存在し，組織の内外に有形無形の影響を与えている。組織文化は主にリーダーによって組織に根付き，育っていく。組織デザインにおいては，どういった文化を培っていくのかという観点もまた，重要になるといえる。

設　問

1．組織デザインにおいて最初に考慮されるべき，基本となる要素にはどのようなものがあったか，確認してみましょう。

2．組織の文化は，ときに目に見えず，数値化や他者への説明もしづらいものです。あなたが採用の面接を受けようと思っている企業の文化を知りたいと思ったとき，どのような方法が考えられるでしょうか。

推薦図書

沼上幹，2004，『組織デザイン』日経文庫

本章では深く触れなかった「分業」と「調整」をキーワードとして，組織のデザインについて整理し詳説している。

佐藤郁哉・山田真茂留，2004，『制度と文化――組織を動かす見えない力』日本経済新聞出版

組織の文化に加え，本章では取り上げていない経営学の重要概念である「制度」概念についても詳説している。

ダフト，L. L. ／高木晴夫訳，2004，『組織の経営学――戦略と意思決定を支える（第２版）』ダイヤモンド社

アメリカで最も読まれている組織論教科書の翻訳書。原題は「組織の理論とデザイン」であり，本章の内容をより細かく学べる。

引用参考文献

アンゾフ，H. I. ／中村元一・田中英之・青木孝一・崔大龍訳，2015，『アンゾフ戦略経営論』中央経済社。

シャイン，E. H. ／梅津祐良・横山哲夫訳，2012，『組織文化とリーダーシップ』白桃書房。

チャンドラー，A. D. ／有賀裕子訳，2004，『組織は戦略に従う』ダイヤモンド社。

ラルー，F.／鈴木立哉・嘉村賢州訳，2008，『ティール組織――マネジメントの常識を覆す次世代型組織の出現』英治出版。

Pascale, R. T., 1984, “Perspectives on strategy: The real story behind Honda’s success,” *California Management Review*, Vol. 26, No. 3 , pp. 47-72.

（舟津昌平）

第6章　企業活動の成果を正しく読み取る
——財務会計——

ビジネスの世界では，その内容や出来事に対して評価したり，意思決定や判断したりすることが求められます。こうした評価や意思決定を適切に行うためには，その判断材料となる情報を集めることが重要となりますが，会計はそうした場面においてとても役立つ情報を提供してくれます。本章では，会計の基礎知識とその役割について説明し，そこから得られる情報をどのように読み取るのかを学習します。

Keywords▶財務諸表，利害調整機能，情報提供機能，貸借対照表，損益計算書

第1節　会計とは何か

1　会計に対する間違ったイメージ

会計は「ビジネスの共通言語」と呼ばれるほどで，ビジネスマンなら身につけておくべき必須の知識である。しかし，多くの人たちがもつ会計のイメージは，「数字が出てきて難しそう」，「計算が大変そう」というものであろう。

しかし，そうしたイメージは間違いである。なぜなら，それらは簿記によって数字を「作る」ことに対するイメージであることがほとんどである。会計知識には，他に報告書の数字を「読む」ことやその数字を「活かす」こともある。

簿記によって数字を「作る」ことはもちろん大切なことではあるが，それは企業における経理職などの限られた人たちが行うことである。一方，その他の多くの人たちは簿記によって完成された報告書を受け取る立場であり，こうした人たちは数字を「作る」ことよりも，作られた数字を「読む」ことやその数字を「活かす」ことの方が重要である（図6－1）。

図6－1　会計知識の対象範囲

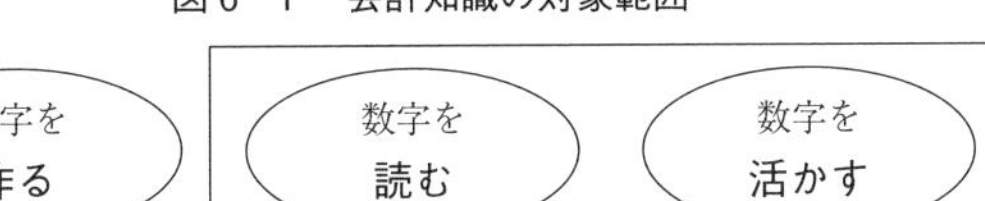

出所：田中（2013）16頁の図1－1を筆者が一部加筆修正。

スポーツゲームをやったことがある人は，選手の能力値を読み取ってチームを編成したり，戦術を考えたりしたことがあるのではないだろうか。そういった場面において，皆さんは各選手の能力値がどのように計算されて作られているかを知らなくても，与えられた数字を読み取り，活かすことによってうまくゲームをこなしているはずである。会計知識についてもこれと同様である。

会計を学ぶときには，与えられた数字からどのようなことが読み取れるのか，またその数字をどのように活かせるのか，という観点から学習してもらうことで，会計に対するネガティブなイメージが払拭できるのではないだろうか。

2　会計の意義

ビジネスにおいて何らかの取引の結果，互いに損得が発生するような関係のことを**利害関係**といい，特に組織とこうした関係にある者のことを**利害関係者**（**ステークホルダー**）と呼ぶ。現代の組織は，その組織内外における多くの利害関係者と関わりながら運営されており[▶1]，またそれらとの良好な関係を維持していくことが求められている。利害関係者がある組織に対しての意思決定や判断を適切に行うためには，その組織についての情報が必要であり，会計はその重要な情報を提供するために役に立っている。

ここで**会計**（accounting）とは，ある組織の経済活動（取引や出来事）の結果を貨幣価値（金額）で測定・記録し，その内容を報告書としてまとめたものを利害関係者に伝達するという一連のプロセスのことである（図6－2）。

▶1　一般的に，組織の利害関係者としては，出資者，債権者，経営者や従業員，得意先（顧客），仕入先，政府機関などが想定される。

図６－２　会計の概念図

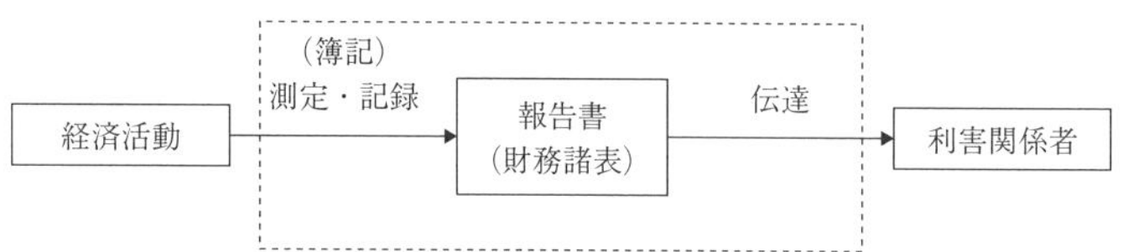

出所：桜井（2021）１頁の図表１－１を筆者が一部加筆修正。

例えば，ある組織において資金の借入れや商品売買などの取引が行われた場合，その取引が「いつ」，「何が」，「どの程度の規模（金額）で」行われたのかが定められたルールに則って測定・記録され，その内容が報告書としてまとめられる。ここまでの手続きを「帳簿記入」，つまりは**簿記**（bookkeeping）と呼び，これは会計情報を作り出すための技術として考えることができる。簿記によって作成された報告書は，一般的に**財務諸表**と呼ばれる[▶2]。財務諸表は，組織の利害関係者に伝達され，それぞれの目的に応じて利用されることになる。

こうした会計から得られる情報は，貨幣単位という統一的な物差しで測定・記録されているため，通貨単位の違いこそあるものの，その内容さえ理解していればどの国のものであっても読み取ることができる。そのため，会計は「ビジネスの共通言語」と呼ばれている。グローバル化が進むこの世界では，組織の利害関係者もより多様化しており，会計の重要性はますます高まっている。

３　会計の分類

会計を行う組織の目的は多様である。そして，その多様な目的に応じて利害関係者が求める情報が異なるため，会計もその目的に応じて分類される。

利益の獲得ではなく，社会貢献を主たる目的として経済活動を行っている組織を非営利組織といい，国や地方自治体などの行政機関や学校法人などが含まれる。こうした組織が行う会計を**非営利会計**という。一方，利益獲得を主たる目的として経済活動を行っている組織を営利組織といい，こうした組織は一般に

▶２　財務諸表は決算時に作成される各報告書の総称であり，その中でも特に貸借対照表，損益計算書，そしてキャッシュフロー計算書のことを「財務三表」と呼ぶ。

図6－3　会計の分類

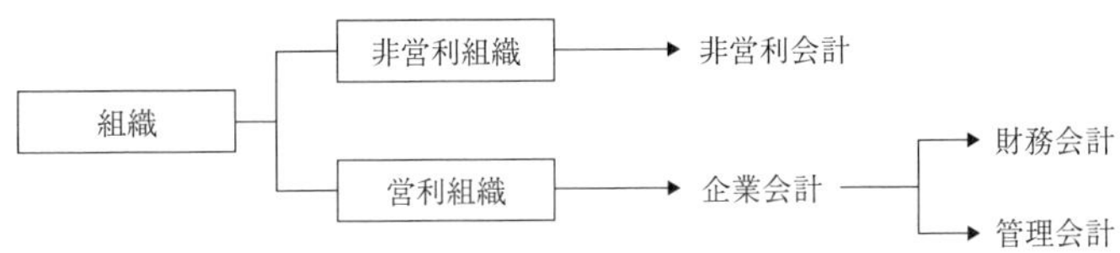

出所：筆者作成。

企業と呼ばれる(➡第1章第1節も参照)。この企業が行う会計を**企業会計**という。

さらに企業会計は，その情報を提供する利害関係者が企業外部であるか企業内部であるかによって**財務会計**（financial accounting）と**管理会計**（management accounting）に分類できる。財務会計は，株主や債権者など企業外部の利害関係者を対象として会計情報を伝達することを目的にする会計であり，外部報告会計とも呼ばれる。一方，管理会計は，経営者や各階層の管理者など企業内部の利害関係者を対象として経営管理に役立つ情報を伝達することを目的にする会計であり，内部報告会計とも呼ばれる。

以上で説明した会計の分類を図示すると，**図6－3**のようになる。本章では外部報告目的である財務会計を中心に説明し，第7章では内部報告目的である管理会計について説明する。

第2節　制度としての会計の社会的役割

1　制度としての会計

そもそも企業会計は，経営者が自社の財産管理や経営管理を目的として行うものであった。また，企業外部への報告書の伝達も，資金調達や取引を有利に進めるための必要な手続きとして自発的に行われるものであった。しかし，企業が成長し，その規模が大きくなるにつれ，企業の利害関係者も多様かつ多数になり，その社会的影響力も大きくなっていった。そこで企業の活動と会計には，法律によっていくらかの規制がかけられるようになった。

このように法律制度の枠組みの中で行われる会計を**制度会計**という。現在，日本の会計に規制を加えている法律は会社法，金融商品取引法，そして法人税法の3つである。それぞれ法規制のもと，会計は**利害調整機能**あるいは**情報提供機能**を発揮することによってその役割を果たしている。

2 会計による利害調整機能

上述のとおり，企業には多様かつ多数の利害関係者がおり，これら利害関係者間で利害対立が生じることがある。会計は，利害関係者間における利害対立を解消する役割を果たしている。

例えば，株式会社では，その特徴の1つである株主の**有限責任制度**を原因として，債権者と株主の間で利害対立が発生する可能性がある。なぜならば，もし企業が倒産した場合，銀行などの債権者は倒産した企業に残された財産からしか資金を回収できないが，一方で株主が被る損失は当初の出資額のみ（有限責任）であり，企業に残された借金などを支払う義務はない。この仕組みを悪用して，債権者から多額の資金を借り入れ，それを株主へ配当という形ですべて分配した後に企業を倒産させてしまうと，倒産前に配当を受け取った株主は企業に残った借金を返済する義務がないため，債権者だけが損をしてしまうことになる。このような状況では，どの債権者も企業に資金を提供してくれなくなり，健全な会社経営を行うことができなくなる。

そこで会社法は，株主に分配できる企業の財産を企業が稼ぎ出した利益の部分に限定している。この会社法による**配当制限**を行うために，財務諸表の1つである**貸借対照表**が用いられ，そこに記載された金額に基づいて**配当可能限度額**が計算される。こうして，債権者と株主との間の利害関係は調整されている。

このように，会計は，利害関係者間の利害関係を調整するための手段として用いられており，こうした会計の役割を利害調整機能という。

3 会計による情報提供機能

投資家は，**証券取引所**という市場において誰もが自由に株式の売買ができる。ただし，証券取引所で売買されている株式は，証券取引所の厳しい審査に合格した企業の株式のみである。この証券取引所で株式が売買されている企業を**上場企業**という[▶3]。

投資家は，配当や株価の値上がりといった株式投資による利益を得るため

▶▶ ***column 5*** ◀◀

公認会計士による法定監査

会計は，企業の財産や収益力についての情報がまとめられている財務諸表を提供することによって，株主や投資家といった企業外部の利害関係者の適切な意思決定や判断に役立っている。ただし，その財務諸表は，自らが行った経済活動について企業が作成し，外部の利害関係者へ提供されるものである。そのため，企業が自社の経営成績をよくみせようと意図的に数字を操作したり，あるいは，意図的ではないが間違って数字を記録したりして，結果的に正しくない財務諸表が利害関係者に提供されてしまう恐れがある。これでは，会計の機能を十分に発揮できない。

そこで外部の第三者である公認会計士が，独立した立場から企業の作成した財務諸表をチェックし，その適正性についての意見を表明することによって，その報告書の信頼性を担保している。このように，ある報告書をチェックしてその有効性を保証することを監査といい，特に法令等の規制によって義務付けられている監査を法定監査という。この法定監査は，監査・会計のスペシャリストである公認会計士の独占業務とされている。

公認会計士は，医師・弁護士と並ぶ国家三大資格の1つであるといわれており，その使命については公認会計士法第1条において，「監査及び会計の専門家として，独立した立場において，財務書類その他の財務に関する情報の信頼性を確保することにより，会社等の公正な事業活動，投資者及び債権者の保護を図り，もつて国民経済の健全な発展に寄与すること」とされている。医師を人の「命」を守る仕事，そして弁護士を人の「権利」を守る仕事とするならば，公認会計士は人の「財産」を守る仕事といえるかもしれない。

こうした公認会計士による法定監査が行われているからこそ，利害関係者は企業から提供される財務諸表を信頼して利用することができるようになり，結果的にそれは広く国民経済の健全な発展や公共の利益につながっているのである。

に，優良な企業への投資を行わなければならない。しかし，多種多様な企業の株式がその値札だけをぶら下げて並べられていても，投資家はその選択に迷い，誤った意思決定をしてしまうかもしれない。

▶3　2021年現在，日本には東京，名古屋，札幌，そして福岡に4つの証券取引所が存在し，約4000社の株式が上場されている。（➡第3章第4節も参照）

そこで金融商品取引法は，金融商品の取引を公平かつ公正にし，投資家を保護することを目的として，上場企業に対して財務諸表を定期的に公表することを義務づけている。財務諸表は一般に公表されるため，誰でも手に入れられる。[▶4] そして財務諸表から得られる会計情報は，一定のルール（**会計基準**）に従い，貨幣価値という統一された物差しで作成されているため，多種多様な企業を同じ土俵の上で比較・評価することができる。[▶5] これにより投資家は適切な投資の意思決定が可能となる。

このように，会計は，投資家の意思決定に役立つ情報を提供するための手段として用いられており，こうした会計の役割を**情報提供機能**という。

第3節　貸借対照表からわかること

1　貸借対照表とは

貸借対照表（balance sheet：B/S）は財務諸表の1つであり，**ある一定時点における財政状態**を表す書類である。そこでは，決算日の時点において，企業が**資産**（プラスの財産）をどれほど保有しているか，それに対して返済しなければならない**負債**（マイナスの財産）をどれだけ抱えているか，そして資産と負債の差額部分として**純資産（資本）**がどれだけ残されているか，について金額で表示している。またこうした情報を見やすくするために，貸借対照表の左側（**借方**）を「資産の部」，右側（**貸方**）を「負債の部」と「純資産の部」に分けて対照表示している。そして，貸借対照表の左側の資産合計と右側の負債・純資産の合計は，常に一致する。[▶6]

例えば，ある企業を立ち上げて，銀行から30万円を借入れ，株主（出資者）

▶4　上場企業の財務諸表は，金融商品取引法に規定されている開示資料である「有価証券報告書」という報告書に含まれている。有価証券報告書は，各社のホームページか「EDINET」という金融庁の電子開示システムから誰でもダウンロードできる。

▶5　会計基準は，一般に公正妥当な企業会計の慣行であり，日本では日本会計基準，米国会計基準，IFRS（国際会計基準），およびJ-IFRS（日本会計基準とIFRSとの間に位置付けられるもの）という4つが認められている。

▶6　このように「資産合計＝負債合計＋純資産合計」と表すことができる等式を貸借対照表等式という。貸借対照表は，この等式に基づいて表示されている。

から70万円を出資してもらい，集めた資金を使って商品30万円と備品50万円を購入したときに決算日を迎えた場合の貸借対照表は**表6－1**のようになる。

表6－1　貸借対照表の記載例

貸借対照表（B/S）　（単位：円）

（資産の部）		（負債の部）	
現金預金	200,000	借入金	300,000
商　品	300,000	（純資産の部）	
備　品	500,000	資本金	700,000

出所：筆者作成。

以下では，貸借対照表の構成要素である資産，負債および純資産について説明し，貸借対照表から読み取れる内容について事例とともに解説する。

2　資金の運用状態を示す資産

資産の内容は，貸借対照表の左側にある資産の部に表示されている。ここで**資産**とは，企業が過去に行った経済活動の結果として保有している経営資源であり[▶7]，将来の資金獲得に貢献するものである。

例えば，現金や預金はもちろんのこと，販売するための商品や製品[▶8]，製造に必要な材料，土地や建物などが資産となる。こうした資産は，銀行などの債権者からの借入れや株主からの出資によって調達した資金，さらには企業が自ら稼ぎだした資金などを使って購入されたものである。そのため資産は，調達した資金がどのような姿に形を変えて企業で運用されているか，という「**資金の運用状態**」を示している。

また資産は，その運用により現金として回収される予定期間の長さによって，**流動資産**と**固定資産**に分類される[▶9]。流動資産は，決算日の翌日から概ね1年以内に現金として回収される予定のものであり，材料や商品などが該当する。これに対して固定資産は，1年を超えて利用することを目的とした資産であり，企業の生産活動に長期にわたって貢献し，その投資額の回収には時間がかかるものである。例えば，建物や機械装置などが該当する。

▶7　経営資源は，ヒト，モノ，カネ，および情報からなるとされるが，ヒトについてはその価値を金額で算定することが困難であり，通常は会計上の資産に入らない。これは会計の限界の1つである。

▶8　会計では，他社から購入してきた完成品を「商品」と呼び，自社で生産した完成品を「製品」と呼び区別している。

3 資金の調達源泉を示す負債と純資産

負債および純資産の内容は，貸借対照表の右側にある負債の部あるいは純資産の部に表示されている。ここで**負債**とは，企業が過去に行った経済活動の結果として負うこととなった将来の返済義務であり，将来の資金流出をもたらすものである。銀行からの借入金や，掛（かけ）による信用取引[▶10]によって仕入先にまだ支払っていない金額（買掛金）などが負債となる。

また**純資産**とは，資産と負債の差額であり，最終的に企業の所有者である株主の持分となる部分である。純資産は，株主による当初の出資額（**資本金**）と，企業が稼いだ利益の未処分残高（**剰余金**）で構成される。

株主は企業の所有者であり，それらに帰属する純資産を**自己資本**といい，企業はこれらを返済する必要はない。一方，負債は他人からの調達資金であることから**他人資本**といい，返済が必要である。このように負債と純資産は，企業がどこから資金を調達しているのか，という「**資金の調達源泉**」を示している。

また負債は，資産と同様に流動項目と固定項目に分けられる。決算日の翌日から概ね１年以内に支払期限が到来する負債を**流動負債**とし，決算日の翌日から支払期限まで１年超である負債を**固定負債**とする（➡前掲注▶９を参照）。

表６-１の記載例に，ここまでの説明を書き足したものが**図６-４**である。なお，借入金30万円のうち20万円は１年以内に支払期限が到来し，残りの10万円は１年を超えて支払期限が到来するものであったとする。

▶９　流動資産と固定資産の分類方法としては，営業循環基準と１年基準が用いられる。営業循環基準とは，「仕入→生産→販売→資金回収」というサイクル（営業循環）の活動によって生じる資産をすべて流動資産とするルールである。一方，１年基準とは，決算日の翌日から１年以内に資金として回収される資産を流動資産とし，１年を超えて資金として回収される資産を固定資産とするルールである。これらのルールは，まず営業循環基準が適用され，営業循環内の項目はすべて流動資産となり，営業循環外の項目については１年基準を適用して流動資産となるか固定資産となるかを判断する。なお，流動負債と固定負債の分類についても同様である。

▶10　ビジネスの世界では，顧客や仕入先と長期継続的に取引を行っていく中で，代金の受払いについて信頼関係を築いていく。こうした信頼関係ができると，代金の受払いを取引の１ヶ月後や３ヶ月後といった後日に引き延ばすことができるようになる。こうした取引を信用取引といい，その中でも一定期間内の取引から生じる金額をいわゆる「ツケ」として後日にまとめて受払いする取引を掛取引という。

図６－４　貸借対照表の構造のまとめ

貸借対照表

（単位：円）

（資産の部）		（負債の部）	
流動資産		流動負債	
現金預金	200,000	短期借入金	200,000
商品	300,000	固定負債	
固定資産		長期借入金	100,000
		（純資産の部）	
備品	500,000	資本金	700,000

左：短 ↑ 回収予定 ↓ 長

右：短 ↑ 返済期限 ↓ 長

負債の部：返済が必要（他人資本）

純資産の部：返済が不要（自己資本）

資金の運用状態（資産の部）　資金の調達源泉（負債の部・純資産の部）

出所：筆者作成。

４　貸借対照表を読む際のポイント

ここまで貸借対照表の構成要素やその内容について説明した。それらのことを踏まえて，事例とともに貸借対照表を読む際のポイントを解説する。**表６－２**は，2021年３月期における任天堂の連結貸借対照表を要約し，各項目の構成割合を表示したものである。

１つ目のポイントは，資金の調達源泉である負債と純資産の構成割合であり，これを**資本構成**と呼ぶ。負債は返済する必要があり，将来的に資金の流出が生じるものである。さらに，負債には利息が発生するものもあるため，付随的な資金の流出を招く恐れもある。一方で，純資産は返済が不要であるため，純資産から調達された資金の方が安全であることは明白である。

任天堂の場合，負債が23.4％に対して純資産が76.6％であり，その構成割合はおよそ１：３である。75％以上の資金が純資産によって賄われており，任天堂は十分に安定した資金源のもとで経営されていることがわかる。このように，資本構成を見ることによって，企業が堅実な経営を行っているかどうかという点から企業の**安全性**を知ることができる。

２つ目のポイントは，資金の運用状態である資産と資金の調達源泉である負債のバランスである。負債によって調達された資金は，資産を運用することから回収された資金によって返済されることになる。ここで大切なことは，返済期限を迎える負債に対して，資金として回収予定の資産がどれほどあるのか，ということである。特に，流動負債は１年以内に返済を必要とするものである

表6-2　任天堂の連結貸借対照表の要約

連結貸借対照表　（単位：百万円）

（資産の部）			（負債の部）		
流動資産	2,020,375	82.6%	流動負債	526,331	21.5%
			固定負債	45,972	1.9%
			（純資産の部）		
固定資産	426,543	17.4%	純資産	1,874,614	76.6%
資産合計	2,446,918	100%	負債純資産合計	2,446,918	100%

出所：任天堂（2021年3月期）の有価証券報告書（EDINET より）に基づき筆者作成。

ため，1年以内に資金として回収予定である流動資産が流動負債より大きい状態でない場合，その支払いに問題が生じる恐れがある。

任天堂の場合，約5000億円の流動負債に対して約2兆円もの流動資産があり，1年以内に返済期限が到来する負債の支払能力が十分であることがわかる。このように，資産と負債のバランスを見ることによって，企業の支払能力という点から企業の安全性を知ることができる。

第4節　損益計算書からわかること

1　損益計算書とは

損益計算書（profit and loss statement：P/L）は財務諸表の1つであり，**ある期間における経営成績**を示す書類である。学生の成績が学期ごとに区切られて評価されているように，企業も任意で期間を区切って業績を測定している。企業が任意で区切った期間を**会計期間**という。損益計算書は，1会計期間において，企業活動からどれほどの成果（**収益**）が得られ，その成果を得るためにどれほどの努力（**費用**）を要したか，そしてそれらの結果（差額）としてどれほどの儲け（**利益**）が得られたのか，について企業活動と関連づけて金額を算定し，表示している。

2　企業活動の概要

損益計算書は，行われた企業活動の内容を反映して作成されているため，まずはどのような企業活動があるのかを理解する必要がある。図6-5は，企業

図6-5　企業活動の分類

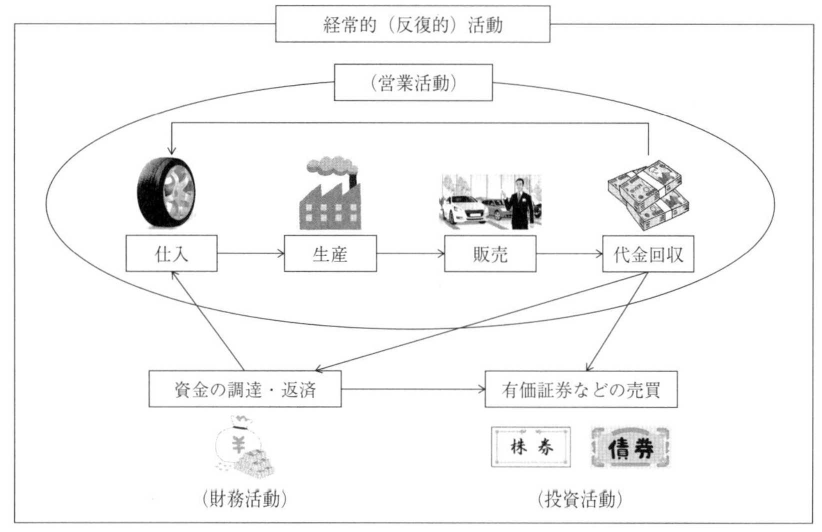

出所：筆者作成。

活動を簡単にまとめたものである。

企業活動は，大きく**営業活動**，**財務活動**，そして**投資活動**に分けることができる。企業は，材料を仕入れ，それを使って製品を生産し，製品を販売し，その代金を回収し，回収した資金を使って次の材料を仕入れる。このサイクルを**営業循環**という。この営業循環を効率よく運営するために，経営管理が行われる。こうした活動が営業活動であり，いわゆる企業の本業となるものである。

営業活動を行うためには資金が必要であるため，企業は資金調達を行う。そして，営業活動の成果として回収された資金によって返済を行う。こうした資金の調達と返済に関わる活動が財務活動である。

営業活動や財務活動の結果として，余剰資金が生じる場合がある。そこで企業は，他企業の株式や社債を売買し，あるいはそこから配当金や利息を受け取るなどして余剰資金の運用を行うことがある。こうした活動が投資活動である。

企業の主要な活動は本業である営業活動であり，ここでの活動成果は重要である。それに比べ，財務活動と投資活動は付随的な活動ではあるものの，それらは企業活動として毎期反復的に生じるものであるため，営業活動とともに経常的活動としてまとめられる。また，利用目的の固定資産を売却したり，自然災害によって損害を受けたりするなど，図6－5に記載されていない活動や出来事が生じることもある。こうした活動や出来事は，臨時的な企業活動として非経常的活動としてまとめられる。

3 損益計算書の読み方

損益計算書では，企業の経営成績を適切に表示するために，会計期間に得られた利益の金額だけではなく，その利益がどのような活動から得られたのかを順序立てて計算し，表示している。その中で，損益計算書を読むときに重要となる5つの利益がある。以下では，それら5つの利益がどのように計算され，どういった意味をもつのかを，**表6－3**を参照して説明する。

損益計算書は，主たる企業活動（営業活動）の成果である**売上高**をスタートとして，各活動において発生した収益や費用を加減算していくことで，段階的に5つの利益が計算されている。

1つ目の利益は**売上総利益**であり，**粗利**や**マージン**とも呼ばれる。売上総利益（60円）は，売上高（100円）から売上原価（40円）を差し引いて算出され，企業が**販売するモノやサービスそのものから得られる価値**を表している。

2つ目の利益は**営業利益**（25円）であり，売上総利益（60円）から営業活動における販売・代金回収や経営管理にかかった費用である**販売費及び一般管理費**（35円）を差し引いて算出される。この利益は**本業から得られる儲け**を表しており，これを見れば主たる企業活動が順調に運営されているかがわかる。

3つ目の利益は**経常利益**（30円）であり，営業利益（25円）に営業活動以外の経常的活動から生じた**営業外収益**（10円）と**営業外費用**（5円）を加減して算出される。この利益は付随的な活動も含めた経常的活動から生じる儲けを表しており，**企業の正常な収益力を計る重要な尺度**として重視される。

4つ目の利益は**税引前当期純利益**（25円）であり，経常利益（30円）に臨時的な非経常的活動から生じた**特別利益**（4円）と特別損失（9円）を加減して算出される。この利益は税金の支払いをする前の非経常的活動も含めた企業活動全体から生じる儲けを表している。

最後に，5つ目の利益は**税引後当期純利益**（15円）であり，税引前当期純利

表６－３　損益計算書の計算例と５つの利益の概要

損益計算書（P/L）（単位：円）

	売上高	100	
－	売上原価	40	
＝	売上総利益	60	←製品やサービス自体の価値
－	販売費及び一般管理費	35	
＝	営業利益	25	←本業による儲け
＋	営業外収益	10	
－	営業外費用	5	
＝	経常利益	30	←毎期反復的に生じる正常な収益力
＋	特別利益	4	
－	特別損失	9	
＝	税引前当期純利益	25	←企業活動全体から生じる総合的な利益
－	法人税等	10	
＝	当期純利益	15	←企業の最終的な利益

出所：筆者作成。

益（25円）から支払うべき税金（10円）を差し引いて算出される。この利益は**企業の最終的な儲け**を表しており，この部分を株主に配当金として分配したり，剰余金として企業内部に留保したりする。

4　損益計算書を読む際のポイント

ここまで損益計算書における各利益の計算方法やその内容について説明した。それらのことを踏まえて，事例とともに損益計算書を読む際のポイントを解説する。**表６－４**は，両社とも玩具メーカーであるタカラトミー[▶11]の2021年３月期における連結損益計算書とピープル[▶12]の2021年１月期における連結損益計算書を要約し，経常利益までの各項目の金額と売上高を100％とした場合の各項目の構成割合を表示したものである。

１つ目のポイントは，上述した各段階で算出される利益を見ることである。

▶11　トミカ，プラレール，リカちゃん人形など，多彩な玩具を取り扱うメーカーである。2006年にタカラとトミーが世界一の玩具メーカーを目指して合併し，現在の「タカラトミー」となっている。

▶12　ピタゴラス，ぽぽちゃん，口に入れても安全なつみきなど，乳幼児を対象とした玩具を取り扱うメーカーである。

表6－4　タカラトミーとピープルの連結損益計算書の要約（経常利益まで）

連結損益計算書　（単位：百万円）

	タカラトミー（自 2020年4月1日 至 2021年3月31日）		ピープル（自 2020年2月1日 至 2021年1月31日）	
Ⅰ　売上高	141,218	100%	4,490	100%
Ⅱ　売上原価	85,961	60.9%	2,850	63.5%
売上総利益	55,256	39.1%	1,640	36.5%
Ⅲ　販売費及び一般管理費	48,177	34.1%	1,148	25.6%
営業利益	7,079	5.0%	492	10.9%
Ⅳ　営業外収益	670	0.5%	3	0.1%
Ⅴ　営業外費用	579	0.4%	17	0.4%
経常利益	7,170	5.1%	478	10.6%

出所：タカラトミー（2021年3月期）およびピープル（2021年1月期）の有価証券報告書（EDINETより）に基づき筆者作成。

企業の最終的な儲けである当期純利益のみを見て，その企業の経営成績を判断するのは早計である。その企業が，どのような活動から利益を稼いでいるかを把握するべきである。中には，本業の稼ぎである営業利益がマイナス（**赤字**）であるにもかかわらず，それ以外の活動でなんとか利益をひねり出し，結果として当期純利益がプラス（**黒字**）になっている場合もある。基本的に，企業の正常な収益力を示す経常利益までは黒字を確保していることが望ましい。

表6－4における両社は，売上総利益，営業利益，そして経常利益のすべてにおいて黒字を確保してきており，商品力，本業の運営，そしてその付随活動において特段の問題はみられない。このように，各段階の利益をみることによって，企業の経営成績を適切に評価することができるようになる。

2つ目のポイントは，各項目の金額だけではなく，売上高を100％とした場合の構成割合（％）にも注目することである。これは，特に他社との比較をするときに重要である。表6－4で取り上げている両社は，ともに玩具メーカーである。両社の損益計算書を金額によって比較すると，タカラトミーの方が売上高も各段階の利益も大きい。つまり，取引規模やそこから生み出される利益の額は，タカラトミーの方が優れていることがわかる。

しかし，各項目の構成割合(％)に目を向けると，売上総利益の割合はタカラトミー(39.1％)の方がピープル(36.5％)よりも少し大きいものの，営業利益の割合はピープル（10.9％）がタカラトミー（5.0％）を逆転している。これは，商品力ではややタカラトミーの方が優れているが，販売や経営管理なども含めた本業としての運営効率においてはピープルの方が優れていることを意味している。

このように各項目の金額だけではなく，その構成割合を見ることにより，異なる規模の企業同士における収益性（利益を稼ぐ力）を比較することができる。

設　問

1．EDINET（URL：https://disclosure.edinet-fsa.go.jp）を利用して，自分が知っている企業についての有価証券報告書をダウンロードして，その内容を読んでみよう。
2．本章で学習した内容を踏まえて，同業種の企業間の貸借対照表や損益計算書を比較し，どのような違い・特徴があるのか考えてみよう。

推薦図書

桜井久勝，2021，『財務会計講義（第22版）』中央経済社

財務会計に関する幅広い内容が網羅されており，資格試験にも対応した財務会計の最もポピュラーな専門書である。

田中靖浩，2013，『実学入門 経営がみえる会計（第４版）』日本経済新聞出版社

経営の視点から会計数値の読み方，活かし方を中心に解説しており，まさに実学としての会計について学べる１冊である。

谷武幸・桜井久勝・北川教央，2021，『１からの会計（第２版）』碩学舎

事例を交えた解説が豊富であり，本章をきっかけとして会計のことを本格的に学ぶ際に適した入門書である。

引用参考文献

桜井久勝，2021，『財務会計講義（第22版）』中央経済社。
桜井久勝・須田一幸，2020，『財務会計・入門（第13版）』有斐閣アルマ。
田中靖浩，2013，『実学入門 経営がみえる会計（第４版）』日本経済新聞出版社。
谷武幸・桜井久勝・北川教央，2021，『１からの会計（第２版）』碩学舎。

（伊藤正隆）

第7章 事業活動の数値的根拠を示す
――管理会計――

企業は，適正な利益の確保を主要な目的として，その持続的な成長や発展を目指して運営されています。経営者は，これらの目的を達成するために戦略を策定し，その戦略を実施するために必要な意思決定や業績管理を行います。経営者のこうした経営管理活動を支援する情報を提供するのが管理会計です。本章では，その管理会計の基礎知識を説明し，具体的な活用方法について数値例を用いて学習します。

Keywords▶管理会計，原価，意思決定会計，業績管理会計，PDCA，予算管理

第1節　管理会計とは何か

1　経営管理に役立つ管理会計

企業は，出資者（株主）や債権者（銀行など）などから資金を調達し，その資金を運用している。こうした企業の経営者は，調達した資金をうまく運用することにより，その価値を増やすこと，つまりは**利潤最大化**を主要な目的としている。この目的を達成するために，経営者は企業をうまく管理（マネジメント）する必要がある。その中で，経営者は様々な事柄について意思決定をし，計画を策定し，その結果を評価することになるが，それらを適切に実施するためにはそれぞれの目的に応じた情報が必要である。こうした経営管理活動を支援する情報を提供するのが管理会計である。

ここで**管理会計**（management accounting）とは，「企業経営において必要な財務関連数値の生成方法と，その生成された財務的データに関連すると思われる非財務数値とを利用して，経営者・経営管理者の意思決定目的に応じ，彼らに

適合的な情報を提供するためのシステム」（浅田ほか，2017，3頁）のことである[▶1]。つまり，管理会計は**経営管理に役立つ会計**であり，その情報を利用するのは経営者や現場の管理者たちであることから，「内部報告会計」とも呼ばれる。

企業経営における管理会計の重要性については，飛行機の操縦にたとえて説明されることがある。パイロットが飛行機を安全に操縦するためには，その速度や高度，燃料の残量などを常に把握しておかなければならない。これらの情報は操縦席の前にあるそれぞれの計測機によって表示されており，パイロットはこれらを読み取りながら操縦をしている。スピードが不十分であれば加速し，高度が不十分であれば上昇し，また目的地まで燃料がもちそうになければ近くの空港へ緊急着陸を試みるだろう。しかし，それらの計測機がなかった場合はどうであろうか。パイロットは飛行機の減速や燃料不足に気づかず，適切な対応を取れないまま危険な状態となり，最悪の場合，墜落してしまうだろう。

飛行機を企業，パイロットを経営者に置き換えたとすると，操縦席の前にあるそれぞれの計測機が管理会計となる。このように，経営者が企業をうまく経営していくために，管理会計は非常に重要な役割を果たしているのである[▶2]。

2　管理会計と財務会計の違い

第6章において，企業会計を大きく**財務会計**と**管理会計**に分類している。両会計には多くの点で相違がみられるが，ここでは簡潔に3つの相違点を示す。財務会計と管理会計の相違点をまとめたものが**表7－1**である。

まず第6章において説明した財務会計は，「外部報告会計」とも呼ばれ，その情報の利用者は，投資家や債権者などの企業外部の利害関係者である。そして，それら企業外部の利害関係者が，判断や意思決定を適切に行えるように有用な情報（**財務諸表**）を提供することを目的としている。また，財務諸表は金

▶1　管理会計では，経営管理に役立つ情報を提供するために非財務情報（貨幣価値〔金額〕では表せない情報，例えば顧客満足度や生産スピードなどのこと）も含めている。

▶2　近年，企業のような営利組織のみならず，非営利組織においても管理会計の重要性が認められてきている。例えば，国や地方自治体などは，適切な価格で継続的に公共サービスを提供するために，財政赤字とはならないよううまく運営していくことが必要である。その中で，管理会計は役立つ情報を提供している。

表7－1　財務会計と管理会計の相違点

	財務会計	管理会計
利用者	企業外部の利害関係者	企業内部の経営者や管理者
目的	企業外部の利害関係者が適切な判断と意思決定を行うために必要な会計情報を提供すること	経営管理に役立つ情報を提供すること
会計処理・表示の方法	基準（ルール）で定まっている	基準（ルール）で定まっていない

出所：筆者作成。

融商品取引法等の法規制のもとで広く公開されるものであり，そこで提供される財務諸表は定められたルール（**会計基準**）にしたがって作成・表示されている。[▶3] 一定のルールのもとで財務諸表が作成・表示されることにより，利用者である企業外部の利害関係者は，多様な企業を比較・検討することが可能になる（➡第6章第**2**節も参照）。

一方で管理会計は，「内部報告会計」とも呼ばれ，その情報の利用者は，企業内部の経営者や現場の管理者たちである。そして，それら経営者たちが行う**意思決定**や**業績管理**などの経営管理を支援するような情報を提供することが目的である。経営者たちに提供される管理会計情報は，**企業内部の経営管理目的**で利用されるものであり，企業にとっての重要な機密情報となる。こうした情報は，経営管理に役立つように各企業の実情や目的に応じて作成されるものであり，そこには特に法規制もなく，財務会計のような共通のルールは特にない。[▶4] 各企業は独自の管理会計情報を作成できるのである。

3 管理会計の分類

管理会計は，経営者の経営管理活動を支援する情報を提供しているが，その

▶3　日本の上場企業は，日本会計基準，米国会計基準，国際会計基準，あるいはJ-IFRS（日本会計基準とIFRSとの間に位置付けられるもの）のいずれかを適用して財務諸表を作成している。当初は日本会計基準，米国会計基準，および国際会計基準の基準間で大きな相違点が見られたが，近年はその差が縮まってきている。

▶4　教科書などに示される管理会計技法は，あくまで一般的なフォーマットである。実際には各企業がそれらに独自の調整を加えており，各企業でその利用方法は異なっている。

役割に応じて「**意思決定会計**」と「**業績管理会計**」に分類することができる。

管理会計の1つ目の役割は，経営活動の中で生じる多種多様な事柄に対する経営者の意思決定を支援することである。例えば，どのような製品を販売するか，その販売価格はいくらに設定するか，その製品を作るためにどのような材料や設備を購入するか，など様々な場面で経営者は意思決定する必要がある。そして，それらの意思決定は企業の将来を左右する大事なことであるため，「勘」だけで行うには不十分であり，判断材料となるなんらかの情報が必要である。管理会計情報は，意思決定による経済的影響，つまりは金額的にどの選択肢が有利となるのかを示すことにより，意思決定の数値的根拠となる。こうした役割を果たす管理会計を，「意思決定会計」と呼ぶ。

管理会計の2つ目の役割は，業績目標を達成するために経営者が行う業績管理を支援することである。経営者は，利潤最大化という目的を達成するために，企業の将来進むべき方向性（**経営方針や戦略**）を思い描いている（➡第4章第1節も参照）。しかし，経営者がそれらを思い描いているだけでは実現できない可能性がある。それらを実現させるためには，目標を達成するために計画を立て（Plan），その計画に沿って企業活動を実施し（Do），その実績を把握し（Check），計画と実績の差異原因を追求して次の計画に活かす（Act），という**PDCAサイクル**を回す必要がある。管理会計情報は，PDCAサイクルにおいて企業活動の良否を金額的に示すことにより，経営者の業績管理に役立っている。こうした役割を果たす管理会計を，「業績管理会計」と呼ぶ。

以下の本章では，第2節において管理会計における重要な原価の概念について説明し，第3節において意思決定会計，そして第4節において業績管理会計についてそれぞれ事例を交えて説明する。

第2節　管理会計に必要な原価情報

1　原価とは

管理会計は，企業が適切な利益を確保できるように適用される。ここで，「**利益＝収益（売上高）－費用（原価）**」という式からもわかるように，利益を上げるためには，収益を上げる，あるいは原価を下げることが必要である。つ

図7-1　原価のイメージ

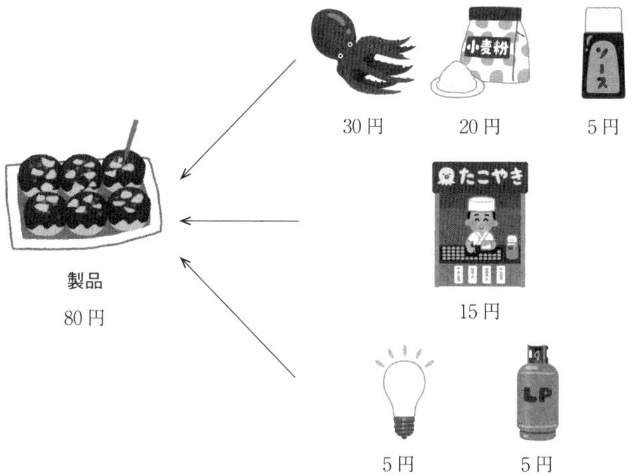

小麦粉
ソース
30円　20円　5円
たこやき
製品
80円
15円
LP
5円　5円

出所：筆者作成。

まり，**利益管理**を行うためには，収益情報と原価情報が必要となる。収益情報は，顧客とのやりとりの結果である「売上高」の情報であり，販売単価と販売数量という客観的事実にもとづいて比較的容易に計算できる。一方の原価情報は，製品やサービスの生産活動や販売活動の結果として生じる原価の情報であり，多種多様な活動から生じる原価を集計・計算しなければならない。適切な利益を計算するためには正確な原価を知ることが重要であり，管理会計においても原価情報が必要である。

原価計算の実践規範となっている**原価計算基準**によると，**原価**とは，「経営における一定の給付にかかわらせて，把握された財貨または用役の消費を，貨幣価値的に表わしたもの」である。つまり，ある製品を製造するために消費された材料やサービスを金額で表示したものである。**図7-1**は，たこ焼き1パックという製品を製造するためにかかる原価のイメージを示したものである。

図7-1が示すように，原価は多種多様な材料やサービスから発生しているが，具体的な原価を計算するためにいくつかの要素に集約される。これを**原価要素**という。原価要素の分類方法は多様であるが，以下では3つの分類方法を説明する。

図７－２　形態別分類のイメージ

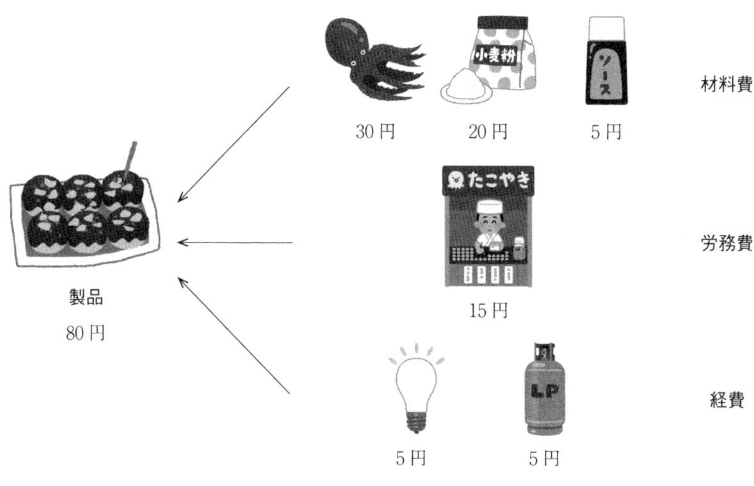

出所：筆者作成。

２ 形態別分類：材料費・労務費・経費

原価要素をその発生形態によって「材料費」,「労務費」, そして「経費」に分類する方法を**形態別分類**あるいは**費目別分類**という。これは, どのような経営資源を消費することによって生じた原価か, ということで原価を分類する方法であり, 最も基礎的な原価の分類である。

材料費とは, 物品の消費によって生じる原価であり, 素材費や買入部品費などが該当する。**労務費**とは, 従業員などによる労働力の消費によって生じる原価であり, 賃金や給料などが該当する。**経費**とは, 材料費と労務費以外の経営資源の消費によって生じる原価であり, 水道光熱費や賃貸料などが該当する。こうして分類された材料費, 労務費, そして経費を**原価の３要素**という。

図７－１を形態別分類で原価を分けると, **図７－２**のようになる。

３ 製品との関連による分類：製造直接費・製造間接費

ある製品の製造に対して発生した原価であるかどうかが直接わかるか否かによって, 原価要素を「製造直接費」と「製造間接費」に分類する方法を**製品との関連による分類**という。この方法では, ある製品の製造と原価の発生との間の因果関係が明確か否か，ということで原価を分類する。

製造直接費は，ある製品の製造にいくらの原価が生じたのかを跡づけることができる原価である。例えば，たこ焼き1パックの製造に1円/gの小麦粉を20g消費した場合，1パック当たり20円の原価を消費したことになる。このように，ある製品に対していくら使ったかが明確な原価が製造直接費である。

一方の**製造間接費**は，ある製品の製造にいくらの原価が生じたのかを跡づけできない原価である。例えば，工場では照明や機械を動かすために電気代が発生する。こうした電気代は工場単位で請求されるものであり，ある製品に対してどれだけ消費したかが明確ではない。こうした原価が製造間接費となる。

4 操業度との関連における分類：変動費・固定費

原価要素を操業度との関係性によって「変動費」と「固定費」に分類する方法を**操業度との関連における分類**という。ここで**操業度**とは，生産設備の利用度合のことをいい，生産量や機械の稼働時間などで表される。この方法では，操業度の増減に対して原価がどのように発生するか，ということで原価を分類する。

変動費とは，操業度の増減に比例して原価も増減する原価である。例えば，たこ焼きという製品を製造するためにはタコという材料が必要であり，1パック当たり30円の原価が生じるとする。この原価は，1パックなら30円，2パックなら60円，3パックなら90円，という形で生産量に比例して原価は増加していく（図7-3参照）。

一方の**固定費**とは，操業度の増減に関係なく一定額が発生する原価である。例えば，たこ焼きという製品を製造するために，1カ月2万円でたこ焼きの鉄板をレンタルしていたとする。この原価は，1パック製造しても，100パック製造しても月2万円という一定額の原価しか発生しない（図7-3参照）。

原価を変動費と固定費に分けて把握することによって，生産高や売上高に比例して増減する利益額を算定することができる。そのため，この分類による原価は，利益計画の策定や意思決定などの管理会計において有用な情報となる。

図７-３　変動費と固定費の具体例

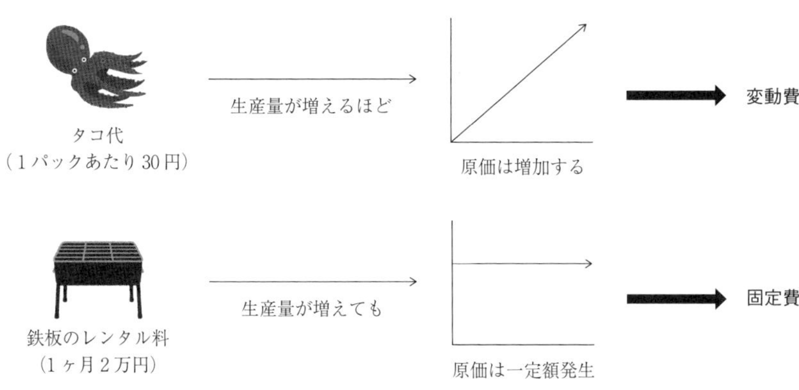

出所：筆者作成。

第３節　意思決定における会計情報の活用方法：意思決定会計

1　意思決定に役立つ会計情報

経営者は，将来の目標や戦略を実現させるために，様々な事柄に対して意思決定を行っている。それらには，将来的に長期間の効果を見込んで計画的に行われる設備投資や新規プロジェクトの採択などについての意思決定や，日常業務を行う中で随時的に生じる新規受注の可否や製品の追加加工の可否などについての意思決定がある。こうした意思決定の結果は，企業の命運を左右するほどの重大な影響を及ぼす可能性があるため，経営者は「勘」ではなく，根拠となる判断材料に基づいて意思決定を行う必要がある。管理会計情報は，こうした意思決定の場面における主要な判断材料の１つとして役立つ。特に，会計は意思決定による影響を金額で表すことができるため，各選択肢の**経済性（金額的にいくら有利か）を評価**するのに役立つ。

例えば，身近な意思決定の例として，ある大学生の通学路について考えてみる。**図７-４**は，大学までの通学路として２つのルートがあることを示している。

まず１つ目のルート（①ルート）は，自宅近くの地下鉄に乗車してＡ駅まで行き，そこから私鉄Ａに乗車してＣ駅に向かい，最後にバスに乗車して大学

図7－4　ある大学生の通学路

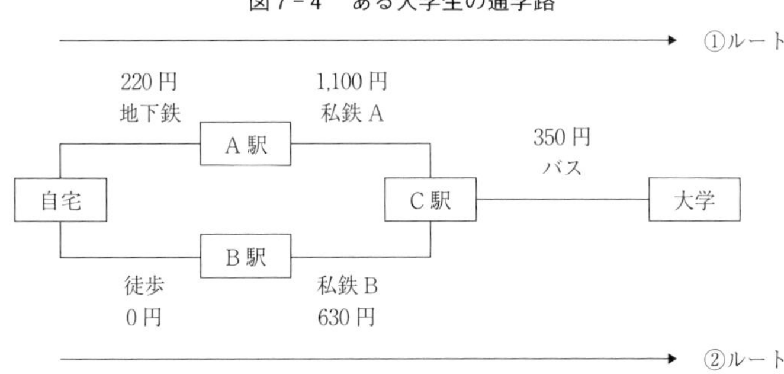

出所：筆者作成。

まで行くものである。2つ目のルート（②ルート）は，自宅からB駅まで歩き，そこから私鉄Bに乗車してC駅に向かい，最後にバスに乗車して大学まで行くものである。図7－4には，それぞれのルートで発生する料金が示されており，それぞれの料金合計を計算すると以下のようになる。

①ルートの料金合計：220円＋1100円＋350円＝1670円

②ルートの料金合計：０円＋630円＋350円＝980円

この計算結果から，②ルートの方が１回当たり690円も安くなることがわかる。この結果を受けて，皆さんならどちらのルートで通学することを選択するであろうか。金額的安さを重視するならば，②ルートを選択するであろう[▶5]。

このように，管理会計情報は意思決定における数値的根拠を提供することにより，経営者の適切な判断を導く重要な役割を果たしている。

2　意思決定の数値例

前項では，意思決定における会計情報の重要性を説明した。ここでは，意思決定における会計情報の活用方法について，学園祭における模擬店の出店についての意思決定を例に用いて説明する。

▶５　会計情報は意思決定における判断材料の１つであり，実際の意思決定では他の情報を含めたうえで総合的に判断される点に注意である。例えば，通学路の例であれば，通学時間の違いや乗客の混み具合なども重要な判断材料の１つとして考慮されるだろう。

⑴課題の発生と内容の確認

今，大学の学園祭にゼミで参加し，模擬店を出店しようと考えている。ゼミでの話し合いの結果，飲食店として出店することは決まったが，どのような料理を販売するのかについては，「焼きそば」か「お好み焼き」という２つの案が考えられた。

表７-２　各案の資料

	焼きそば	お好み焼き
販売単価	@250円	@400円
材料費	@150円	@200円
ゼミ生の人件費	@6,000円	@6,000円
器具等のレンタル料	10,000円	10,000円
予想販売量	600パック	400枚

（注）@は単価（製品１単位あたり，あるいは１人あたり）を意味している。
出所：筆者作成。

ゼミでは，模擬店の出店目的として，利益の獲得を主要な目的としており，利益をより多く獲得できる案を採択することになった。そこで，各案を実行した場合に発生すると見込まれる内容について洗い出しを行った。

まず，焼きそばは１パック250円で販売し，１日に600パックの販売が見込まれる。焼きそばの材料費は，１パック150円である。また，焼きそばを焼くための鉄板やヘラなどの調理器具やガス代などは大学からのレンタルで，大学に１日１万円を支払う。ゼミ生は５人おり，そのうち２人が製造係，残り３人が営業販売係を務めることになり，１人当たり日給6000円のバイト代を支払う。

一方のお好み焼きは，１枚400円で販売し，１日に400枚販売できることが見込まれる。お好み焼きの材料費は，１枚200円である。また，お好み焼きを焼くための鉄板やヘラなどの調理器具やガス代などは，焼きそばと同様に大学からのレンタルで，大学に１日１万円を支払う。ゼミ生の人数および配置も焼きそばと同様であり，１人当たり日給6000円のバイト代を支払う。

以上の各案についての情報をまとめたものが**表７-２**である。

⑵各案の評価と検討

各案の資料が出揃ったところで，次に各案からどれほどの利益が見込まれるのかを評価していく。ここで，「利益＝収益（売上高）－費用（原価）」であったため，各項目を分けて算定していく。

まず，焼きそばを製造販売する場合における収益と費用，およびその差額としての利益を算定すると，以下のとおりとなる。

・焼きそばの予想利益計算

収益（売上高）＝@250円×600パック＝15万円

費用＝@150×600パック①＋（1万円②＋@6000円×5人③）＝13万円

利益＝収益－費用＝15万円－13万円＝2万円

ここで，費用計算における①は，焼きそばを製造するためにかかる材料費の部分であり，この部分の費用は製造販売量に比例して増減する変動費である。また，②は焼きそばの製造にかかる器具等のレンタル料であり，③は焼きそばの製造や販売にかかる人件費である。②と③の部分の費用は，製造販売量に関係なく一定額が発生する固定費である。以上の計算の結果，焼きそばを製造販売することによって収益が15万円，費用が13万円生じることになるため，そこから得られる利益は2万円（15万円－13万円）となる。

同様に，お好み焼きを製造販売する場合における収益と費用，およびその差額としての利益を算定すると，以下のとおりとなる。

・お好み焼きの予想利益計算

収益（売上高）＝@400円×400枚＝16万円

費用＝@200×400枚①＋（1万円②＋@6000円×5人③）＝12万円

利益＝収益－費用＝16万円－12万円＝4万円

焼きそばの場合と同様に，費用計算における①は，お好み焼きの製造販売量に比例して増減する変動費であり，②と③は固定費である。以上の計算の結果，お好み焼きを製造販売することによって収益が16万円，費用が12万円生じることになるため，そこから得られる利益は4万円（16万円－12万円）となる。

以上の各案の評価結果から，焼きそば（利益2万円）よりも，お好み焼き（利益4万円）の方が利益を2万円多く獲得できることがわかるため，より多くの利益を獲得するためにはお好み焼きの案を採択するという意思決定になる。

以上が意思決定における会計情報の活用例である。経営者は，こうした管理会計情報を主要な判断材料の1つとして用いることによって，合理的な意思決定を行うことができるのである。

第4節　業績管理における会計情報の活用方法：業績管理会計

1　管理会計におけるPDCAサイクル：予算管理

経営者は，利潤最大化という目的を達成するために，将来の目標や戦略を策定している。しかし，こうした目標や戦略は，経営者による大きな構想を示したものに過ぎないため，具体的な実行プロセスを伴わないと実現できない可能性がある。そのため，経営者は，策定した目標や戦略の実現を図る実行プロセスとして，PDCAサイクルを回す必要がある。管理会計におけるPDCAサイクルの代表例が「**予算管理**（budgetary control）」であり，これは実務において最も広く利用されている管理会計技法の1つである[▶6]。

原価計算基準によると，**予算**とは，「予算期間における企業の各業務分野の具体的な計画を貨幣的に表示し，これを総合編成したもの」である。つまり，ある期間におけるヒト，モノ，カネといった経営資源の獲得と消費についての計画を金額で表示したものである。予算管理は，この予算を用いて「PDCAサイクルを回すことによって戦略実施を図る管理活動」(谷，2013，158頁)である。

図7-5は，予算管理におけるPDCAサイクルを示している。まず，計画として**予算編成**が行われる。ここでは，経営者の目標や戦略が達成されるように，企業の具体的な活動計画が金額で作り込まれ，その内容が現場の従業員へ伝達される。次に，編成された予算を達成するように業務が行われ，予算が執行される。そして，一定の時期が来た段階で，チェックとして予算と実績を比較して差異を求める。ここで，差異の発生原因をより細かく示すために，**差異分析**が行われる。最後に，差異が発生した原因を追及し，それに対する改善策を考え，現状の活動や次期の予算編成に反映させていく。

こうした予算管理におけるPDCAサイクルを回すことによって，経営者は

▶6　2012年に日本の企業予算制度についてアンケート調査を行った企業予算制度研究会（2018）によると，回答企業の98.9%が予算を利用していると回答している。

図7－5　予算管理におけるPDCAサイクル

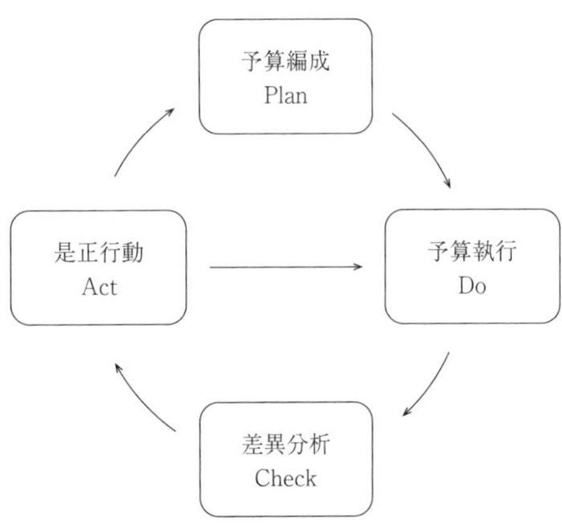

出所：筆者作成。

将来の目標や戦略の実現を図るのである。

2　予算管理の数値例

前項では，予算管理におけるPDCAの概要を説明した。ここでは，本章の第3節2において意思決定を行った学園祭における模擬店の出店に対して予算管理を適用した例を用いて，そのPDCAの内容を説明する。

(1) Plan：予算編成

大学の学園祭にゼミで飲食店の模擬店を出店することになり，協議の結果，お好み焼きを販売することになった。そこで，意思決定のときに用いたお好み焼きの製造販売についてのデータを用いて，以下のような予算が編成された。

《予算データ》（第3節2の数値例を参照）
予算販売数量：400枚　予算販売単価：@400円　予算変動費単価：@200円
予算固定費：レンタル料1万円，人件費@6000円×5人
【予算】
売上高＝@400円×400枚＝16万円
変動費＝@200円×400枚＝8万円
固定費＝1万円＋@6000円×5人＝4万円
利益＝16万円－8万円－4万円＝4万円

(2) Do：予算執行

学園祭当日となり，実際に模擬店でお好み焼きを製造販売した。こうした活動の結果，以下のような実績データが得られた。

column 6

様々な管理会計技法

本章で説明する予算管理以外にも多様な管理会計技法が存在している。ここでは，その中から３つの技法について簡単に紹介する。各技法の詳細については，他の専門書などを参考にされたい。

１つ目は，活動基準原価計算（activity based costing：ABC）である。ABC は，「伝統的な原価計算に内在する製造間接費の配賦問題を解決できる原価計算」（浅田ほか，2017，86頁）である。製造間接費は，製品の製造との因果関係が明確でない原価であるが，原価計算基準にある伝統的な原価計算においては，製造間接費を操業度（機械稼働時間や生産量など）にもとづいて各製品に配賦している。しかし，種々雑多な項目が含まれている製造間接費を操業度という基準だけで配賦してしまうと，製品が関係のない原価を負担してしまう恐れがある。ABC は，各業務の遂行のために行われる「活動」を基準として製造間接費を配賦することにより，より正確な製品原価の計算を図るものである。

２つ目は，原価企画（target costing）である。原価企画は，「製品の企画・開発に当たって，顧客ニーズに適合する品質・価格・信頼性・納期等の目標を設定し，上流から下流までのすべての活動を対象としてそれらの目標の同時的な達成を図る，総合的利益管理活動」（日本会計研究学会，1996，23頁）である。これは，製品を製造する前の企画・開発・設計段階において製造プロセスで発生する原価がほとんど確定することから，原価を引き下げるために，組織内外の協力関係や VE（value engineering*）などの支援ツールを用いて，製造プロセス以前に遡って原価の作り込みを行うものである。

３つ目は，バランストスコアカード（balanced scorecard：BSC）である。BSC は，「財務的指標と非財務的指標による多元的業績測定システムを伴った戦略マネジメントのシステム」（谷，2013，209頁）である。BSC は，財務の視点，顧客の視点，業務プロセスの視点，および学習と成長の視点という４つの視点から戦略を業績指標に落とし込み，それらを従業員と共有することによって戦略の実現を図っている。財務の視点を頂点として，４つの視点間における因果関係が戦略マップによって図示される。これにより，戦略の実施に向けたプロセスや目標がより具体化され，戦略の実施が促進されることになる。

＊　価値（value）＝機能（function）／コスト（cost）という等式のもとで，顧客の満足する価値を達成する手段を考え実践していく活動のことである。例えば，不要な機能を取り払うことによって，それ以上にコストを削減することができれば，顧客にとっての価値は上がることになる。

《実績データ》

実際販売数量：500枚　実際販売単価：@350円　実際変動費単価：@230円

実際固定費：レンタル料１万円，人件費 @6000円×４人

【実績】

売上高＝ @350円×500枚＝17万5000円

変動費＝ @230円×500枚＝11万5000円

固定費＝１万円＋@6000円×４人＝３万4000円

利益＝17万5000円－11万5000円－３万4000円＝２万6000円

(3) Check：差異分析

学園祭終了後，その結果を検証するために予算と実績を比較し，利益の差異（**利益差異**）を算定した。

利益差異＝実際利益－予算利益＝２万6000円－４万円＝△１万4000円

利益差異を算定すると，予算よりも実際の利益の方が１万4000円少ない結果となったことがわかった。しかし，これだけではなぜ利益が当初見込みよりも少なくなってしまったのかがわからないため，利益差異をもう少し詳細に分析する。これを「**差異分析**」という。利益の差異分析を行うために，利益差異を「販売数量差異」，「販売価格差異」，「変動費差異」，そして「固定費差異」という４つに分解する。

１つ目の**販売数量差異**とは，利益差異のうち**販売した数量の違い**により生じる差異である。つまり，販売数量の変動によって売上高と変動費の差額分である利益がどれだけ変動したかを示す差異である。本事例における販売数量差異を以下のように算定すると，当初見込みよりも多く製造販売できたことで２万円の利益が増加したことがわかる。

販売数量差異

＝（予算販売単価－予算変動費単価）×（実際販売数量－予算販売数量）

＝（@400円－@200円）×（500枚－400枚）＝２万円

２つ目の**販売価格差異**とは，利益差異のうち**販売単価の違い**により生じる差

異である。本事例における販売価格差異を以下のように算定すると，当初見込みよりも安い値段で販売したことで２万5000円の利益が減少したことがわかる。

販売価格差異＝（実際販売単価－予算販売単価）×実際販売数量
＝（@350円－@400円）×500枚＝△２万5000円

３つ目の**変動費差異**とは，利益差異のうち**変動費の違い**により生じる差異である。本事例における変動費差異を以下のように算定すると，当初見込みよりも変動費が増加したことで１万5000円の利益が減少したことがわかる。

変動費差異＝（予算変動費単価－実際変動費単価）×実際販売数量
＝（@200円－@230円）×500枚＝△１万5000円

４つ目の**固定費差異**とは，利益差異のうち発生した**固定費の違い**により生じる差異である。本事例における固定費差異を以下のように算定すると，当初見込みよりも固定費が減少したことで6000円の利益が増加したことがわかる。

固定費差異＝予算固定費－実際固定費＝４万円－３万4000円＝6000円

以上の差異分析から，利益差異を４つの原因に分けて把握し，その影響の大きさを金額的に示すことができた。なお，当然のことながら，上記の４つの差異を足し合わせると利益差異に戻ることを示しておく。

利益差異＝販売数量差異＋販売価格差異＋変動費差異＋固定費差異
＝２万円＋△２万5000円＋△１万5000円＋6000円
＝△１万4000円

⑷ Act：是正行動

差異分析の結果が示されると，それぞれの差異原因が追及され，改善策が考えられた。例えば，変動費差異の原因を調べてみると，製造係が必要以上の材料を消費していたことが判明した。これに対して，計量カップを使うなど，レシピ通りに作ることを徹底するという改善策が提案された。こうした改善策などが，次回以降の模擬店実施に活かされることになる。

以上が予算管理におけるPDCAの数値例である。経営者は，こうした予算管理におけるPDCAサイクルを回すことによって，策定した目標や戦略の実現を図ることができるのである。

設　問

1．管理会計と財務会計の違いについて説明してみよう。
2．本章の第4節で確認した予算管理の数値例の差異分析の結果を踏まえて，利益差異が△1万4000円となった原因（なぜ発生したのか）やその改善策にはどのようなものがあるのかを想像して考えてみよう。

推薦図書

浅田孝幸・頼誠・鈴木研一・中川優・佐々木郁子，2017，『管理会計・入門（第4版）』有斐閣アルマ

管理会計に関する幅広い内容を網羅しており，ビジネスパーソンまでも対象とした入門書である。

國部克彦・大西靖・東田明，2020，『1からの管理会計』碩学舎

架空の企業を事例として管理会計がどのように企業経営に役立つかを解説しており，本章の次のステップとして適した入門書である。

櫻井通晴・伊藤和憲，2017，『ケース管理会計』中央経済社

管理会計の基礎を解説すると共に実際の事例も紹介しており，実務おける適用例について学べる1冊である。

引用参考文献

浅田孝幸・頼誠・鈴木研一・中川優・佐々木郁子，2017，『管理会計・入門（第4版）』有斐閣アルマ。
企業予算制度研究会，2018，『日本企業の予算管理の実態』中央経済社。
國部克彦・大西靖・東田明，2020，『1からの管理会計』碩学舎。
谷武幸，2013，『エッセンシャル管理会計（第3版）』中央経済社。
日本会計研究学会，1996，『原価企画研究の課題』森山書店。

（伊藤正隆）

第8章　企業や投資対象の価値を推定する
——ファイナンス——

企業は，資金を調達し，その資金を運用することにより運営されています。そのため，企業価値を向上させるためには，どこから資金を調達し，どのような投資対象に資金を投入するかを検討することが重要となります。ファイナンスは，そうした検討において役立つ知識です。本章では，ファイナンスの基礎知識を説明し，投資対象の評価方法について数値例を用いて学習します。

Keywords▶キャッシュフロー，時間価値，資本コスト，正味現在価値法，内部収益率法，回収期間法

第1節　ファイナンスとは何か

1　企業価値の向上に役立つファイナンス

一般的に，**ファイナンス**（finance）は金融や財政などと訳されるが，企業という経済主体を中心にして考えると，企業活動に関連して生じるお金の流れを管理する方法を検討する学問といえる。企業は，出資者（株主）や債権者（銀行など）から資金を調達し，その資金を運用することにより**企業価値**を向上させようとしている。この企業価値の最大化を目的とした企業の財務活動（資金調達や資金運用）のことを**コーポレートファイナンス**（corporate finance）と呼ぶ。

コーポレートファイナンスの目的は，効率的な資金調達と資金運用によって企業価値の最大化を図ることである。企業の行う資金調達の方法としては，新株の発行や借入金などが考えられるが，これらの出資者や債権者は企業への投資や融資に対してリターン（配当や利息）を要求する。出資者と債権者が要求す

図8-1　コーポレートファイナンスの概要図

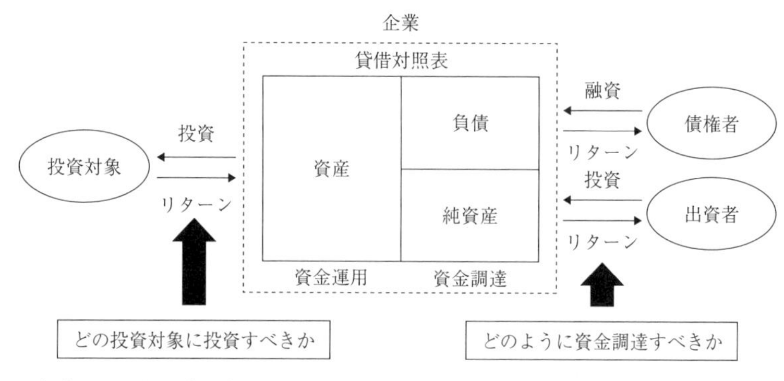

出所：田中・保田（2013）249頁を筆者が一部加筆修正。

るリターンの大きさは同じではないため，効率的な資金調達を行うためには，資金をどこから，どのように調達するのが有利となるかを検討する必要がある。

また，企業はこうして調達した資金を運用した結果として，出資者や債権者が要求するリターン以上の成果をあげなければ，企業価値は向上しない。そのため，調達した資金をどのような投資対象に，いくら投資すべきかを検討する必要がある。

コーポレートファイナンスでは，こうした資金調達と資金運用が最適なものとなるように，それらの意思決定の方法を検討している。図8-1は，コーポレートファイナンスの概要を図示したものである。

本章では，コーポレートファイナンスの分野における資金運用，つまりはどの投資対象に投資すべきか，という内容を中心に説明する。

2　会計とファイナンスの違い

会計（財務会計）とファイナンスは，ともに企業の活動内容を示す情報を提供する。そのため，学問領域としても近しいものとして扱われることが多く，大学においても「会計ファイナンス学科」という名称で学科を設置していることもある。しかし，両者には違いがあるため，ここではそれらを確認する。

まず，誰に対して情報を提供するかという点において，会計が投資家や債権者などの企業外部の利害関係者であるのに対して，ファイナンスは企業内部の

表8－1　会計とファイナンスの相違点

	（財務）会計	ファイナンス
利用者	企業外部の利害関係者	経営者や管理者
目　的	企業外部の利害関係者が適切な判断と意思決定を行うために必要な会計情報を提供すること	企業価値の向上
情報の内容	過去情報・現在情報	未来情報
成果の測定	利益	キャッシュフロー

出所：筆者作成。

経営者や管理者である。次に，その目的は，会計が企業活動の結果（財政状態や経営成績）を示すことであるのに対して，ファイナンスは企業価値の向上である。この両者の目的からもわかるとおり，両者が取り扱う情報の内容は，会計が過去から現在までの情報であるのに対して，ファイナンスは**未来についての情報**である。また，両者における成果の測定方法も異なっている。会計が企業活動の成果（経営成績）を利益で示すのに対して，ファイナンスは**キャッシュフロー**（お金）で示す。以上の相違点をまとめたものが，**表8－1**である。

このように，会計は現在までの企業の状態を把握するためのものであり，ファイナンスは将来の企業活動をどうすべきかを検討するものである。

以下の本章では，第**2**節においてファイナンスで必要な基本的な考え方について説明する。そして第**3**節においては，投資対象の評価方法として正味現在価値法（NPV法）を，第**4**節においては内部収益率法（IRR法）を，第**5**節においては回収期間法についてそれぞれ数値例を交えて説明する。

第2節　ファイナンスに必要な基礎知識

1　キャッシュフロー

前節で述べたとおり，ファイナンスではキャッシュフローによって成果を測定する。これは，ファイナンスが未来情報として事実を重視するためである。

会計のルール（会計基準）に基づいて計算される利益は，お金の出入りとは関係なく企業活動の成果を適正に算定しようとするものであり，そのルールの範囲内で企業が選択する方法によって利益額は変動するという特徴がある[1]。つまり，利益には経営者の恣意が入っている。一方のキャッシュフローは，**収入**（キャッシュインフロー）と**支出**（キャッシュアウトフロー）という事実に基づいており，そこに経営者の恣意が入る余地はない。

また，利益とキャッシュフローでは，その認識するタイミングも異なっている。利益は，収益から費用を差し引くことで算定される。ここで，収益と収入，そして費用と支出は，同様の意味をもつイメージだが，両者は異なっている。収益と費用は，会計上の概念であり，会計基準に基づいて認識される。一方のキャッシュフローは，上述のとおり，お金の出入り（収入と収支）という事実に基づいて認識される。

例えば，ある会計期間に１個100円の商品を現金で８個購入し，そのうち４個の商品について１個200円で掛販売し，代金（売掛金）については来期に回収予定であったとする[2]。この場合，利益とキャッシュフローを計算すると以下のとおりとなる（図８－２参照）。

利益＝収益－費用
　　＝800円（@200円×４個）－400円（@100円×４個）
　　＝400円
キャッシュフロー＝収入－支出
　　　　　　　　＝０円（代金未回収）－800円（@100円×８個）
　　　　　　　　＝△800円

会計上の収益は，その認識基準を満たしたときに計上され，また費用は収益に対応した部分（売れた商品分）のみが計上される[3]。そのため，図８－２からも

▶１　例えば，固定資産の金額を費用化するために減価償却という手続きがある。会計基準において，この減価償却の方法はいくつか認められており，企業はその実状に合わせて選択適用することが可能である。仮に同一の固定資産であっても，選択する方法が異なれば発生する減価償却費（費用）の金額は異なり，結果として利益額が変動することになる。ただし，一度選択した方法は容易に変更できない。

▶２　売掛金とは，商品売買取引によって生じる代金を将来回収することができる権利のことである。

図8－2　収益と収入，費用と支出の認識するタイミングの違い

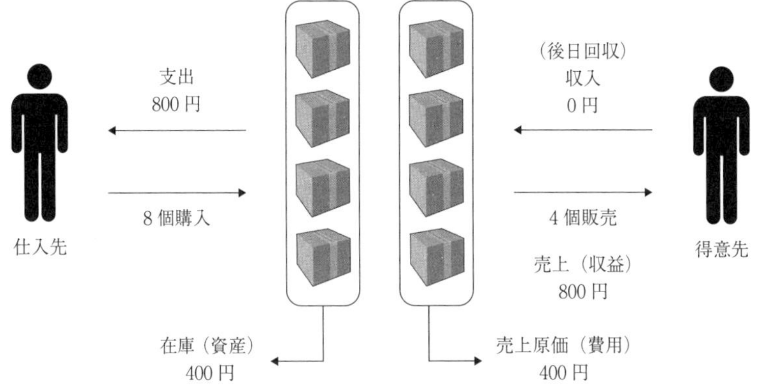

出所：筆者作成。

わかるように，800円の売上に対する売上原価は400円となり，結果として400円の利益が計上される。一方でお金の出入り（収入と収支）に注目してみると，商品8個は現金で購入されており，800円が支出となるが，販売した4個の代金は未回収であり，収入は0円である。結果として，この期のキャッシュフローは△800円となっている。

会計上の利益が出ているにもかかわらず，資金繰りが苦しくなって倒産してしまうことを「**黒字倒産**」という。黒字倒産が生じる理由は，上記の数値例を見てもらえば理解してもらえるであろう[▶4]。

以上のように，将来的な投資案件を検討するファイナンスにおいては，経営者の恣意が入る余地がない事実として，また資金繰りという観点からも企業に

▶3　こうした費用認識の考え方を「費用収益対応の原則」という。この原則は，期間損益計算を行うに際し，ある会計期間に計上された収益に対し，これと関連を有する費用を同じ会計期間に計上することにより，両者を対応づけた差額として当該期間の利益を算定表示することを要求する原則である。つまり，当期に費用となるものは，当期の収益と関連するものに限られることになるため，仕入れた商品のうち，売れた分は「売上原価（費用）」となり，売れ残った在庫は「棚卸資産（資産）」となる。

▶4　外部の利害関係者にとっても企業のキャッシュフロー情報の重要性が高まってきたため，日本の上場企業においては2000年3月期より財務諸表の1つとしてキャッシュフロー計算書の開示が義務づけられた。

とって重要となるキャッシュフローを用いて成果を測定することとなる。

2 時間価値

ファイナンスに必要な2つ目の基礎知識は，お金の**時間価値**を考慮することである。「Time is money（時は金なり）」ということわざにもあるように，時間には価値があり，時間の経過とともにお金の価値は高くなっていく。つまり，現在得られる1万円と1年後に得られる1万円は，名目的に同じ価値のように見えるが，実質的にはその価値が異なっているのである。

例えば，銀行の預金利率が2％であったとしよう。この場合，現在の1万円を銀行に預けておくと，1年後には利息の200円分が増えることになるため，1年後に得られる1万円よりも現在得られる1万円の方が200円だけ価値が高いことになる（図8-3参照）。

ファイナンスにおいては，将来の長期的な投資案件を評価することになるが，そこでは各案件が「現時点」においてどれほどの価値を有しているかについて評価することになる。つまり，お金の時間価値を考慮し，将来得られるキャッシュフロー（**将来キャッシュフロー**）を現在の価値に戻して評価するのである。このように，将来の価値を現在の価値に戻すことを「**割引く**」という。割引く方法を学習する前に，まずは現在の価値から将来の価値を算定する方法について，数値例を用いて説明する。

今，預金利率10％の銀行に1万円を預金した。3年後の預金残高はいくらになるであろうか。まず，1年後には1万円の10％である1000円が利息として増加し，1万1000円となる。2年後には1万1000円の10％である1100円が利息として増加し，1万2100円となる。そして，3年後には1万2100円の10％である1210円が利息として増加し，1万3310円となる[▶5]。この結果について文字式を使って表すために，**現在価値**をP，**将来価値**をF，**年数**をn（n＝0は現在），**利率**をrとすると，将来価値を求める式は以下のように示すことができる。

$$F_n = P(1 + r)^n \quad \cdots\cdots(1)$$

▶5　このように，元本のみならず利息に対しても利息が発生することを複利という。一方で，元本にのみ利息が発生することを単利という。

図８－３　時間価値の考え方

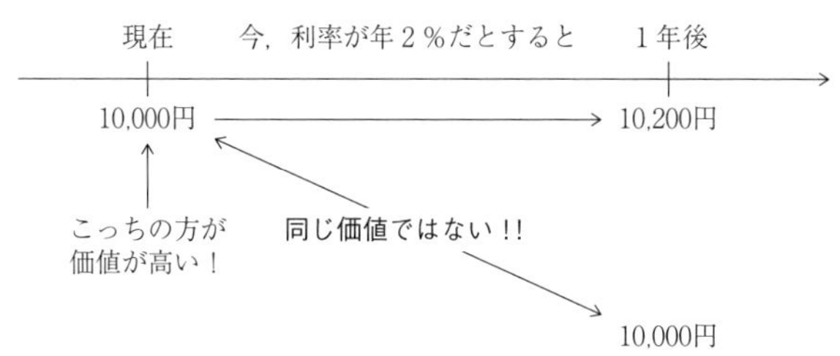

出所：筆者作成。

(1)式に今回の数値を当てはめると，以下のように計算できる。

$$F_3 = 1\text{万円} \times (1 + 0.1)^3 = 1\text{万}3310\text{円}$$

こうして，現在価値から将来価値を算定することができる。そして，この(1)式を少し変えるだけで，将来価値を現在価値に戻す，つまりは割引くことができる。(1)式は，n年後の将来価値（F_n）を求める式になっているが，これを現在価値（P）を求める式に変更するため，(1)式の両辺を（$1 + r)^n$で割る。そうすると，現在価値を求める式は以下のように示すことができる。

$$\begin{aligned} P &= F_n \div (1 + r)^n \\ &= F_n \times 1 / (1 + r)^n \quad \cdots\cdots (2) \end{aligned}$$

ここで，(2)式における$1/(1 + r)^n$を「**現価係数**[6]」という。現価係数を将来価値に掛け合わせることによって，現在価値が算定できる。

今，ある金額を預金利率10％の銀行に預入れ，そのまま放置すると，３年後の預金残高は１万3310円となったとする。現在の預金残高はいくらであろうか。これを(2)式に当てはめると，以下のように計算できる。

$$P = 1\text{万}3310\text{円} \times 1 / (1 + 0.1)^3 = 1\text{万円}$$

▶６　現価係数は，一定の利率で複利運用する場合に，将来の目標金額を得るために現在いくらの資金が必要かを計算する際に用いる係数のことである。

図8－4　現在価値と将来価値の計算例

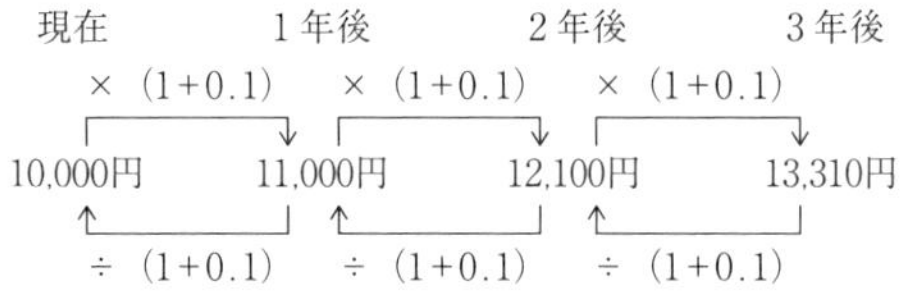

現在	1年後	2年後	3年後
10,000円	11,000円	12,100円	13,310円
× (1+0.1) →	× (1+0.1) →	× (1+0.1) →	
← ÷ (1+0.1)	← ÷ (1+0.1)	← ÷ (1+0.1)	

出所：筆者作成。

現在の価値から将来の価値を算定する方法，そして将来の価値から現在の価値を算定する方法について見た上記の数値例を図示したものが**図8－4**である。長期的な投資案件を評価するファイナンスにおいては，こうしたお金の時間価値を考慮する必要があるのである。

3　資本コスト

将来価値を現在価値に割引く際に用いられる率（r）のことを，「**割引率**」という。前項の数値例では預金利率が用いられていたが，ファイナンスにおいては「資本コスト」を割引率として用いる。**資本コスト**（cost of capital）とは，資本（資金）を調達することに伴って生じるコストである。

図8－1に示されていたように，企業は出資者や債権者から資金を調達している。そして，出資者や債権者はそうした資金提供の見返りとしてリターンを要求する。こうして要求されるリターンは，企業にとってのコストとなる。このように，資金調達に伴って生じるコストが資本コストである。

この資本コストは，見方によって3つの意味をもっている。1つ目は，出資者や債権者の立場から考えた場合である。この場合，資本コストは資金提供に対する見返りとして企業に要求するリターン率を意味する。これに対して2つ目は，企業の立場から考えた場合である。この場合，資本コストは資金調達に伴って出資者や債権者に対して負担しなければならないリターン率を意味する。そして，このことは3つ目として，資本コストは調達した資金を投じる投資案件が得なければならない最低限度の目標利益率を意味することとなる。

つまり，出資者などが資金提供の見返りとして5％のリターンを要求するならば，企業はこの5％の資本コストを負担しなければならないため，その資金を運用して5％以上の利益を得なければ損をしてしまうことになる。

このように，資本コストは投資案件が得なければならない最低限度の目標利益率となるため，ファイナンスにおいて将来キャッシュフローを割引く際の割

▶▶ column 7 ◀◀

資本コストの計算方法（加重平均資本コスト：WACC）

資本コストは，資金調達に伴うコストであり，資金提供者である出資者や債権者が要求するリターンである。出資者（株主）は，リターンとして配当（インカムゲイン）や株式価格の上昇による利益（キャピタルゲイン）を要求し，これらを株主資本コスト（cost of equity）という。一方の債権者は，リターンとして利息の支払いを要求し，これを負債コスト（cost of debt）という。つまり，資本コストは株主資本コストと負債コストからなるものである。

しかし，株主資本コストと負債コストとでは，要求されるリターン率がそれぞれ異なっている。また，提供される資金の大きさも等しいとは限らないため，資本コストは株主資本コストと負債コストを加重平均することによって計算される。これを「加重平均資本コスト（weighted average cost of capital：WACC)」と呼び，株主資本コストを r_E，負債コストを r_D，株主資本をE，負債をD，そして実効税率*をtとすると，WACCは以下の式で計算できる。

$$WACC = r_E \times E/(E + D) + r_D (1 - t) \times D/(E + D)$$

例えば，株主資本コストが8％，負債コストが5％，株主資本が150円，負債が50円，そして実効税率が40％であったとする。この場合のWACCは以下のとおりとなる。

$$\begin{aligned} WACC &= 8\% \times 150/(150+50) + 5\%(1-0.4) \times 50/(150+50) \\ &= 6.75\% \end{aligned}$$

ここで，WACCの計算式において負債コストに（1－t）を掛け合わせているが，これは負債コストには税金の支払いを減額させる効果があることを反映している。負債コストは，具体的には債権者に対して支払う利息のことであるが，この支払利息は費用として会計上の利益を減少させる。企業が支払う税金は，利益をベースとして決定するため，利益が減少すると，支払う税金も減額されることとなる。このように，負債コストには税金を減額させる効果があるため，WACCはこの部分を考慮して算定される。なお，株主に対する配当は，税金を支払った後の利益から拠出されるため，株主資本コストには負債コストのような効果はない。

＊　実効税率とは，企業がその所得金額に対して負担する税金（法人税，住民税，および事業税）の合計税率のことである。日本の実効税率は外国と比較して高いと言われており，近年その引き下げが行われてきている。2021年に決算を迎える企業の実効税率は，およそ30％である。

引率として用いられるのである。

第3節　正味現在価値法による投資案件の評価

1 正味現在価値法とは

ある投資案件の評価をする際に，投資案件の**正味現在価値**（net present value：NPV）を算定し，NPVが0以上あるいはNPVがより大きい案件であれば投資すべき案件とし，反対にNPVが0未満であれば投資すべきではない案件とする評価方法を「**正味現在価値法**」という。ここでNPVとは，「投資案がもたらす年々のキャッシュフローを資本コストで割引いて現在価値を計算し，そこから投資の現在価値を控除」（齋藤・阿部，2017，168頁）したものであり，以下のような式で示すことができる。

NPV ＝年々生じるキャッシュフローの現在価値の合計－初期投資額

つまり正味現在価値法は，投資案件から生じる将来のキャッシュフローをすべて現在価値に割引き，その合計金額が初期投資額を上回っていれば，意思決定をしている現時点においてその投資案件は投資するだけの価値がある（得をする）と判断する方法である。これにより，投資案件の収益性を金額的に評価することができる。以下では，数値例を用いて正味現在価値法を確認する。

2 正味現在価値法の数値例

今，ある企業において2つの投資案件が提案され，いずれの案件を採用すべきか検討中である。そこで，以下の資料に基づいて，正味現在価値法による評価によって判断することとなった。

【資料】

（1）A案

①投資額は8万円である。

②第1期から第3期（1期1年）までに得られるキャッシュフローは，毎期4万円と見込まれる。

図８－５　Ａ案の正味現在価値

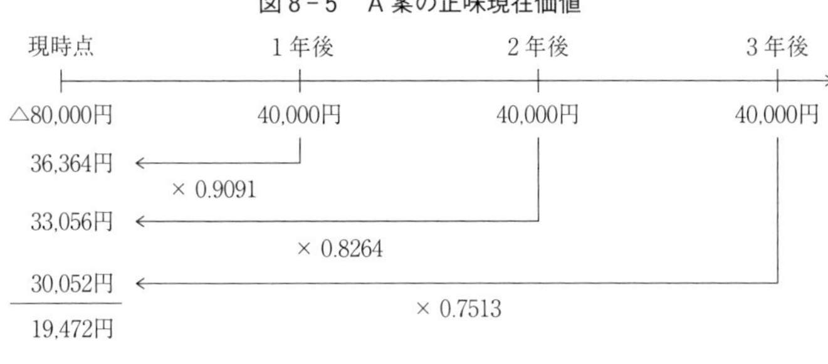

出所：筆者作成。

（２）Ｂ案

①投資額は13万円である。

②第１期から第３期（１期１年）までに得られるキャッシュフローは，第１期が４万円，第２期が６万円，第３期が９万円と見込まれる。

（３）その他条件

①当該投資案件の期間は共に３年間である。

②現在，投資資金は15万円確保できている。

③資本コストは10％であり，このときの現価係数は１年後は0.9091，２年後は0.8264，そして３年後は0.7513である。

以上の資料から，まずＡ案のNPVを算定する。Ａ案では，年々得られるキャッシュフローが毎期４万円であるため，以下のように算定できる。また，その計算内容を図示したものが図８－５である。

Ａ案のNPV＝４万円×（0.9091＋0.8264＋0.7513）－８万円＝１万9472円

また同様に，Ｂ案のNPVを算定する。Ｂ案では，各期で得られるキャッシュフローが異なるため，以下のように算定できる。また，その計算内容を図示したものが図８－６である。

Ｂ案のNPV＝４万円×0.9091＋６万円×0.8264＋９万円×0.7513－13万円
＝２万3565円

図8－6　B案の正味現在価値

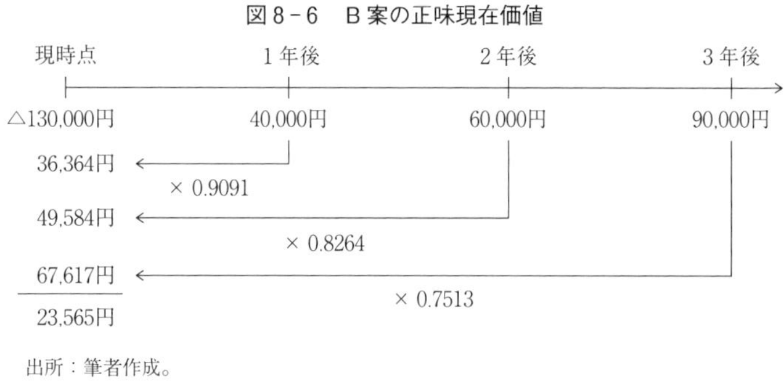

出所：筆者作成。

図8－5および図8－6からもわかるように，NPVは各投資案件の現時点における価値を金額で示すことができる。以上の計算の結果，A案よりもB案の方が4093円だけNPVが高いため，B案を採択すべきであるという判断になる。また，両案のNPVは0以上であるため，仮に両案に投資するだけの資金がある場合には，両案とも採択すべきとなる。

第4節　内部収益率法による投資案件の評価

1　内部収益率法とは

ある投資案件の評価をする際に，投資案件の**内部収益率**（internal rate of return：IRR）を算定し，IRRが資本コストを上回る場合あるいはIRRがより大きい案件を投資すべき案件とし，反対にIRRが資本コストを下回る場合には投資すべきではないとする評価方法を「**内部収益率法**」という。ここでIRRとは，「投資案のキャッシュフローの現在価値を投資額の現在価値に等しくする（すなわちNPVをゼロにする）割引率」（齋藤・阿部，2017，170頁）のことである。つまりIRRは，複利計算に基づく投資案件自体の収益率（利回り）を意味しており，t期のキャッシュフローをCtとした場合に，以下の方程式におけるIRRを求めることによって算定される。

$$NPV = C_0 + C_1/(1+IRR) + C_2/(1+IRR)^2 + \cdots + C_t/(1+IRR)^t = 0 \quad \cdots (3)$$

内部収益率法は，投資案件自体の収益率であるIRRが，最低限度の目標利益率である資本コストを上回るか否かによって投資の判断を行う方法である。この方法では，投資案件の収益性を利益率(比率)に評価することができる。以下では，2つの投資案件についての数値例を用いて内部収益率法を確認する。

2 内部収益率法の数値例

第3節 2 において提案された2つの投資案件（A案とB案）について，同様の計算条件のもとで内部収益率法による評価によって判断する。まず，A案のIRRを算定するために，第3節 2 における資料を参考に必要な数値を(3)式に代入すると以下のようになる。

$$\triangle 8万円 + 4万円/(1+IRR) + 4万円/(1+IRR)^2 + 4万円/(1+IRR)^3 = 0$$

上記の式からIRRを算定するのは容易ではないため，適当な割引率を代入して計算を繰返し，NPVがゼロとなる割引率を探し当てる（**試行錯誤法**）か，Excelなどの表計算ソフトを用いてIRRを求める。ここでは，Excelの**IRR関数**を用いてIRRを算定することとする。計算の結果，A案のIRRはおよそ23.4%となった。

同様に，B案のIRRを算定するために，第3節 2 における資料を参考に必要な数値を(3)式に代入すると以下のようになる。

$$\triangle 13万円 + 4万円/(1+IRR) + 6万円/(1+IRR)^2 + 9万円/(1+IRR)^3 = 0$$

B案のIRRもExcelのIRR関数を用いて算定すると，およそ18.7%となった。以上の計算の結果，A案とB案は共に資本コスト10%を上回っており，仮に両案に投資するだけの資金がある場合には，両案とも採択すべきとなる。しかし，いずれか一方のみを選択しなければならない場合，B案よりもA案の方が4.7%ほどIRRは高いため，A案を採択すべきであるという判断になる。

3 IRRのメリットとデメリット

NPVを計算する際には，あらかじめ割引率としての資本コストを算定し，その資本コストを用いて将来のキャッシュフローを割引いて現在価値を求める必要がある。一方のIRRは，NPVをゼロにする割引率であり，NPVの計算

表8-2　数値例におけるNPVとIRRの計算結果

	初期投資額	NPV	IRR
A案	80,000円	19,474円	23.4%
B案	130,000円	23,569円	18.7%

出所：筆者作成。

のように資本コストを事前に算定する必要はない。また，IRRは各投資案件の収益性を利益率(利回り)によって示すため，投資を効率性の観点から議論することができる。IRRにはこのようなメリットだけではなく，デメリットもある。

まず，IRRは収益性を利益率によって示すことから，投資規模を考慮していないというデメリットがある。第**3**節と第**4**節の数値例から算定したNPVとIRRの結果を並べてみるとわかるであろう。

表8-2を見てもわかるように，NPVによって比較するとB案の方が優れており，IRRによって比較するとA案の方が優れている。これは，投資案件としての効率性，つまりは同規模の投資額の場合に得られるNPVはA案の方が優れているが，実際の投資規模はB案の方が5万円も大きいため，結果として得られるNPVはB案の方が大きいことを意味している。コーポレートファイナンスの目的は，企業価値の最大化を図ることであった。企業価値の最大化を図るためには，利益率が高い投資案件ではなく，得られるNPVが大きい投資案件を選択すべきである。

またIRRは，将来得られるキャッシュフローの変動内容によって，複数のIRRが存在する場合や，解が存在しなくなる場合もある。IRRには，こうしたデメリットが存在している。

第5節　回収期間法による投資案件の評価

1　回収期間法とは

ある投資案件の評価をする際に，初期投資額を年々得られるキャッシュフローで回収するために要する期間を計算し，その回収期間が企業の設定する基準期間を下回る案件あるいは回収期間が最も短い案件を有利とする評価方法を「**回収期間法**」という。この方法は，資金の回収期間が短い案件ほど有利とする方法であるため，安全性を重視した方法である。

表８－３　Ａ案とＢ案の累積キャッシュフロー

（単位：円）

	０年	１年	２年	３年
Ａ案の年々キャッシュフロー	△80,000	40,000	40,000	40,000
Ａ案の累積キャッシュフロー	△80,000	△40,000	0	40,000
Ｂ案の年々キャッシュフロー	△130,000	40,000	60,000	90,000
Ｂ案の累積キャッシュフロー	△130,000	△90,000	△30,000	60,000

出所：筆者作成。

以下，２つの投資案件についての数値例を用いて回収期間法を確認する。

２　回収期間法の数値例

第３節２において提案された２つの投資案件（Ａ案とＢ案）について，同様の計算条件のもとで回収期間法による評価によって判断する。第３節２における資料を参考に，両案の年々のキャッシュフローと累積キャッシュフローを示すと**表８－３**のようになる。

累積キャッシュフローがゼロとなった時点が，回収時点である。表８－３より，Ａ案はちょうど２年で初期投資額を回収できることがわかる。一方のＢ案は，２年後の時点で残り３万円を回収しなければならない。３年目に回収できるキャッシュフローは９万円であり，これを３年目の期間において均等に回収できると仮定すると，残り３万円を回収するまでにはおよそ0.33年（３万円／９万円）かかる。したがって，Ｂ案の初期投資額を回収するためには，2.33年が必要となる。両案の資金回収の流れ（表８－３）を図示すると，**図８－７**のようになる。

図８－７における丸の時点が初期投資額の回収時点を示している。上記の計算結果から，Ａ案の回収期間は２年，そしてＢ案の回収期間は2.33年であることから，Ｂ案よりもＡ案の方が0.33年だけ早く資金を回収できるため，Ａ案を採択すべきであるという判断になる。

３　回収期間法の問題点

まず，回収期間法ではキャッシュフローの時間価値を考慮していない。回収期間法は，安全性を重視し，とにかく初期投資額だけでも早く回収できる案件

図８－７　Ａ案とＢ案の資金回収の流れ

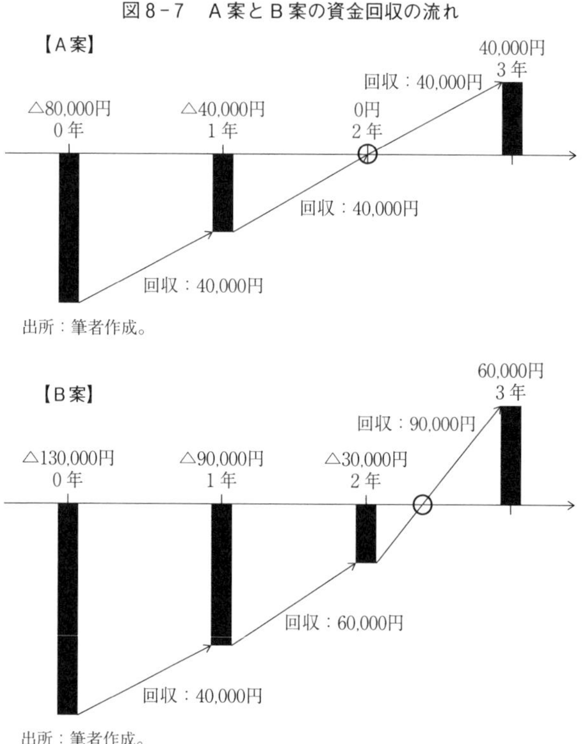

出所：筆者作成。

出所：筆者作成。

を優先する評価方法である。そのため，時間価値を考慮して現在価値に割引くことはせず，現時点の初期投資額と将来回収できるキャッシュフローを同じ価値として扱い，名目的に初期投資額を回収できれば良いとする。これは，ファイナンスにおいて重要な時間価値という考えを無視している[7]。

さらに，回収期間法では初期投資額を回収して以降のキャッシュフローについて考慮していない。これにより，回収期間後に大きなキャッシュフローが得られる予想となっていたとしても，回収期間法では切り捨てられる可能性が生じる。上記の数値例においても，Ａ案であれば２年後以降，そしてＢ案であれば2.33年以降に得られるキャッシュフローについては無視されている。実際

▶７　時間価値を考慮して回収期間を算定する方法（割引回収期間法）もある。

に，投資期間全体のNPVは，A案が1万9474円，そしてB案が2万3569円であり，B案の方が企業価値の向上に寄与するものと考えられる。このように，回収期間法は安全性を重視する一方で，投資期間全体の収益性については考慮していない。

設　問

1．本章の数値例におけるA案について，年々得られるキャッシュフローが毎期3万円に修正された場合，NPV，IRR，そして回収期間のそれぞれを算定してみよう。なお，その他の計算条件に変更はないものとします。
2．本章の第5節で説明した回収期間法はいくつかの問題点をかかえていますが，日本では多くの企業が採用しています。なぜ回収期間法が採用されるのか調べてみよう。

推薦図書

石野雄一，2005，『道具としてのファイナンス』日本実業出版社

Excelを用いた計算例を多く含み，実務におけるファイナンスの適用例について学べる1冊である。

田中慎一・保田隆明，2013，『あわせて学ぶ 会計＆ファイナンス入門講座』ダイヤモンド社

学生からビジネスパーソンを対象として，会計とファイナンスのつながりが理解できるように解説された入門書である。

中井透・諏澤吉彦・石光光，2021，『はじめて学ぶ会計・ファイナンス』中央経済社

カフェを起業するというストーリーに沿って，会計やファイナンスの基本的な考え方を学ぶことができる入門書である。

引用参考文献

齋藤正章・阿部圭司，2017，『改訂版ファイナンス入門』放送大学教育振興会。
田中慎一・保田隆明，2013，『あわせて学ぶ 会計＆ファイナンス入門講座』ダイヤモンド社。

（伊藤正隆）

第9章　ものづくりの競争力を高める
——生産マネジメント——

本章では，企業が製品を生産する活動を，競争力の視点から学びます。具体的には，主に企業の生産現場である工場において，部品，設備，労働力をうまく利用し，より価値の高い製品に変換するプロセスをマネジメントすることについて説明します。生産マネジメントの競争力は，品質，コスト（製造原価），納期の面から分析でき，本章では，これらの管理について説明した上で，実際には，これらの競争力要素が複雑に絡んでいることが課題になっていることを明らかにします。

Keywords▶生産，生産プロセス，品質管理，コスト管理，納期管理

第1節　生産活動とは

1　生産マネジメントは変換プロセスのマネジメント

私たちの日常生活は，様々な製品で成り立っている。スマホ，パソコン，服，自転車，自動車など，ほぼすべての製品は企業によってつくられる。製品に付いてある企業名も見れば，その製品を誰がつくったのかがわかる。むしろ，企業以外のところでつくられた製品を探す方が難しい。製品のほとんどは，企業の生産現場である工場で生産される。工場は，国内だけでなく，海外にある場合もあれば，大きな工場だけでなく，町工場のように小規模なところもある。工場の位置と規模と関係なく，企業の生産活動は，本質的に，工場においてインプットをアウトプットに変換する活動（図9-1）であり，生産マネジメントとは，その変換プロセスをマネジメントすることである。

生産活動のために必要なインプットを**生産資源**あるいは**生産要素**という。生産資源には，①部品，②設備，③労働力がある。「部品」は，製品をつくるた

図9－1　生産活動は変換する活動

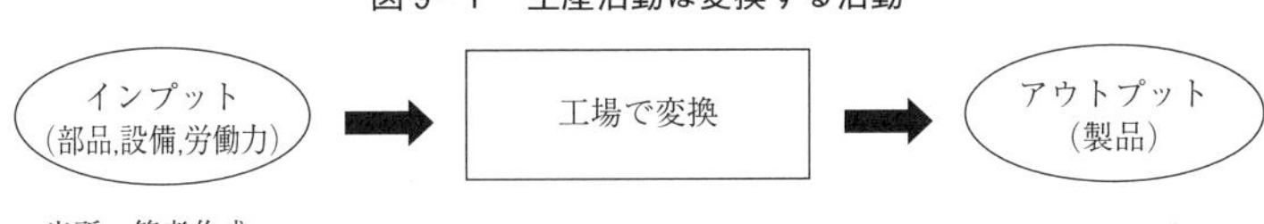

出所：筆者作成。

めに必要な原材料であり，例えば，乗用車1台をつくるためには，ボルト，ナットから数えて約3万点の部品が必要となる。次に，「設備」は，製品をつくるために利用する機械類を意味する。工場に設置されている工作機械，ロボットアームなどが典型的な例である。最後に，「労働力」は，工場で働く作業者の力のことを意味し，その人がもつ作業に関連する知識，ノウハウも含む[▶1]。

2　生産活動と関連する活動

本章では，企業の生産活動とそのマネジメントに注目するが，視点を少しズームアウトして，生産活動を，関連活動の流れからみれば，変換プロセスがより明確に見えるようになる。**図9－2**が示しているように，製品を大量生産するためには，いくつかの事前準備が必要である。

まずは，市場にどれぐらいの需要があるのかを調べて，その製品の開発と生産に進むべきなのかを検討することから始まる。その需要予測の結果を踏まえて，開発と生産が決まり，新しい工場を立ち上げる際，工場の立地と最大生産能力であるキャパシティーを計画する。次に，その計画に基づいて，実際に工場を建設し，生産資源を用意する。最後に，設備単体の試運転から，設備間，工場間のつながりまでを最終チェックして，大量生産に進む。このように，企業の生産活動は，一連の流れをマネジメントする活動であるため，流れの視点からアプローチする必要がある。

企業の生産活動と関連する流れには大きく2つがある。**エンジニアリング・**

▶1　これらの生産資源を3Mとも呼ぶ。順番は入れ替わることはあるが，本文の順番でいうと，Material（部品あるいは原材料），Machine（設備あるいは機械），Man（労働力）の頭文字を意味する。他にも，5M（3M＋作業方法〔Method〕，計測〔Measurement〕），7M（5M＋市場〔Market〕，資金〔Money〕）まで追加する場合もあるが，ここでは3Mをつかうことにする。

図９－２　生産に至るまでの活動

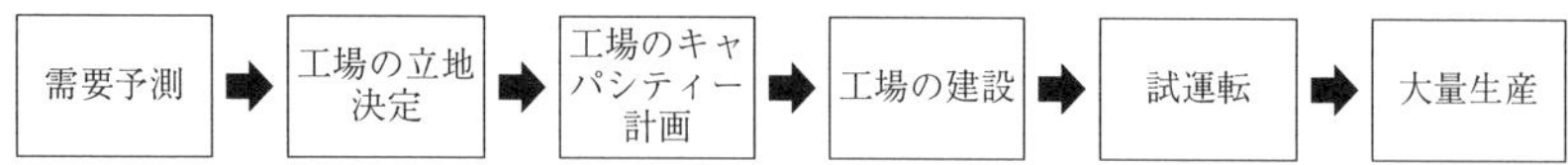

出所：筆者作成。

図９－３　エンジニアリング・チェーンとサプライ・チェーン

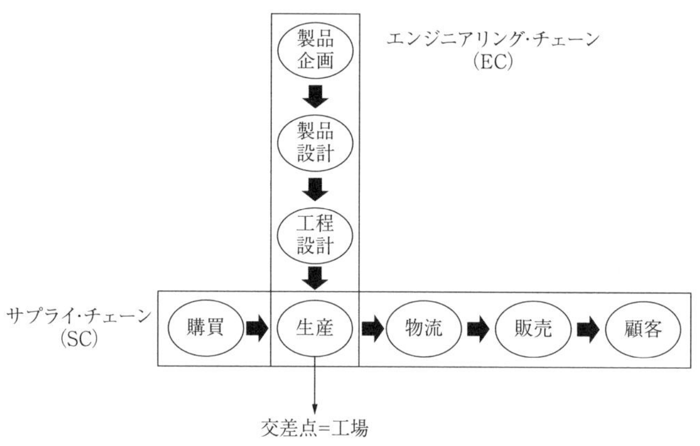

出所：筆者作成。

チェーン（EC）と**サプライ・チェーン**（SC）である。ECとは，製品のコンセプトをつくる製品企画，製品設計，工程設計，生産に至る流れである。一方，SCとは，原材料の調達から顧客への納品までの供給の連鎖を意味する。SCには，複数企業が参加することが多く，サプライヤー，メーカー，物流企業，卸売企業，小売企業，最終的に顧客の手に届くまでの流れである。機能で言い換えれば，購買，生産，物流，販売，最後に，メンテナンスなどのサービスの流れになる。そして，ECとSCの交差点が，生産を担当する工場である（図９－３）。

以下では，工場に焦点を当てながら，生産マネジメントの競争力について説明する。

第２節　製品と工程

生産マネジメントでは，**製品**（product）と**工程**（process）を主な分析対象とする。製品は，生産資源（部品，設備，労働力）を変換して生まれる有形の材であり，主に企業の研究開発（Research and Development：R & D）センターで開発される。[▶2]研究開発を担当する部門は，最終的に製品の設計図を完成するために，製図（図面作成），試作品の製作，実験のサイクルを繰り返す（製品開発については次の第10章を参照）。

一方，工程は生産プロセスを意味し，製品をつくるための一連の流れである。製品をつくるために作業の順番を決め，作業者が設備を利用してつくる。電車がダイヤに従って，順に駅に停車しながら終点に向かうこと似ている。

1　加工経路：単線型，分解型，ヒエラルキー型

例えば，自動車に使われる鉄をつくるための生産プロセスは，以下の通りである。[▶3]まずは，原材料の鉄鉱石と石炭を調達し，大型設備の溶鉱炉（高炉）に入れ，作業者のオペレーターが操作しながら，約1500度の高温で鉄鉱石を溶かして銑鉄をつくる。銑鉄には不純物が含まれて脆いため，そのまま製品として使えない。したがって，銑鉄を転炉に入れて，オペレーターが不純物を取り除き，高純度の鋼に変換する。次に，まだ液体状態の鋼を，連続鋳造機に投入し，徐々に板の形に変えていく。最後に，その板を圧延機に投入して，長く薄く伸ばし，コイルの形状に仕上げる。**図９－４**では，原料から製品までの流れを単純化して直線で表しているが，実際には，より複雑な流れになっている。

ボルト，ナットなどの単体部品は，**単線型加工経路**で，一本の連鎖になっている場合が多い。そのほかに，原料から製品までの流れの途中から複数の経路に分かれていく場合と，複数の経路から加工が進み，後ほど合流する形で完成品になる場合もある。前者を**分解型加工経路**と呼び，後者を**ヒエラルキー型加工経路**と呼ぶ。

実際には，上述した鉄鋼製品も，分解型加工経路になっており，２番目の工

▶２　製品（product）については，マーケティング論でも，マーケティング・ミックスの４P（Product, Price, Promotion, Place）を中心に分析している。生産マネジメントを変換プロセスとして捉える場合，アウトプットとして無形のサービスを含めることも可能である。

▶３　より詳しい内容は，日本製鉄とJFEスチールのホームページの動画を参照されたい。

図9－4　製鉄プロセス

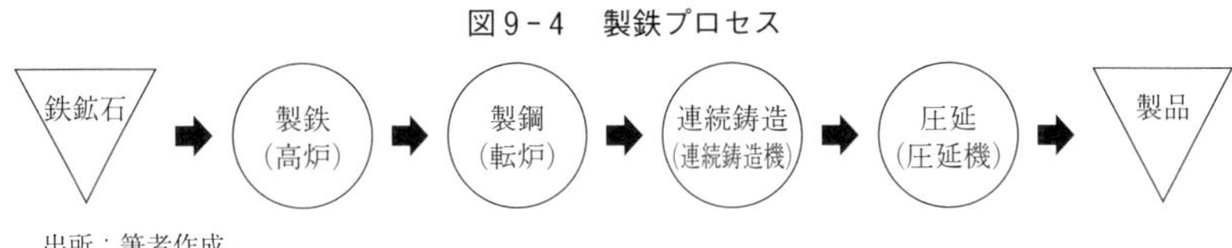

出所：筆者作成。

程の製鋼工程から鋼の成分が決まり，様々な製品に分かれていく。同様に，石油精製製品，化学製品，ガラス製品など，装置系産業の製品では，分解型加工経路がよく観察される。一方，部品を順番に組み立てて完成品をつくる組立産業の場合には，ヒエラルキー型の加工経路が採用される場合が多い。例えば，自動車，スマホ，スマートウォッチ，パソコン，ゲーム機などが，ヒエラルキー型の加工経路でつくられる。

2　工程レイアウト

生産プロセスにおいて，加工の順番を決める加工経路が決まったら，次に注目するのは，工場内部での作業と機械の並べ方である。**工程レイアウト**とは，作業と機械の物理的な配置のことを意味し，このレイアウトに沿って，モノが流れていく。言い換えれば，モノの流し方を工夫することである。

工場以外の現場でも，レイアウトは重要である。例えば，家具や生活雑貨を販売するイケアのストアで店内を見回るとき，そのレイアウトも設計されたものである。イケアは，顧客の動線を工夫することで，少しでも多くの商品に顧客が触れ，まとめ買いができるように設計している。この場合，流れているのは，モノではなく顧客になることが工程レイアウトとは異なる点である。

工程レイアウトは，生産量と密接に関連する。生産量が少ない場合には，工場内に機械を並べ，作業者が加工物を持って複数の機械を巡回しながら作業をすれば特に問題はない。この工程レイアウトを**万能型レイアウト**と呼ぶ。柔軟性は高いが大量生産には向いていない。需要が増え，生産量も増やすためには，同機能の機械を複数配置する。その際，同機能の機械をグルーピングして配置するレイアウトが**機能別レイアウト**である。さらに製品ごとに大量生産するためには，製品別に機械を配置する**製品別レイアウト**が必要となる。このように，工程レイアウトは生産量によって変わっていく。以下では，生産量だけでなく，製品の種類(品種)も考慮して，製品と工程との対応関係について考える。

3 製品工程マトリックス

製品工程マトリックス（Product Process Matrix）は，①製品の生産量，②製品のカスタマイゼーション，③工程の特徴を考慮して，製品と工程との対応関係を示すマトリックスである（図9-5）。

マトリックスの横軸は，製品の生産量と顧客のニーズに合わせて製品をつくるカスタマイゼーションの程度を表している。[▶4] ①顧客ニーズに合わせた少量生産，②複数製品を少量・中量生産，③いくつかの主要製品に絞った中量・大量生産，④標準製品の大量生産の順に生産量は増えていくが，顧客ニーズへのカスタマイゼーションの程度は薄くなっていく。

一方，縦軸は工程の特徴を示している。①カスタマイズされた柔軟な生産，②多少の反復作業を離れた機械を移動しながら生産，③連鎖する工程での高度の反復生産，④連続生産，の順に多様性は低減するが，連続性は高まっていく。

製品工程マトリックスでは，製品と工程との対応関係を示している。具体的には，横軸と縦軸には適合領域が存在しており，製品と工程を効果的に対応させる形で4つの生産プロセスが選択できる。それは，ジョブ・プロセス，バッチ・プロセス，ライン・プロセス，連続フロープロセスである。

ジョブ・プロセス（Job Process）は，顧客の注文に合わせて，多様な製品を柔軟に生産できるプロセスである。[▶5] ジョブ・プロセスのメリットは，顧客の注文を，1つの作業単位，つまり1つのジョブとして捉え，作業者が作業内容を柔軟に変えながら作業できる点である。一般的に，ジョブ・プロセスでは，顧客から注文を受けてから生産を開始する。例えば，顧客の注文内容（形，サイズ，成分）に合わせてつくる金属の鋳造品が挙げられる。

バッチ・プロセス（Batch Process）は，ロット生産とも呼ばれ，まとめて生産するプロセスである。ジョブ・プロセスに比べて，類似した製品を繰り返し

▶4　1つの軸に，生産量とカスタマイゼーションを同時に考慮していることについての批判もある。

▶5　このプロセスは，先述した機能別レイアウトに近い。

図9－5　製品工程マトリックス

製品の標準化，生産量の増加 →

多様性の減少，生産プロセスの連続化 ↓

	①顧客ニーズごとに合わせた少量生産	②複数の製品を少量・中量生産	③いくつかの主要製品に絞った中量・大量生産	④標準製品の大量生産
①カスタマイズされた柔軟な生産	ジョブ・プロセス			
②多少の反復作業を，離れた機械を移動しながら生産		バッチ・プロセス		
③連鎖する工程での高度の繰り返し生産			ライン・プロセス	
④連続生産				連続フロープロセス

出所：Hayes and Wheelwright（1984），藤本（2001），Krajewski, Malhotra and Ritzman（2016）を参考に筆者作成。

て生産する。例えば，電子部品，ワクチンなどがある。

ライン・プロセス（Line Process）は，“1個流し”とも呼ばれ，いくつかの製品に絞って連鎖する工程で繰り返して生産するプロセスである。例えば，自動車を生産する工場で，自動車が1台ずつ，ベルトコンベアで流れていくプロセスである。自動車工場では，同じベルトコンベア上を複数のモデルが流れる，いわゆる混流生産が行われる。

連続フロープロセス（Continuous Flow Process）は，標準化された製品を連続的に生産するプロセスである。鉄鋼産業，化学産業，石油精製産業，ガラス産業の生産プロセスでは，連続で製品を生産している。連続フロープロセスは，連続で，よどみなく，モノを大量に生産できるメリットがある。

第3節　生産マネジメントの競争力

変換システムである工場の競争力はどこにあるのか。文字通り，競争力も，「力」の概念である以上，高低の記述が必要となる。生産マネジメントの競争力を一言で定義することは難しいが，ここでは，品質（Quality），コスト

(Cost)，納期（Delivery あるいは Time）の３つの側面から，生産マネジメントの競争力を考える。

工場では，高い品質の製品を，なるべく安いコストで，早く生産して顧客の手に届けることをめざして日々取り組んでいる。実際の生産現場において，これらの要素は独立して動くことではなく，連動することが多いため，生産マネジメントの担当者は，戦略と方針を決めて管理する。

1　品質管理（Quality Management）：高品質の製品をつくる

皆さんは，日本製の製品を手に取ったとき，何を感じるだろうか。高品質，安心感，信頼感など，様々な感じ方があるだろう。中でも高い品質は，日本製の製品を代表する特徴でもある。工場では，生産資源を高い品質の製品に変換するために，日々取り組んでいる。顧客が高い品質の製品に対して抱く満足感が様々であることと同様に，製品品質の概念も多義的で，一言で定義することは容易ではない。以下では，製品の品質がどこで決まるかについて説明したうえで，品質管理の諸手法について紹介する。

(1)設計品質と製造品質

製品の品質は，設計段階の品質と製造段階の品質に大きく分けて考えられる。設計品質，製造品質を合わせて**総合品質**と呼ぶ。**設計品質**は，主に研究開発センターで製品を開発する段階での品質を意味し，簡単にいえば，図面の品質である。図面品質に問題がある場合，工場でいくら正確に図面通りつくっても不良品ができることになる。一方，**製造品質**[▶6]は，工場での品質を意味し，設計図面を正確に再現することである。一般的に不良品といえば，工場での不良品を考えることが多いが，設計段階での品質問題も含めて考える必要がある。

重要なことは，総合品質を最終的に判断する主体は，企業側ではなく，その製品のユーザーである顧客ということである。その意味で，品質は，製品に対する顧客の期待水準を満たす，あるいは超える企業の能力として理解できる。

(2)不良と品質コスト

不良（failure, defects）とは，製品が規格・仕様・図面などの要件から乖離し

▶6　適合品質ともいう。図面通りに製造しているかをみる。

ていることを意味する（藤本，2001）。企業は製品の規格･仕様を顧客に提示し，顧客はそれを参考に購入する。いわば，顧客との約束である。例えば，スマホ用のモバイルバッテリーを購入したとき，バッテリーの容量，急速充電時間が，企業の提示と異なる（乖離する）場合，顧客は不良品として認識する。

不良には，**内部不良**と**外部不良**[▶7]がある。この２つの不良を分ける境界線は，製品の出荷である。製品が出荷される前に，工場での検査で不良がみつかった場合，内部不良という。これに対して，工場から出荷され，顧客が使い始めてから不良がみつかった場合には，外部不良という。いずれの場合にも，不良に対応するには余分のコストがかかる。特に，外部不良がみつかった場合，企業のイメージにも大きな打撃を与えかねない[▶8]。

品質に関係するコストには，大きく，内部不良対応コスト，外部不良対応コスト，予防コスト，検査コストがある。**内部不良対応コスト**は，工場の中でみつかった不良品を対象に，手直しをしたり，スクラップ処理したり，製品設計そのものを変更することにかかるコストである。外部不良対応コストは，返品による再納品，修理，顧客のクレームへの対応にかかるコストである。広く捉えれば，企業イメージの毀損（きそん）も含めて考えられる。

予防コストは，不良が発生することを未然に防ぐためにかけるコストのことであり，生産プロセスを変更したり，製品そのものの設計を変更することでつくりやすくしたり，品質向上のために作業者を訓練することにかけるコストのことを意味する。

最後に，**検査コスト**は，工場内で製品の検査にかけるコストである。具体的には，受入検査，工程内検査，最終検査にかかるコストである。つまり，検査そのものにもコストがかかるため，検査の頻度も考慮する必要がある[▶9]。

(3)公　差

品質管理の現場では，様々な品質のデータをモニタリングしながら製品をつ

▶7　フィールド不良ともいう。

▶8　例えば，自動車メーカーは，設計品質，製造品質で問題がみつかった場合，迅速にリコール（回収と修理）を実施することで対応し，企業イメージへの打撃を最少化しようとする。

▶9　検査を全く行わない無検査も考えられるが，リスクが大きい。

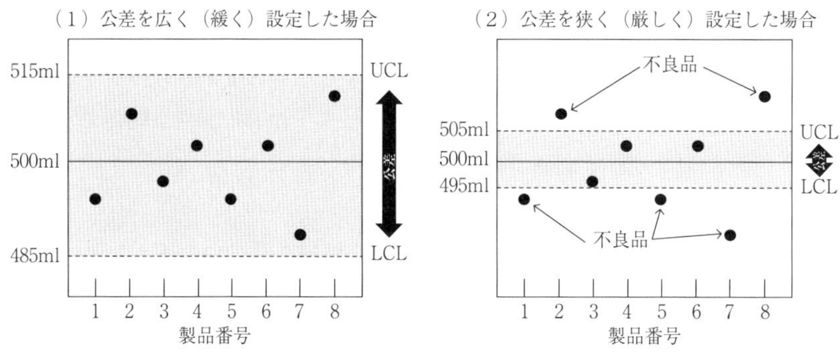

出所：筆者作成。

くっている。最近は，ICT技術の発展とともに，工場に大量のセンサーが導入されている。ビッグデータをリアルタイムで集計している今日の工場では，グラフ，チャートなどで品質に関連するデータを常にチェックしている。データそのものは，自動的に集計されても，品質管理のための重要な意思決定は，人間の判断で行われる。

データに基づいて決める管理項目の1つが，公差（tolerance）である。公差とは，品質管理のための1つの基準であり，企業があらかじめ決めておく，製品の機能上許容しうる最大寸法と最小寸法の差である（並木・遠藤，1989）。つまり，公差は，範囲の概念であり，公差から離れると不良品とみなす。公差の範囲を狭く（厳しく）設定するか，広く（緩く）設定するかによって，上述した内部不良対応コストも変わる。

図9－6は，品質値を時系列に見せてくれる管理図（control chart）の例示である。例えば，500ml容量の缶飲料を生産する工場を想定する。この工場では，公差の上限（Upper Control Limit：UCL）を515mlと設定し，下限（Lower Control Limit：LCL）を485mlと設定したとする。理想的には，500mlぴったりの容量であればいいが，どうしてもバラツキが発生しており，±15mlを許容範囲として設定している。実際に，生産される缶飲料の容量を検査機器で測定した結果，図9－6の左（広い公差設定）のような結果が観察された場合，すべての測定値が公差内に収まっているので不良品はない。一方，右（狭い公差設

定）のように，上限を505ml，下限を495ml，つまり500ml ± 5 mlと，公差を狭く（厳しく）設定した場合，公差の範囲外の製品は不良品扱いとなる。▶10

公差の設定が必要な背景には，機械で作業をしても作業結果にバラツキが存在することがある。作業のバラツキを少なくし，工程の均質性を確保するためには，工程能力▶11を上げる必要がある。

2 コスト管理（Cost Management）：製品を安くつくる

工場の生産マネジメントにおいて，もう１つの競争力は，製品を安くつくることである。コストは，製造原価（製品原価）を意味し，同じ製品を生産するのであれば，他社より安くつくったほうが，高い競争力をもっていると評価できる。コストをいくら下げても，顧客が満足できる製品が提供できないと意味がない。企業は，生産資源，中でも原材料を安く調達したり，現在の生産プロセスを見直したりして，コストを改善して（下げて）いく。コスト改善に関連する活動は，日々，積み重ねの努力が重要となる。ここでは，生産活動と関連するコストの種類について説明したうえで，コストと生産性向上を一緒に考慮する必要性について紹介する。

(1)コストの種類

製造原価は，大きく４つの費目（直接材料費，直接労務費，直接経費，製造間接費）で構成される。コスト管理は，これらの製造原価を計算し，長期的には削減していく活動である。**直接材料費**は，原材料，部品の調達にかかる費用であり，**直接労務費**は，生産活動に直接関わる作業者に支払う人件費を指す。**直接経費**は，外の業者に製品あるいはその一部をつくってもらう際に支払う外注加工費などを意味する。最後に，**製造間接費**は，生産活動そのものには直接関係しない費用のことで，例えば，工場の光熱費，賃料，消耗品の費用，機械類の減価償却費などである。間接費の計算と配賦は，重要課題として認識され，原価計算および管理の分野では，この間接費の処理について長らく議論してきた。

▶10　多い容量は顧客にはうれしいことかもしれないが，品質管理の面からは不良である。

▶11　工程能力（process capability）は，数量的なキャパシティーのことではなく，工程の均一性のことである。品質測定値のばらつきが少ないことは，高い工程能力につながる。

コスト管理では，標準原価（Standard Cost）を算出して管理する。製品を大量に生産する工場で，生産活動の結果，製品１個当たりにいくらのコストをかけたのか，そしてそのコストは高いか，安いかを判断するためには，基準となる原価が必要であり，それが**標準原価**である。しかし，標準原価の計算は簡単ではなく，標準的な動作とそれにかかる標準時間を定めて計算する必要がある。[▶12]工場では，あらかじめ設定した標準原価と，実際の原価を比較し，標準原価から乖離が発生した場合には，その差分の原因を調べて標準原価に近づけるように努力する。そして長期的には，コストを下げる方向で改善していく。

このように生産現場におけるコスト管理は，標準原価を決めるまでの①原価企画活動と，標準原価を維持する②原価維持活動，そして長期的には標準原価そのものを改訂する③原価改善活動の流れになっている。

しかし，原価改善活動を続けても，他社との厳しいコスト競争で負けてしまう場合もある。例えば，日本の工場と中国の工場を比較してみよう。日本でものづくりをする場合，賃金，原材料の調達費用は中国より高い傾向がある。製造間接費の光熱費，賃料も安くない。トータルで比較すれば，製造原価はどうしても中国より高くなってしまう。だからといって日本でのものづくりが不利になるかというと必ずしもそうではない。生産性向上で対応できるからである。

⑵生産性向上

生産性（productivity）とは，インプット（投入）とアウトプット（産出）の比率である。他の条件が一定であれば，少ないインプットで，多くのアウトプットが得られた場合，その逆の場合と比べ，生産性が高いと評価できる。

生産性はインプットとアウトプットの比率の概念であるため，企業レベル，工場レベルはもちろん，作業者レベルでも使える概念である。さらに，製造業，サービス業など，業種ごとの測定も可能である。

日本の工場は高い生産性で知られている。高水準の賃金，調達費用，製造間接費にもかかわらず，日本の工場が新興国の工場に比べて競争力をもつ背景には，生産現場における生産性向上のための絶え間ない努力があるからだ。その

▶12　この分野に関連する詳細内容は，加登豊・山本浩二，2012，『原価計算の知識〈第２版〉』（日経文庫）を参照されたい。

代表例として，トヨタ自動車の“正味作業時間比率”がある。

トヨタ自動車は，正味作業時間を，付加価値を生む時間として強調している。同社の本業は車づくりである。いうまでもなく，例えば，クロネコヤマトの宅急便サービスとは，作業内容が異なる。つまり，トヨタとしては，モノを運ぶ作業自体は，厳密にいえば，まだ付加価値を生んでいない。もちろん，トヨタの工場でもモノを運ぶ作業は欠かさないが，付加価値は，業種によって視点が変わることに注意が必要である。

自動車生産工場で働く作業者の１日を，まるごと動画で録画したとする。作業者は，様々な動きを見せながら車を生産する。そこで，付加価値を生んでいるかどうかの観点から観察すれば，作業者の動きを３つのカテゴリーに大別できる。それは，「**ムダ**」，「**付加価値のない作業**（不随作業）」，「**正味作業**」である。

「ムダ」は，価値とは無関係な動き[▶13]を意味し，手待ち，意味のない運搬がその例である。次に，「付加価値のない作業」は不随作業とも呼ばれ，作業を進めるためには必要ではあるものの，自動車づくりの価値は生んでいない動きを意味する。例えば，部品を取りに行って部品選別の後，戻ってくる動きである。最後に，「正味作業」は，自動車づくりをしている正味の作業のことを意味し，部品を取り付ける作業がそれに当たる。

トヨタの**正味作業時間比率**は，作業者の全体の作業時間の中で，正味作業時間が占める比率を意味する。正味作業時間の比率が高ければ高いほど，生産性も高くなる。ムダを徹底的に排除することと同時に，不随作業の在り方を見直して，付加価値のない作業も減らしていく必要がある。例えば，部品を取り付ける作業を担当する作業者がいちいち部品を取りに行ったり来たりしないように，あらかじめ部品をセットで用意して自動車が流れるベルトコンベアの隣に一緒に流れるようにすれば，部品選別の時間も含めて省略できる[▶14]。

▶13　トヨタ生産方式を確立した主役の一人である大野耐一は，ムダを７つの種類に分類している。７つのムダは，「つくりすぎのムダ」「手待ちのムダ」「運搬のムダ」「加工そのもののムダ」「在庫のムダ」「動作のムダ」「不良を作るムダ」である。

▶14　実際に，自動車メーカーの生産現場では，生産する自動車の順番に合わせて，あらかじめ部品を用意しておく。これをSPS（Set Parts Supply）と呼ぶ。

▶▶ column 8 ◀◀

部品の互換性と大量生産

生産マネジメントの歴史は，大量生産（Mass Production）のための取組みの歴史から始まったといっても過言ではない。世界でいち早く大量生産をめざした19世紀のアメリカでは，特に部品間の互換性を実現するために取り組んでいたが，部品互換性はなかなか達成できない課題だった。

部品間で互換できることは，複数製品のモデル間，または新旧モデル間の部品を共通化できることを意味し，それによって部品そのものの大量生産もできる。例えば，工作機械で加工した複数の部品を組み付ける時に，調整なしでそのまま組み立てることができれば，その部品には互換性があるといえる。

真の部品互換性が実現されたのは20世紀に入ってからである。アメリカの自動車メーカー，フォード社は，部品互換性を実現し，自動車の大量生産の道を拓いた。T 型フォードは，1908～28年の20年間で累計1500万台販売された。そして部品の互換性が達成できた背景には，精度の高い機械（専用機）の導入があった。[*1]

大量生産の大きなメリットは，規模の経済性（Economies of Scale）である。**規模の経済性**は，簡単にいえば，生産量が増えることで製品１個当たりの平均コストが下がることである。[*2]

T 型フォードの生産コストも，生産性向上と大量販売の効果で大幅に下がった。その結果，販売価格も，1909年の約1000ドルから1925年には約300ドルにまで下がり，お金持ちの趣味だった自動車が，一般の人も乗れるようになったのである。

ただし，大量生産にはジレンマもある。量を増やすことと，顧客ごとの異なるニーズに合わせてカスタマイズすることの両立が難しいことである。T 型フォードの顧客たちは，今度は，カラーバリエーションなど，選べる車を求めることになった。

＊1　専用機の導入以外に，ベルトコンベアの導入，プレス工程の内製化がある。

＊2　規模の経済と類似した概念に‘範囲の経済（Economies of Scope）’もある。範囲の経済性は，例えば，複数の製品を別々に生産することより，合わせてつくったほうがコストもかからないことを意味する。設備の共有からくるメリットも挙げられる。

3　納期管理（Delivery Management, Time Management）

納期管理は，生産マネジメントを時間面から管理することを意味する。具体的には，顧客の注文を受けてから，製品を生産して，顧客に届けるまでにかかる時間を管理することである。製品が届くまで待つことに満足を感じる顧客はいない。納期管理の目的は納期短縮である。ここでは，納期短縮で競争力を高める方法について説明する。

皆さんは，アマゾンで買い物をして，翌日に商品が届くサービスを利用したことがあるだろう。また，宅配便のお届け時間を指定して，その時間に受け取ったことがあるだろう。このように，製品を速く届けること，製品を約束した時間通りに届けることは，生産マネジメントの重要な競争力要素である。

リードタイム（lead time）は，顧客の注文を受けて，顧客に製品を納品するまでにかかる時間である[▶15]。納期管理では，リードタイム短縮を主な目的とする。具体的には，①早く生産して納品する，あるいは，②顧客と約束した時間に合わせて納品することである。納期（delivery）には，注文から手に入るまでかかる時間を意味する“納入期間”と，手に入る時期を意味する“納入期日”の意味がある。前者がスピード重視とすれば，後者は予定通りの納品（on-time delivery）を重視しているといえる。重要なことは，納入期間であれ，納入期日であれ，納期は，顧客がどれだけ待ってくれるかによって決まるということである。それは製品によって異なることが多い。以下では，製品によって納期管理の手法が変わること，具体的には，異なる生産タイプについて説明する。

(1)見込み生産と受注生産

見込み生産（make-to-stock）とは，ある程度の需要を見込んであらかじめ生産しておく生産タイプである。この生産タイプは，店頭に在庫を置いて販売する日用品に適している。例えば，歯ブラシを買いにドラッグストアに行ったとしよう。探していた歯ブラシがたまたま品切れになっていることがわかったときに，在庫が再補充されるまで待ってくれる顧客は少ないだろう。他のドラッグストア，スーパー，コンビニでも同じ歯ブラシがおいてあるからである。また，企業としても，顧客から注文を受けてからつくり始めると間に合わないので，先に在庫をつくっておく。日用品，衣服，家電製品，飲料，文具，インスタント食品など，店舗に在庫を陳列しておいて顧客に選んでもらう製品は，このタイプに適している。見込み生産の製品は，需要を見込んで先に生産されて

▶15　生産リードタイムともいう。また，広い意味でのリードタイムは，ある活動の開始と終了までの経過時間を意味する。

図9－7　見込み生産と受注生産

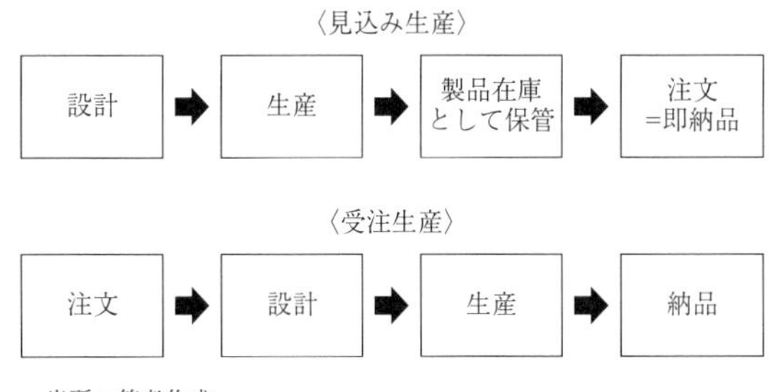

出所：筆者作成。

いる，注文と同時に即納品される。その意味で，納期と生産期間は連動しない。ただし，品切れになった場合には，販売機会の損失になる。また，どれぐらいの需要を見込むのかが難しい課題である。

方，**受注生産**（make-to-order）[▶16]は，注文を受けてからつくりはじめる方式である。つまり，顧客から注文がない限り，先に生産もしない。いわゆるオーダーメイドの製品が，この生産タイプに適している。例えば，オーダーメイド・スーツ，注文住宅，超高級スポーツカーなど，顧客のニーズにカスタマイズされた製品が，この生産タイプに適している。受注生産は，受注してから生産を開始するので，見込み生産とは異なり納期と生産期間が連動する。このような製品に対しては，顧客も納期のことをある程度理解して待ってくれることが多い。だが，企業は，製品を生産するための部品調達，そして設計をなるべく先に用意しておいて，そこから選んでもらうことで，納期を短縮しようとする。

図9－7が示している通り，見込み生産の場合，製品在庫をもって注文に対応できるため，納期短縮のためには，在庫管理が重要な管理項目となる。つまり，在庫管理が納期管理と直結していることがわかる。以下では，在庫の種類と在庫管理について説明する。

⑵在庫管理

在庫（inventory）は，市場の需要を満たすための製品ストックのことを意味する。在庫は，生産プロセスにおける完成度と機能によっていくつかの種類に

▶16　注文生産ともいう。

分けられる。まず，完成度からみれば，原材料（部品）在庫，中間製品（仕掛品）在庫，製品（完成品）在庫がある。図9-4の製鉄プロセスの例では，鉄鉱石が原材料在庫，銑鉄と鋼は中間製品在庫，完成したコイルは製品在庫になる。これらは，変換システムを通じて価値が高まっていく。また，自動車生産の例からみれば，鉄鋼メーカーが生産したコイルが原材料在庫となり，プレス機で形をつくれば中間製品の在庫となり，最後に車に完成され，製品在庫となる。この場合も，原材料在庫から製品在庫にいくほど，価値が高くなる。

一方，在庫がもつ機能に従って分類すれば，サイクル在庫，安全在庫，パイプライン在庫がある。**サイクル在庫**は，ロットサイズ在庫とも呼ばれ，まとめた量（ロット）を注文するから発生する在庫である。例えば，あるメーカーが部品メーカーに，部品をまとめて注文する。1週間で必要な部品の量は100個だが，メーカーは1カ月分の400個をまとめて発注した。この場合，サイクル在庫量は400個の半分の200個になる[▶17]。つまり，平均的に200個の在庫があるとの計算である。サイクル在庫は，ロットサイズの半分になることが知られている。

安全在庫は，バッファー在庫とも呼ばれ，需要，リードタイムの不確実性に対応するためにもつ在庫である。例えば，部品メーカーの都合で部品調達が難しくなった場合，生産に支障が発生する。それを防ぐために，余分の部品在庫をもつことで，不測の事態が生じた場合，生産に影響が少なくなる。販売店の場合には，余分の商品在庫をもつことで品切れを防ぐことができる。品切れは，販売機会損失につながるからである。しかし，安全在庫を過度にもつことは，在庫を管理するためのコストも伴うので，注意が必要である。

最後に，**パイプライン在庫**は，注文した製品が移動中で，まだ届いていない在庫を意味する。例えば，海外企業に発注した製品が，船で運ばれている場合，パイプライン在庫をもつことになる。パイプライン在庫という呼び方は，地理的に離れた地域と地域とをパイプでつなぎ，石油などを運ぶことから由来している。移動による在庫であるため，移動時間が長くなればなるほど，あるいは，注文量が多くなるほど，パイプライン在庫量は増える傾向がある。パイプライン在庫量を減らすためには，在庫の移動時間を短縮する必要がある。

▶17　この場合，使用によって部品在庫が減っていくスピードは一定していると仮定する。

▶▶ *column 9* ◀◀

生産方式

生産方式（Production System, Production Way）は，企業の生産現場が独自に発展させてきたモノの“つくり方”を意味する。一般的に生産方式は，大きくは，その企業のものづくりに対する思想，哲学から，細かくは，開発と生産現場における基本動作までを含む広い概念である。したがって，企業の生産方式を一言で説明することは簡単ではない。[*1]なぜなら，生産方式は複数の考え方や動作の束になっているからである。そして，同じ製品を生産する同業の企業であっても生産方式は異なる場合が多い。生産方式の中で，最も知られているのはトヨタ生産方式である。

トヨタ生産方式は，トヨタ自動車のクルマをつくる生産方式である。生産マネジメントの分野だけではなく，経営学全般にわたって紹介されることの多い，日本が誇る，世界に発信する知的財産でもある。海外では，TPS（Toyota Production System），リーン生産方式ともいわれ，研究されている。[*2]トヨタ生産方式の根底に流れているものは，徹底したムダの排除の思想である。この思想は，トヨタが自動車づくりを始める以前の，自動織機の生産から始まっている。[*3]トヨタ生産方式は，大きく2つの柱で成り立つ。1つは，「ジャスト・イン・タイム」と，もう1つは，「ニンベンのついた自動化」である。生産マネジメントとの関連性からいえば，前者は納期および在庫管理，後者は生産資源の設備(Machine)管理と関連する。

「ジャスト・イン・タイム」（JIT; Just-in-Time）は，「必要なものを，必要なときに，必要な量だけつくる」ことを意味し，部品在庫が減った分だけ部品を発注，補充して元の在庫量に戻す方式，いわゆる“後補充”を原則とする。そして，これを実現するための手段として，かんばんシステムを利用する。**かんばんシステム**は，トヨタ自動車の元副社長の大野耐一氏が構築してきた在庫管理仕組みである。

「ニンベンのついた自動化」，つまり“**自働化**”は，人間の活動や作業を機械や装置で置き換えるオートメーションとは違う概念であり，不具合検知に対する考え方である。自働化の基本は，機械の不具合を検知したら，ただちに機械を止めて，機械の自動修正ではなく，人間が改善することで，問題をより見えやすくすると同時に，改善のきっかけとして活用することである。

＊1　生産方式は1つのシステムであり，その企業独自のつくり方の総称である。

＊2　リーン（lean）は，“スリムな”という意味だが，ムダがないことを指す。欧米研究者たちが，日本の自動車づくりの特徴として取り上げる際に，リーンということばを選んだ。

＊3　自動織機と自動車との関係については，名古屋市にあるトヨタ産業技術記念館（https://www.tcmit.org/）への訪問をお勧めする。

4 品質管理，コスト管理，納期管理の相互作用

これまで，生産マネジメントの競争力として，品質，コスト，納期管理について説明した。理解のために，一つ一つの競争力を順に説明したが，実際の生産現場では，これらの競争力要素は独立して存在することではなく，互いに連動している。生産マネジメントの担当者は，個別要素の管理とともに，相互作用からくる課題を解決しなければならない。競争力の要素間にはトレードオフ関係も存在しているからである。以下では，２つの事例を取り上げながら，品質管理，コスト管理，納期管理の相互作用を説明する。

(1)日本製の製品：高品質，高コスト，長納期

自動車，鉄鋼製品，高機能性化学製品，精密機器など，日本製の製品は，高い品質で世界の顧客を魅了している。産業材だけではなく，一般消費者が日々使う製品の中にも，日本製の高い品質は“信頼の日本製”という宣伝文言とともに紹介されることが多い。日本製の製品の価格が多少高くても，品質のことを考えれば納得のいく選択肢だと考える顧客も少なくない。

高い品質の製品を生産するためには，それなりの時間と手間をかける必要がある。製品の細かいところまでを丁寧につくるために，熟練した作業者が，時間をかけてつくる。コストをかけずに，高品質の製品を速く生産することを難しくするのは，競争力要素間のトレードオフ関係にある。

この課題を解決するためには，コスト管理で紹介したように生産性をあげることが考えられる。また，納期を短縮するために，設計のパターンを絞るか，部品を早めに調達しておく方法も考えらえる。

(2)100円ショップ：そこそこの品質，低コスト，短納期

最近，100円ショップでモノを買ったことがない人がいないぐらい，100円シップは日常生活の中で重要な位置を占めるようになった。100円ショップがもつ最も大きな魅力はお値段にあることは当然だが，価格からみて，そこそこよい品質でつくられている点もあるだろう。製品をつくる企業も，コストをかけずに，短い納期で納品できる製品を大量生産することで，規模の経済性が享受できる。最初から販売価格が決まっているため，原価企画の段階では，必要な利益を差し引いて標準原価を設定し，その原価を維持するために取り組む。さらに，標準原価そのものを改訂するために改善活動を繰り返していく。

設　問

1．たこ焼きの生産タイプを，納期管理（見込み生産と受注生産）から考えてみましょう。また，製品工程マトリックスの生産プロセスはどのタイプなのか，その理由を整理してみましょう。

2．トヨタの正味作業時間比率の概念を援用して，大学生の学修を，正味時間，不随時間，ムダで分類してみましょう。

推薦図書

藤本隆宏，2004，『日本のもの造り哲学』日本経済新聞出版

日本のものづくりがもつ競争力を，海外のものづくりと比較説明している。特に，製品アーキテクチャという概念を分かりやすく紹介している。

大野耐一，2014，『トヨタ生産方式の原点』日本能率協会マネジメントセンター

トヨタ生産方式を確立させて主役の１人である大野氏が，トヨタ生産方式のことを丁寧に説明している。本書のDVDも大変貴重な資料である。

経済産業省・厚生労働省・文部科学省，2020，『ものづくり白書〈2020年版〉』日経印刷

日本のものづくりの最新動向を，事例を交えて紹介している。毎年発刊しており，ウェブでも無料で公開している。特に，2020年度版では製造業のデジタルトランスフォーメーション（DX）について説明している。

ジェームズ P. ウォマック・ダニエル T. ジョーンズ / ダニエル ルース／沢田博訳，1990，『リーン生産方式が，世界の自動車産業をこう変える。―最強の日本車メーカーを欧米が追い越す日』経済界

この本が経営学に与えたインパクトは計り知れない。日本と欧米の自動車づくりを，品質などの競争力の面から比較している。

引用参考文献

加登豊・山本浩二，2012，『原価計算の知識〈第２版〉』日本経済新報社。
並木高矣・遠藤健児，1989，『生産工学用語辞典』日刊工業新聞社。
藤本隆宏，2001，『生産マネジメント入門Ⅰ：生産システム編』日本経済新聞出版。
Hayes, R. & Wheelwright, S., 1984, *Restoring Our Competitive Edge*, John Wiley & Sons.
Krajewski, L., Malhotra, M and Ritzman, L., 2016, *Operations Management: Processes and Supply Chains*（*11th Edition*）, Pearson Education.

（辺　成祐）

第10章　新たな価値をいかにして創り出すのか
――イノベーション・製品開発――

企業が新しく製品·サービスをつくるための一連の活動は「イノベーション」や「製品開発」と呼ばれ，その巧拙が企業の長期的な成長や存続に大きな影響を与えます。製品開発に成功する企業の数は限られ，たとえ優れた製品を提供して顧客を獲得できたとしても，長続きすることは多くはありません。本章では，新たな価値を創り出す活動をうまくマネジメントする方法について，戦略と組織の両面から考えます。

Keywords▶イノベーション，技術開発，製品開発，製品アーキテクチャ，オープン・イノベーション，プロジェクト・マネジャー，資源動員の正当化

第1節　企業成長の原動力としてのイノベーション

1　新たな価値を創造する活動＝イノベーション

私たちは，新しい製品やサービスを日々利用して，便利で豊かな生活を送っている。古くは蒸気機関車や飛行機の登場により，高速に広く移動することが可能になり，近年ではスマートフォンなどのデジタル機器の登場により，日々の生活は飛躍的に便利になった。これらは，人々のたゆまぬ創意·くふうによって実現されたもの，すなわち**イノベーション**の成果である。シュンペーター[▶1]はイノベーションを経済発展の原動力であると考え，その対象として，①新しい

▶1　シュンペーター（Schumpeter, A. J.）はオーストリア・ハンガリー帝国生まれの経済学者，ボン大学教授やハーバード大学教授などを務めた。主な著書に，*Capitalism, Socialism, and Democracy*（1942），*History of Economic Analysis*（1954）などがある。

製品やサービスの創出，②新しい開発・生産・流通方法の創出，③新しい市場や流通チャネルの創出，④新しい部品や原材料の創出，⑤新しい組織の実現，を挙げた（Schumpeter, 1934）。イノベーションを主導する企業は，世の中の課題を解決し，高い利益を獲得し，新たな雇用を生み出すなどして社会に貢献する。

企業が新たな価値（財やサービス）を生み出すまでには，研究・技術開発，製品開発，生産，営業・販売，購買といった一連の活動をうまく行う必要がある。**研究・技術開発**とは，新製品を実現する上で重要な基盤技術や要素技術を生み出すための活動であり，**製品開発**とは，これらの技術を利用して顧客のニーズを満たす製品をつくりだすための設計，試作，実験などの活動である。なお，要素技術とは，製品を構成する部品および原材料に用いられる技術や，それらを生産するための技術である。本章では，新たな価値づくりの流れの中で，上流に位置する研究・技術開発と製品開発の２つに焦点を当て，これらをうまく行うために必要な基本的な考え方を学ぼう。

2　イノベーションの多様な源泉

⑴技術と市場の相互作用

企業は，世の中に存在している（今後生じるかもしれない），様々な課題・問題（＝**ニーズ**）を解決する手段（＝**技術**）を提供する主体として活躍している。イノベーションの引き金として，大きく「技術機会」と「市場機会」の２つがある。企業内で新技術が開発されて，それを製品化することにより，イノベーションが生じるという側面（技術機会）と，市場ニーズが先にあり，それを満たすために企業が技術・製品開発を行うという側面（市場機会）がある。前者では，技術的限界を突破したいという技術者の探求心や，新たな科学的原理への飽くなき好奇心などが，その原動力となる。一方，後者では，人口構成や所得水準の変化などといった市場における変化が，新技術・製品を誕生させることになる。さらに，政府による規制の変更が市場を変化させる場合もある。

しかし，実際には，技術とニーズのどちらか一方だけでイノベーションが実現することはほとんどなく，創意・くふうの過程を通じて，技術機会と市場機会に関する情報が相互に影響をあたえながら，次第にわかってくることが多い。例えば，健康に長生きしたいというニーズは，人間の誕生以来，未だ完全に満たされていないが，医療技術の進展により寿命が延びたことで，高齢者を対象とした介護サービスといった新たなニーズが生まれる。

(2)イノベーションを起こすのはだれか

イノベーションの担い手は，企業（メーカー）に限らない。フォン・ヒッペル[▶2]は，ユーザーのもつ専門知識がきわめて高い場合には，ユーザーがイノベーション活動の大部分を行う（**ユーザー・イノベーション**）ことを明らかにした（von Hippel, 1988）。メーカーによるイノベーションでは，ユーザーのニーズを認識し，それを満たすために必要な技術的な問題を解決し，試作品を作って検証して量産し販売するというプロセスをたどるが，これらすべての活動をメーカーが担当する。一方，ユーザー・イノベーションでは，ユーザーは，単にニーズに関する情報出しに限らず，製品開発上の技術的な問題も解決して試作品の作成・検証まで行う。イノベーションの実現に強い関心と知識をもっているユーザーは，リード・ユーザーと呼ばれる。特定の主体にイノベーションの起点を限定するのではなく，企業や大学，ユーザーコミュニティなどで生まれるイノベーションを有効に活用して，経済・社会・企業を成長させていく方法を探ることが重要となる。

3 イノベーションのダイナミズム

W. J. アバナシー[▶3]やJ. M. アッターバック[▶4]によって，産業の発展段階と，製品（生産技術）においてイノベーションが起きる頻度との関係が研究された（Abernathy, 1978; Utterback, 1994）。製品自体のイノベーション（**製品イノベーション**）と生産工程のイノベーション（**工程イノベーション**）の発生率は，産業の発展段階（流動期，移行期，固定期）とともにある一定のパターンを示すことが明

▶2　フォン・ヒッペル（von Hippel, E.）は，アメリカの経営学者，MIT教授。「情報の粘着性」や「ユーザー・イノベーション」の概念を提唱した。主な著書に，*Democratizing Innovation*（2005）や*Free Innovation*（2017）などがある。

▶3　アバナシー（Abernathy, W. J.）はアメリカの経営学者，ハーバード・ビジネススクール教授を務めた。自動車産業における実証研究を通じて，イノベーション論や生産管理論において重要な概念を提示し，その後のイノベーション研究に大きな影響を与えた。

▶4　アッターバック（Utterback, J. M.）はアメリカの経営学者，MIT教授。アバナシーとともに産業とイノベーションの発展や進化のパターンを明らかにし，Abernathy-Utterbackモデル（A-Uモデル）と呼ばれる。

らかにされた。まず，第１段階の「流動期」では，製品がそもそもどのようなものであるのかが決まっておらず，競合企業間で様々な製品デザインや機能・性能面での実験が行われる。同時に，当該製品のユーザーも，明確な評価基準をもっていないため，様々な基準を用いて製品の評価を行う。そのため，この時期では，製品イノベーションの発生率が最も高くなるが，生産技術に対してはあまり注意が払われないので，工程イノベーションの発生率は相対的に低い。

製品のコンセプトが企業と顧客の両方にとって明確になってくると，**ドミナント・デザイン**が形成され，製品イノベーションの発生率が低下し，代わって，工程イノベーションの発生率が上昇する「移行期」に突入する。この時期では，ある一定の決められた製品の機能をいかに効率よく実現するかが重要となるため，生産方法に関するイノベーションが盛んに行われる。ドミナント・デザインとは，たいていのユーザーの要求を満足させるのに最も適した形態であることが市場で証明された，あるいは，法的規制または調整によって認められた標準規格に合わせられた標準的なデザインのことである。さらに進んでいくと，製品と工程の両方のイノベーションの発生率が低下する「固定期」に移行する。この時期に至った産業では，コストや品質，生産量，生産性が重要視されるため，両イノベーションは漸進的なものになる。

アバナシーは，アメリカ自動車産業における技術革新と製品・工程の発展の詳細なパターンについて分析して，技術発展の結果，生産性は高くなるが，イノベーションが起こりにくくなる現象を発見し，それを「**生産性のジレンマ** (productivity dilemma)」と呼んだ（Abernathy, 1978）。固定期に向かうにしたがい，生産工程は特定の製品モデルに特化する。その結果，つくりかたに関する学習や改善も大幅に進むので生産性は高まるが，それと同時に製品設計の変化に対するフレキシビリティを失う。しかし，トヨタ自動車の「ジャスト・イン・タイム（Just In Time）方式[▶5]」など，1980年代以降に世界に台頭した生産システ

▶5　生産の各工程や顧客にとって「必要なものを，必要なときに，必要な量だけ」供給する生産方式のこと。これを実現にするためには，自社の工場内にとどまらず，部品や材料の供給会社をも巻き込んだ取組みが必要となる。このような無駄の少ない生産方式は，リーン生産方式（lean production system）とも呼ばれる（Womack, Jones, & Roos, 1990）。

ムの存在からもわかるように，このジレンマを克服することは不可能ではない。

ドミナント・デザイン確立後には産業の成熟化が進むが，顧客ニーズや技術が根本的に変化し流動期へと戻り，改めて成熟化が進む（脱成熟）ことがある。例えば，製品に用いられる技術のデジタル化が進展することで，「フィルムカメラからデジタルカメラへ」というように多様な製品が脱成熟を迎えている。

第2節　技術開発と製品開発

1　価値の実現手段のおおもとをつくる活動＝研究・技術開発

(1)競争力の源泉となる技術に磨きをかける

企業が利用可能な「技術」の選択肢を創り出し，増やして鍛えていく活動が，研究開発活動（基礎研究や応用研究）である。では，企業はどのように技術に投資すればよいのか？企業の利用可能な資源は有限なので，すべての技術への開発投資はできない。社会に有用な技術・製品・サービスを生み出し，自社の競争力の向上を可能にするような資源配分の基本方針について考えよう。

競争環境が厳しく技術の複雑性や難易度も高い状況では，手広く時間をかけて技術を開発する余裕も少なくなり，個々の技術開発に要する資源も膨大となる。この場合には，自社の強みとなる特定の技術開発に集中し，その技術を応用して多くの新製品を開発・導入することをめざす「**コア技術戦略**」（延岡，2006）が有効となる。コア技術を育てていくためには，他企業がまだあまり取り組んでいない技術を選択して早くから本格的に取り組むことと，特定の技術の研究開発に資源を持続的に集中することが必要である。他社には容易には模倣されない厳選して鍛え上げたコア技術を最大限活用して，多様な新製品の開発に応用することにより，技術開発投資の「もと」をとるとともに，多様な製品の競争力も高められる。さらに，多様な市場に適用して実際の顧客の反応を得たり，多様な競争相手との競争を通じて，コア技術に磨きをかけられる。

(2)世の中にあるイノベーションを広く活用する

これまで大企業は，基礎研究から応用研究，製品開発，マーケティング，販売までを1社内で直線的に行う，いわばクローズドなイノベーションを進めて，社内に膨大な要素技術やアイデアを蓄積してきた。しかし，近年の厳しい経営環境の下では，長期的に商品化されることになる技術を，自社単独ですべて開発するような時間的・資金的な余裕はなくなっている。また，高度に多角化を進めている大企業では，幅広い専門領域にわたり新技術を開発しなければならず，その負担は年々大きくなっている。さらに，企業活動の範囲が世界中に広がっているので，直面する市場や競争相手も多岐にわたる。そこで，企業は自社の中央研究所だけに技術を求めるのではなく，大学などを含めて広く世の中にある技術を活用し，企業内部と外部のアイデアを有機的に結合させ，新たな価値を創造する「**オープン・イノベーション**」（Chesbrough[▶6]，2003）の重要性が高まっている。この場合，自社で生み出したアイデアを自社で商品化するだけではなく，そのアイデアを社外に出すことによって利益を得る方法も考える必要がある。研究部門も，自分でアイデアを生み出すだけでなく社外のアイデアを評価するための能力をもつことも重要である。オープン・イノベーションにおいては，アイデアや特許を他社に利用させることで，ライセンス料などを得て儲けることもできる。さらに，ベンチャー企業を支援して自社ではできない研究を推進しその成果を活用することもできる。

オープン・イノベーションにおける社内研究所の役割は，①社外の知識を発見し，理解して選別すること，②社外の知識では欠けている部分を社内で開発すること，③社内と社外の知識を統合して新たな製品・サービスを作り出すこと，④研究成果を他社に販売することで収益を獲得する，というものになる。

2　技術と市場をむすびつける活動＝製品開発

⑴ものづくりは笑顔づくり

企業が開発する「製品（サービス）」とは，「**設計情報**」とそれをのせる「媒体」が合わさったものである。「設計情報」とは，顧客にとっての価値（顧客が抱えている問題・課題の解決をしてくれるもの）であり，製品の設計図や顧客対応マニュアルなどといった形をとる。「媒体」とは，この設計情報を顧客へ伝達するための有形・無形の財である。例えば，液晶テレビは，美しい映像を適切に視聴

▶6　チェスブロウ（Chesbrough, H.）はアメリカの経営学者，UCバークレー教授。オープン・イノベーション（open innovation）の概念を提唱した。

者の目に届けるという機能（設計情報）を，液晶パネルや画像処理LSIなどといった媒体で実現するものである。今はまだない「もの」を生み出すことにより顧客を笑顔にし，自社も儲けられるようにすることが製品開発の目的である。

製品開発の課題は，いかに魅力ある製品を，いかに効率的に，いかに素早く市場に導入できるか，ということである。製品開発の「有効性」とは，設計情報が，顧客の顕在・潜在ニーズを満たせている程度であり，製品開発の「効率性」とは，設計情報を創造するために要する資源の程度であり，これが少ないほど良く，そのためには製品開発の組織やプロセスを効率的にマネジメントすることが必要である。製品開発の成果の主な指標として，①**総合製品品質**（顧客にあたえる満足＝Quality），②**開発生産性**（開発のために要したヒト・モノ・カネといった資源＝Cost），③**開発リードタイム**（開発の開始から製品の生産開始あるいは発売開始までの経過期間＝Delivery）の３つがあり，頭文字をとって開発のQCDと呼ばれる。これらの指標は相互に関連しており，他の条件を一定とすれば，例えば，顧客ニーズをよりよく満たすために機能を増やせばコストやリードタイムが増大し，また，開発リードタイムを短縮すれば顧客ニーズの予測精度が高まるので製品ヒット率が向上する。

⑵製品開発にかかわる活動

製品開発のプロセスは，大きくわけて，「コンセプト創造」，「機能設計（製品計画）」，「構造設計（製品設計）」，「工程設計」からなる。実際の製品開発活動は，順番に一度で進んでいくよりも，各フェーズ（段階）を行き来したり並行したりしながら進められることが多い。

「**コンセプト創造**」とは，ターゲットとなる顧客の潜在ニーズや顧客が抱えている問題を，どのように解決して顧客満足を達成するのかに関する基本的な考え方を決めることである。製品コンセプト[▶7]は，一般的に，顧客が当該製品を「ほしがる理由」を明確かつ簡潔にしめした言葉で表現される。「**機能設計**（製品計画）」とは，製品コンセプトを，製品の機能・性能に関する技術的目標の

▶7　マツダのユーノスロードスターの「人馬一体」や花王のアタックの「スプーン一杯で驚きの白さに」など，製品価値をわかりやすく明確に示し，キャッチフレーズとしても効果的なものがある。

束（製品仕様）に展開（翻訳）していく活動である。ここで考慮すべき機能項目，製品仕様は多岐にわたるので，製品コンセプトに照らし合わせて首尾一貫性を確保しつつ，メリハリをつけて機能間の複雑なトレードオフをうまく処理していくことが必要である。「**構造設計**（製品設計）」とは，製品仕様を実際の設計図面に展開（翻訳）する活動である。目標とする機能やコスト，製品コンセプトを実現することのできる設計案を創出して実際の設計図面に落とし込んでいく，複雑で試行錯誤を伴う時間のかかる作業である。設計図面がおおよそかたまってきたら試作品を製作して，実験を繰り返し行い，機能やデザイン，使い心地，安全性，耐久性などを確認する。設計図面が不十分である場合には，要求仕様や目標コストを満たせるようになるまで設計変更・改善が続く。「**工程設計**」とは，狙った設計どおりの製品を，品質を保ちつつ最低限のコストで，量産工程において繰り返し生産できるように，最適な生産工程や原材料の流れを決めることである。その際には，工場のレイアウトや機械設備の設計とプログラム作成，量産試作，現場従業員の作業方法とマニュアルの作成などが行われる。

(3)機能と構造とのつなぎかた：製品アーキテクチャ

顧客に提供する「機能」とそれを実現するための製品の「構造」を決めることとは，製品開発活動のかなめである。この製品の「機能」がどのような「構造」によって実現されているのかを記述するのが「**製品アーキテクチャ**」である。製品アーキテクチャとは，「どのようにして製品を構成部品（コンポーネント）に分割し，製品機能を配分し，部品間のインタフェースを設計・調整するかに関する基本的な設計構想」（藤本，2001）である。このタイプとして**モジュラー型**と**インテグラル型**が挙げられる。モジュラー型では，機能と構造との対応関係が１対１に近く，各部品（モジュール）に自己完結的な機能が付与され，例えば，パソコンのように，部品の寄せ集めでも大多数の顧客が納得する製品機能が実現される。モジュール化によって，各モジュール内部での進化のスピードは速くなるが，実現可能な最大のパフォーマンスには一定の制約がかかる。モジュラー型の製品を開発する上では，組織内での相互調整が究極的には不要となる。部品間の設計の独立性が高いので，部品間の事後的な調整をしなくても容易に組み合わせられる。

一方，インテグラル型では，機能と構造との対応関係が錯綜していて，ある機能の実現のためには複数の部品が必要となるため，部品間の調整を綿密に行うことが製品の完成度を高めるために重要となる。例えば，乗用車が提供する機能として，乗り心地や燃費，走行安定性，安全性などがあるが，それぞれの機能を単独で実現可能な「部品」は存在しておらず，複数の部品の複雑な組み合わせにより機能が実現される。このタイプの製品では，構成要素に自由な相互作用が許されているため実現可能な最大のパフォーマンスは高くなるが，構成要素間の調整が複雑であるので，上手く開発・生産するためには組織内外での高い相互調整能力が必要になる。

第3節　技術・製品開発の戦略

1 イノベーションのタイプと企業経営への影響

私たちの生活には，イノベーションの成果があふれているが，その程度は様々である。世の中にまったく存在していなかった新製品や，既存製品の品質や機能を改良したり新たな用途に適用されることもある。典型的な分類基準は，新しさの程度であり，「**ラディカル**（根本的）**・イノベーション**」と「**インクリメンタル**（漸進的）**・イノベーション**」の２つに分けられる。

企業を経営する立場からみれば，単に市場や技術の新しさそのものよりも，それが自社にとってどの程度新しいものであるのか，つまり，特定のイノベーションとそれに対応しようとする企業が保有する技術や能力との間のズレの程度が重要である。それに基づき，イノベーションは能力増強的なものと能力破壊的なものに分けられる。前者は当該産業における既存企業がすでに保有している知識や能力を増強し，後者は新たな製品や工程を実現するために新たなスキルや能力，知識を要求する。特に，後者の場合，既存企業は，既存製品群において蓄積されてきた一連の能力を根本的に変化させなければならず，既存の技術や組織が「しがらみ」となり，新たな技術の習得や組織能力の構築を阻害しがちになる。そのため，はじめからこの新技術を利用して参入してきた企業に対して，当該技術を開発していない既存企業は不利になることがある。

2 なぜ，優良企業が事業化の機会を逃してしまうのか

既存のリーダー企業が技術開発には成功していながらも，戦略的に重要な事業化の機会を見逃してしまうことが起こる。特に，C. M. クリステンセン▶8は，主要な「顧客の声」を的確に満たすイノベーションを行うという合理的な意思決定が，当該企業のそれまでの成功要因であるとともに，そのリーダーの地位を失わせる原因にもなることを示し，それを「**イノベーターのジレンマ**(innovator's dilemma)」と呼んだ（Christensen, 1997）。このジレンマが生じる過程をデジタルスチルカメラ（以下，デジカメ）の仮想例に基づいて考えよう。

自社の市場の主要な顧客が高く評価している機能を改善する新たな技術は，「**持続的技術**」と呼ばれる。例えば，デジカメの主要な顧客が，綺麗な写真を撮影できることを最も重要な機能であると考えている場合に，写真の綺麗さを決める重要な要素である「画素数」を800メガバイト（MB）から1600MBに増大できる新たな技術が持続的技術に該当する。既存の顧客の要求を深く理解し，それに最も適切に応え続けてきた実績をもち，多くの資源を保有している既存の大企業が，このようなタイプの技術開発を有利に進めることができる。持続的技術の開発によって，既存企業は自らの優位性をさらに高めることができるため，このような新技術は上述の能力増強的なイノベーションに該当する。主要な顧客の要求も変化せず，このようなタイプの技術開発のみが行われ続ける限り，既存企業の優位性は維持される。

一方，既存の主要な顧客が高く評価している機能を十分に実現することはできないが，新規の顧客（規模は小さい）が高く評価してくれる機能（既存製品より安く，単純で，小さく，使いやすい）を実現できるような技術は，「**分断的技術**(disruptive technology)」と呼ばれる。これは既存企業の優位性を脅かすものであるため，上述の能力破壊的イノベーションに該当する。例えば，現行市場で主流となっている800MBの画素数の製品と比べて400MBしか実現できないが，その代わり大きさは従来の製品の約半分，重さは3分の1にできるような

▶8　クリステンセン（Christensen, C. M.）は，アメリカの経営学者，ハーバード・ビジネススクール教授を務めた。ハードディスクドライブ産業を対象とした研究に基づき，「イノベーターのジレンマ（innovator's dilemma）」の概念を提唱した。主な著書に，*The Innovator's Solution*（2003）や*Competing Against Luck*（2016）などがある。

新たな技術（小型化技術）が，新興企業によって開発されたとする。

この分断的技術が現れたことにより，画素数増大とは異なる新たな価値評価基準として「小型・軽量化」が現れる。この新たな価値を高く評価する顧客の規模は，既存の主要顧客と比べると非常に小さい。さらに，画素数という点では，既存企業の製品にはかなわない。しかも，現在の市場の主要顧客が求めているのは，綺麗な写真をとることのできるデジカメであるため，既存企業は主要顧客にとって重要ではない新技術（小型化技術）への投資を行うことは合理的ではないと判断する。このように，「評価軸の異なる新たな顧客」が登場しているにもかかわらず，既存の覇者は，既存の主要顧客を重視し，分断的技術により生み出された新たな市場については「合理的に」重視しない。

新興企業は，開発努力を続けることにより，次第に既存の主要顧客が重視する機能である画素数についても800MBまでは実現できるようになり，既存企業の顧客を奪いはじめるため，既存企業の利益率が低下する。このような低い利益水準では，既存企業は事業の運営が厳しくなるため800MBの市場から撤退して，さらに利益率の高い上位の市場へと進出する。このように新規参入企業は，着々と画素数で追い上げてくるが，画素数の増大を得意技とする既存企業は，合理的に上位市場へ進出する。これにより，新たに顧客を獲得できている間は既存企業の生きる領域は残されている。しかし，カメラの画素数だけを高めても，実際に画像を出力するためのモニタやプリンタの性能が追いつかなければ，撮った写真を見る際の綺麗さは高まらないし，人間の目の解像度には限界もあるので，画素数の増大のみによる顧客獲得には限界がある。この限界に到達し，かつ，新興企業も同じ画素数の製品を実現できるようになったときに既存企業は行き詰まる。そのころには，新興企業がつくりだした「小型軽量カメラ市場」もある一定の大きさの規模となっている。しかし，既存企業は，小型化技術への投資を行ってこなかったため，潜在的に開拓・獲得可能であったはずの小型カメラ市場も得られない。

このようなジレンマを克服する方法として，クリステンセンでは，①分業体制の再構築，②自律的組織と資源の分断，③品質評価基準の見直しが挙げられている（Christensen, 1997）。企業は，顧客と投資家に資源を依存していて既存のしがらみから抜け出すことは難しいので，分断的技術を有効活用するために，新しい自律的な組織をつくり担当させることが必要になる。さらに，小さな市場は大企業の成長ニーズを満たさないので躊躇しがちであるが，早期に参入しないと成功確率は低い。しかも，存在しない市場は分析できないので，実際に事業を行いながら発見に基づく事業展開を行い，従来の評価基準を援用しないことが必要となる。

3　自社の技術を業界の標準にする

優秀な技術を開発しても利益に結びつかないという問題に多くの企業が直面する。これを克服する方策の１つが，自社の技術を「業界の標準」とすることである。業界の標準として，公的標準，デファクト標準，コンセンサス標準という３つが挙げられる（新宅・江藤，2008）。**公的標準**（de jure standard）は，すでに決められた手続きに沿って，公的機関により定められた標準である。**デファクト標準**（de facto standard）は，業界における競争の結果としての標準であり，ソフトウェアやメディアが関連するシステム製品，ネットワーク製品において重要である。このような業界でデファクト標準を取り損ねた場合の損失は大きくなる。

コンセンサス標準とは，フォーラムや公的機関において複数者による事前の協議と合意によって決まる標準のことである。世界中の複数の企業が参加するコンソーシアムやフォーラムが近年急増しており，例えば，AUTOSAR（automotive open system architecture）のように自動車の電気・電子・ソフトウェア領域における標準化の動きがみられる。コンセンサス標準の策定については，欧州企業が長年の歴史を有しており巧みに行っている。この標準を決める際には，技術情報が参加者間に公開されるため，標準推進者に必ずしも十分な利益をもたらさない。そのため，標準が決定される前に，オープンにする標準化領域と独自技術を秘匿する差別化領域を明確にしなければならない。標準化領域において，他社を活用しコスト削減することも有効である。標準化戦略は自社に有利な地位をいかに築けるかが重要である。特に，利潤の専有可能性を確保するための方法（ライセンス料設定や補完財による利益の確保，中核的な部品の専有など）が重要である。

第４節　技術・製品開発の組織

1　製品開発組織のデザインと仕事の進め方

(1)製品開発組織のデザイン

企業における製品開発は，研究，企画，設計，生産などの開発フェーズ別に編成される部門や，部品別，技術分野別に編成される部門など，専門化した部門が各分野の「機能業務」を担う「**機能部門**」において行われる。しかし，これら機能部門の業務だけでは，製品としては実現せず，各部門が生み出した情報や知識，技術，部品などを，１つの製品としてまとめあげる活動が必要となる。この部門横断的な活動はプロジェクト（以下，PJ）と呼ばれ，機能部門で生み出された技術や知識を総合して，機能やコストに優れた製品を開発するために各部門が協働する。PJ には特定の権限や予算が割り当てられ，その遂行責任を負う**プロジェクト・マネジャー**（以下，PM）により管理されるが，部門間の調整をうまく行えなければ，開発成果を高められない。

(2)プロジェクト・マネジャーの役割と特徴

開発 PJ には，携わる開発のフェーズや利害関係，専門領域，関心，話す「コトバ」や思考形式が異なる複数のメンバーが協働するので，メンバーや部門間でコンフリクト（葛藤・対立）が発生する。これが開発 PJ の運営が難しい主な原因の１つである。しかし製品をつくりあげるためには，異なる専門家や部門のカベをうまく乗り越えてまとめあげることが必要であり，その役割を担うのが PM である。PM は，機能部門間の統合作業でイニシアティブを発揮し，製品開発 PJ を効率的に推進し，製品コンセプトの創造と具体化に責任を負い，その実現に向けて PJ 全体を牽引する。ただし，PM に与えられた責任範囲の広さと権限の強さによって，PM の影響力が異なり，PJ の成果にも影響を与える。

K. B. クラーク[▶9]と藤本により1980年代の日米欧の自動車開発 PJ を対象として

▶９　クラーク（Clark, K. B.）はアメリカの経営学者，ハーバード・ビジネススクール教授を務めた。アバナシーとともに自動車産業をはじめ多くの企業における製品開発やイノベーション活動の実証研究を行った。藤本とともに提唱した「重量級 PM 型組織」の概念は，その後の製品開発研究に大きな影響を与えた。

行われた研究では，開発成果全体に関して高い業績を達成していた組織の特徴は，強力な内的統合活動（機能部門間の調整・統合）と外的統合活動（市場ニーズとの適合を図ること）を結合して，製品別のPMの下に集中させていることが明らかにされた（Clark & Fujimoto, 1991）。そのようなPMを保有する組織は，「**重量級**（heavyweight）**PM型組織**」と呼ばれる。重量級PM型組織では，PMの社内的地位は機能部門長と同等かそれよりも高く，PJに関するあらゆる事項（製品コンセプトや製品仕様，主要な技術の選択，販売目標や計画，コスト，利益管理など）の決定権限を公式・非公式にもつ。自動車の開発の場合には，重量級PM型組織を採っている企業の開発成果が高い傾向にあることが示された。その有効性は，自動車に限らず，①競合他社との競争などで，早急に製品を開発して市場導入しなければならず，②各機能部門が担当する業務間の相互依存性が高く，③当該製品に対する顧客ニーズが複雑で多様で把握しづらいという特徴を有する製品の場合に高まる傾向にある（近能・高井，2010）。

⑶開発活動の進め方のくふう：並行開発と問題解決の前倒し

製品開発に関わる活動は，研究開発や商品企画，開発管理，要素技術開発，設計・開発，デザイン（意匠），シミュレーション・解析，試作，テスト，生産準備など多岐にわたる。これらの活動を担当する部署が存在し，それらの間を設計情報がよどみなく流れることによって，有効かつ効率的な製品開発が行えるようになる。しかし，多くの場合，これらの活動は，1つが終われば次の活動，というように，逐次的なプロセスで進められることはほとんどなく，最初に計画した通りに進めることも難しい。このような製品開発活動の成果を高めるためには，**並行開発**（コンカレント・エンジニアリング）をうまく行うことが重要である。並行開発とは，各機能部門が個別に業務を完了させてから，次の機能部門へと引き継ぐのではなくて，業務を並行させて開発活動を行う手法のことである。逐次的に開発を進めるよりも，並行的に進める方が開発期間を短縮できるが，そのためには，関連する部署をまたがった緊密なコミュニケーションや信頼関係が構築されていることが必要である。

並行開発の目的は，開発期間の短縮だけではなく，発生しうる問題を開発PJがなるべく早い段階に前倒しして解決する（**フロント・ローディング**）ことにもある。開発プロセスにおける後戻りをすることにかかるコストは，問題が発見される時期が遅ければ遅いほど大きくなる傾向にあるためである。このような前倒しの問題解決により，開発生産性や総合製品品質が向上する。

2 イノベーションと企業間分業

１つの製品を作りあげるためには多くの企業が関わっている。近年のように，イノベーションが急速に進み，全世界的に競争が進んでいる状況では，単独ですべての技術を開発している時間的・資金的・資源的な余裕がなくなりつつある。重要になるのは，企業間での分業関係・ネットワークをうまく設計・運営することである。基本的には，自社が現在得意としている（今後，競争力を獲得していきたい）活動や部品については自社で行い，そうではないものについてはそれを得意とする他社に任せることが有効である。

前述した製品アーキテクチャと企業間分業のあり方は相互に影響を与える。インテグラル型製品・部品の場合には，複数の要素技術やサブシステム間での相互調整が頻繁に必要となり，外部企業との調整に時間と費用が多くかかるので，企業間で分業して行うよりも，社内で行う方がイノベーションを起こしやすい。また，モジュラー型製品・部品の場合には，外部から購入しても調整の必要性は相対的に低いし，そのような部品は他の多くの企業も利用しているので，量産効果により低コストなものが利用できる。したがって，モジュール化の進んだ製品分野においては，得意な領域に特化し分業を進めることで，各社がより大きな成果をあげることが可能になる。一方，企業間分業のあり方が，イノベーションの発生や進化に影響を与えることもある。統合的な組織は，システム全体を見直すようなイノベーションを有利に進めることができる。さらに，この組織は，モジュラー化を主導することも可能である。しかし，いったんモジュラー化が進むと，今度は，それぞれの要素部分を担う専門企業の方が，各領域でのイノベーションを相対的に有利に進められる。

第５節　イノベーションの難しさとその克服に向けて

1 資源動員の正当化

イノベーションには，いままでにない「革新」であるがゆえに「不確実性」

に満ちているとともに，経済成果を実現するためには個人や特定部門を超えて，企業内外の様々な主体を巻き込み，それらの資源（ヒト，モノ，カネ，情報）を動員しなければならないという「難しさ」がある。本項では，武石・青島・軽部（2012）の研究に基づきこの問題について考えよう。事前には技術的にも経済的にも正否が不確実な状況で，様々な他者の資源を動員しなければならないことに起因する疑問や批判，抵抗，反対といった「資源動員の壁」が生じる。この壁を乗り越えるためには，必要な資源を動員することを他者に支持してもらえるだけの，なんらかの「まっとうな理由」（正当性）が必要となる。

この研究は，優れた技術革新に与えられる大河内賞を受賞した23件のイノベーション事例の分析に基づき，各事例が①どのような相手に向けて，②どのような理由で壁を乗り越えたのかを明らかにした。開始から事業化までに要した期間は平均約９年であった。開始とは商品の着想を最初に得た時期または，革新的要素技術の開発に着手した時期のいずれか早いほうを指す。開始時から本社や事業部門の支持を得て順風満帆に進んだ事例は４件，本社や事業部門の支持を得ないまま開始したが，その後は優れた技術が開発され大きな苦労なく事業化にたどり着いた事例は５件，要素技術開発後に事業化に向けて資源動員をすることへの抵抗や批判を受けたり，積極的な支持を得られず壁に直面した事例が14件であった。多くの人が納得しうる客観的な経済合理性が認められない中で，推進者の「固有の理由」と組織内外の様々な支持者の固有の理由が合わさることで壁を乗り越える（**資源動員の創造的正当化**）ことを可能にした。これらの支持者は，組織外部か，組織内部であっても周辺部（子会社，海外販売会社，想定外の事業部門）に多く存在した。このように，結果的には大成功と評価されるイノベーションであっても，当初から順風満帆に進むことは多くはなく，推進者の「夢」の実現に向けて，多くの人々の創意・くふうと他者を説得し支持を得ていく活動が不可欠である。

2　既存事業の成長と新規事業創出の両立をはかることの難しさと大切さ

成功した企業が自社の中核事業やこれまで成功を収めた戦略に囚われてしまって新規事業の創出に苦労することがしばしば起こる。前項では日本企業を取り上げたが，1990年代以降のIT 産業における世界的な成功企業として取り

▶▶ column 10 ◀◀

私たちは何にお金を払っているのか？：機能的価値と意味的価値

たとえ技術的・性能的に優れた製品を開発しても，競争により価格が急速に低落して狙った利益を得られない状況が多くの製品分野で起きている。その原因として，製品性能を高めるための「ものづくり」は得意であるが，製品の「意味づくり」がうまくできていないことが指摘される（延岡，2021）。商品価値（顧客の支払意志額）は，機能的価値と意味的価値の合計であり，企業の収益になる。「**機能的価値**」とは，商品がもつ基本的機能によりうまれる価値であり，「**意味的価値**」とは，顧客が製品について主観的な解釈や意味づけを行った結果うまれる価値である。例えば，乗用車の基本的な「走る・曲がる・止る」という機能から生まれるのが機能的価値であり，製品コンセプトや外観デザイン，運転のフィーリングなど顧客の主観的な好みとの適合度合いから生まれるのが意味的価値である。特に，基本的な機能を満たすような製品を一通り保有している消費者の購買意欲を高めるためには，単に「機能的価値」を向上させた製品を提供するだけでは不十分であり，同時に「意味的価値」を高めることが必要である。しかし，意味的価値を高めることは容易ではない。意味的価値は，①価値創出の因果関係が曖昧であり，②価値の中身自体を分けることが難しく，③顧客本人でさえも意味的価値の内容を上手く説明できなかったり，製品の存在を前提としてはじめて価値が生まれるという特徴をもっている。意味的価値を高めるために必要な取組みとして，消費財においては，顧客が抱く「こだわり」や，製品の保有・使用による「自己表現」という価値を高めるために，商品デザインに凝ったり，優れた製品コンセプトの創造・実現を率いるPMの役割が重要である。みなさんも，自分が購入する商品の代金のうち，いくらを機能的価値に，いくらを意味的価値に払うのかを意識してみよう。

上げられることの多いアメリカのインテルもその例外ではない。インテルは，祖業のDRAM事業から1980年代半ばに撤退して，新規のMPU事業へと軸足を移して成功を収めたが，1990年代には一転して新規事業開発に苦戦した（Burgelman[▶10], 2002）。インテルは，急成長するPC市場に向けた製品の開発・生

▶10　バーゲルマン（Burgelman, R. A.）はアメリカの経営学者，スタンフォード大学教授。戦略形成プロセスや新規事業創出プロセスに関する理論的および実証的な研究を行った。主な著書に，*Inside Corporate Innovation*（1985）や *Becoming Hewlett Packard*（2017）などがある。

産・販売のために自社の持てる資源を集中し，MPU とそれに関連する事業の拡大に全精力（勢力）を注ぎ，「脇目もふらず」に MPU 事業に特化して大成功を収めた。このような確固たる地位を築き上げた1990年代には，PC 向けとは異なる新規事業の創出に苦戦した。PC 市場向けに MPU ビジネスを成功させるための戦略を成功裏に推し進めるほど，社内の資源配分が PC 市場向け事業に固定化されてしまい，新規事業の萌芽がみられてもうまく育てあげられなくなった。その後は，MPU 事業に偏った状況を打開するために，新たな成長の機会づくりを行うと同時に，中核事業を支える独自能力の強化も試みている。

このように，既存事業の成長（深化，exploitation）と新規事業の創出（探索，exploration）の両立は容易ではないが，この両方をうまく行っていくこと（**両利きの経営**）が，継続的にイノベーションを引き起こしていくために重要であることがわかってきている（O'Reilly & Tushman, 2016）。

設　問

1．自分の身近にあるイノベーションの例を取り上げて，それによって成長できた企業と衰退してしまった企業をそれぞれ1つ探してみましょう。
2．これまで満たされていなかった顧客ニーズをうまくとらえて大ヒットした製品の例を取り上げて，その製品コンセプトと開発組織のデザイン，プロジェクト・マネジャーの特徴について調べてみよう。

推薦図書

青島矢一・藤原雅俊，2019，『イノベーションの長期メカニズム』東洋経済新報社

地球規模の水資源問題の解決のため，世界中の企業による50年以上にわたるイノベーションの歴史を克明に解き明かす。日本企業が社会課題解決において世界をリードできた理由を学ぼう。

新宅純二郎，1994，『日本企業の競争戦略』有斐閣

日本企業が半導体技術の革新をテコに，強力な海外企業を逆転して世界首位に立つことを可能にした戦略を明らかにする。世界市場で苦戦し，デジタル化の進んでいるいまだからこそ，改めて学ぶことは多い。

ボールドウィン，C.Y. & クラーク，K.B./ 安藤晴彦訳，2004，『デザイン・ルール』東洋経済新報社（Baldwin, C.Y., & Clark, K.B, 2000, *Design Rules*, MIT Press）

コンピュータ産業が，なぜ急速に世界中で成長を遂げられたのか，その理由をアー

キクチャの視点から解明する。モジュール化がイノベーションを駆動する理由とプロセスを学ぼう。

引用参考文献

近能善範・高井文子，2010，『コア・テキスト イノベーション・マネジメント』新世社。

新宅純二郎・江藤学編著，2008，『コンセンサス標準戦略』日本経済新聞社。

武石彰・青島矢一・軽部大，2012，『イノベーションの理由』有斐閣。

延岡健太郎，2006，『MOT[技術経営]入門』日本経済新聞社。

延岡健太郎，2021，『アート思考のものづくり』日本経済新聞出版。

藤本隆宏，2001，「アーキテクチャの産業論」藤本隆宏・武石彰・青島矢一編著『ビジネス・アーキテクチャ』有斐閣，3-26頁。

Abernathy, W.J., 1978, *The Productivity Dilemma*, The Johns Hopkins Univ. Press.

Burgelman, R. A., 2002, *Strategy is destiny*, Free Press.（バーゲルマン / 石橋善一郎・宇田理監訳，2006，『インテルの戦略』ダイヤモンド社）

Chesbrough, H, W., 2003, *Open Innovation*, Harvard Business School Press.（ヘンリー・チェスブロウ / 大前恵一朗訳，2004，『OPEN INNOVATION』産業能率大学出版部）

Christensen, C. M., 1997, *The Innovator's Dilemma*, Harvard Business School Press（クリステンセン / 伊豆原弓訳，2000，『イノベーションのジレンマ』翔泳社）。

Clark, K.B., and Fujimoto, T., 1991, *Product Development Performance*, Harvard Business School Press.（藤本隆宏・キム.B.クラーク / 田村明比古訳，2009，『【増補版】製品開発力』ダイヤモンド社）

Schumpeter, J., A., 1934, *The Theory of Economic Development*, Harvard University Press.（シュムペーター/ 塩野谷祐一・中山伊知郎・東畑精一訳，1977，『経済発展の理論（上）（下）』岩波書店）

O'Reilly Ⅲ, C.A., & Tushman, M.L., 2016, *Lead and Disrupt*, Stanford Business Books.（オライリー・タッシュマン / 入山章栄監訳・解説者，2019，『両利きの経営』東洋経済新報社）

Utterback, J. M., 1994, *Mastering the Dynamics of Innovation*, Harvard Business School Press.（J. M. アッターバック / 大津正和・小川進監訳, 1998,『イノベーション・ダイナミクス』有斐閣）

von Hippel, E., 1988, *The sources of Innovation*, Oxford University Press.（エリック・フォン・ヒッペル / 榊原清則訳，1991，『イノベーションの源泉』ダイヤモンド社）

Womack, J. P., Jones, D. T., & Roos, D., 1990, *The machine that changed the world*, Rawson Associates.（ジェームズ・P・ウォマック他 / 沢田博訳，1990，『リーン生産方式が世界の自動車産業をこう変える』経済界）

参照 WEB ページ

AUTOSAR のウェブページ：https://www.autosar.org/ （2021年7月1日閲覧）

（福澤光啓）

第11章　企業戦略の勝敗は市場の掌握から
――マーケティング戦略――

企業戦略の成功の鍵を握るのは，正しい市場の把握です。この章では，正しい市場の把握を念頭においたマーケティング戦略の設計と実践について学んでいきます。具体的には，企業を取り巻く環境の分析からはじまり，市場の細分化，ターゲティング，ポジショニングをみていきます。続いて，基本的な枠組みであるマーケティング・ミックスを概観していきます。最後に，近年重要性が増している顧客の関係性管理についても触れます。

Keywords▶マス・マーケティング，ターゲット・マーケティング，３Ｃ分析，STP，市場細分化，細分化変数，標的市場，マーケティング・ミックス（４Ps）

第１節　ターゲット・マーケティング

企業が実践するマーケティング戦略のスタイルは，時代の変遷に伴ってマス・マーケティングからターゲット・マーケティングへと大きく変化を遂げてきた。両者の違いについてみていこう。

１　マス・マーケティング

大量生産技術が未発達であったころ，消費者と生産者の距離はいまよりも近く，職人によって一点物の製品を提供することが多かった。例えば，スーツやドレスは職人が顧客の体型や好みに合わせてオーダーメイドされていた。醤油やみそなどの食料品も，必要な分を少量ずつ量り売りで提供されていた。

1800年代後半に入り，大量生産技術が本格的に導入されるにつれ，消費者は安くて容易に入手できる標準化された製品を好んで受け入れた。この頃の消費者のニーズや行動様式は，現在と比較すると一様であった。このため，多くの企業は，単一種類の製品を大衆（マス）に向けて提供する**マス・マーケティング**を実践していた。大量生産の仕組みをいち早く取り入れ，生産や流通の効率性を高め，できるだけコストを抑えることが成功の鍵を握っていた。

例えばフォード社は，モデルTと呼ばれる大量生産型の自動車を1908年に市場導入した。自動車を低価格で大量に販売することを優先するために，自動車の仕様やデザインは標準化されていた。選択肢が少なくても，多くの消費者がモデルTを支持し，入手しようと努めたのは，それまで一部の特権階級だけの乗り物が，手ごろな価格で入手できることを歓迎したためである。このマス・マーケティングは，食料品や生活必需品などの一部の製品において，現在においても有効な手法であるとされている。

2 ターゲット・マーケティング

消費者のニーズや行動様式が多様化した現代では，選択肢が限られた画一的製品では顧客を満足させることはできない。消費者の好みや行動様式によって市場を細分化し，その中から望ましいターゲット（標的）を選定し，彼らの好む製品を適切な方法で届ける必要がある。ターゲットを絞ってマーケティングを展開することから**ターゲット・マーケティング**と呼ばれている。

例えば現在の自動車メーカーは，運転免許証を取得したての若年層には基本的機能に絞りこんだ低価格の入門モデルを，子どものいる家族には収容人数が多く荷物もたくさん載せられるファミリーモデルを，子育てが一段落し生活に余裕のある高齢者層には，高機能で快適性を重視した高級モデルを提供している。

次節以降では，企業戦略の成功を左右するターゲット・マーケティングのプロセスについて，環境分析（3C分析），STP，マーケティング・ミックスの順で説明していく。

第2節　企業を取り巻く環境の把握

優れたターゲット・マーケティング戦略を実践するためには，企業を取り巻く環境を把握しなければならない。様々な分析手法の中でも，顧客（customer），競合他社（competitor），自社（company）を分析するフレームワークが代表的である。分析対象の英語の頭文字をとって**3C 分析**（さんシーぶんせき）と呼ばれている。

1　顧客の理解

顧客とは，企業が提供する製品の買い手を指す。例えば，冷蔵庫メーカーにとっての顧客は，一般家庭向けの小型・中型冷蔵庫を必要とする買い手や，レストランなどで用いられる業務用冷蔵庫を必要とする買い手となる。前者は**消費者**，後者は**法人顧客**というように，区別して呼ぶことがある。

すでに利用してくれている顧客（**既存顧客**と呼ぶ）および，将来購入してくれそうな顧客（**潜在顧客**と呼ぶ）の集団が市場（しじょう）となる。市場は，必ずしも売り手と買い手が物理的に出会う場所を意味するわけではなく，概念的な集合と捉えるとよい。例えば，冷蔵庫市場は，消費者向け冷蔵庫市場や業務用冷蔵庫市場といった具合に，対象とする顧客によって表現されたり，国内冷蔵庫市場や海外冷蔵庫市場といった具合に出荷先の地域の違いによって表現されたりする。

顧客や市場を理解する上で重要なのは，ターゲット市場の規模や将来性について推測したり，顧客の購買行動や趣味嗜好，抱えている問題や**顧客ニーズ**[▶1]について把握したりすることである。例えば冷蔵庫市場では，主要な市場の規模や成長性を把握することはもちろん，顧客の典型的な購買行動や購買にいたるまでのプロセス，重視する製品属性などを分析する必要がある。また，マーケティング調査を通じて冷蔵庫に対する顧客ニーズを把握しなくてはならない。

2　競合他社の理解

成熟した市場であれば，同一の顧客ニーズを満たす製品やサービスを提供する競合他社が数多く存在する。優れたマーケティング戦略の実現には，彼らの動向を正確に把握し，より優れた製品やサービスを提供しなければならない。

▶1　なんらかの欠乏状態から生じる欲求をいう。冷蔵庫の例では，「共働きをはじめたら，冷凍食品を購入する量が増えた」という生活の変化がきっかけとなり，「いま使っている冷蔵庫では十分なスペースがない」という欠乏状態を生み，「冷凍スペースを増やしたい」というニーズが発生する。

はじめに，市場全体の売上規模の中で特定の企業が占める割合を意味する**市場シェア**（市場占有率）を把握することは有効である。市場シェアは，企業が市場でどのような地位を占めているかを理解する１つの指標ともなり得る。高い市場シェアを有し，リーダーのような存在感を示す企業もいれば，リーダーの地位を虎視眈々と狙うチャレンジャー企業も存在する。棲み分けによって争いを避け，市場シェアよりも安定的成長をめざすフォロワー企業も数多く存在する。また，市場シェアは低いが，他の企業が扱わないようなニーズに向き合うニッチャー企業も一定数存在する。生物界における生態系のように，市場に参加する企業の競争と棲み分けのバランスによって成り立っている。

競合他社の保有する技術力や品質管理能力はもちろん，流通や販売などに関する情報収集も忘れてはならない。彼らの活動の背後にある戦略が理解できれば，次の一手を予測し，競争を優位に展開することも可能となる。競争の激しい現代では，多面的な競合他社分析が求められている。

3 自社の理解

自社の実力をわきまえないマーケティング戦略の策定と実践は，競合他社との競争に敗れてしまうばかりか，最悪の場合，存続の危機にも陥りかねない。顧客や競合他社に対する理解と同様に，自社について理解を深めることは極めて重要である。具体的には，自社が得意とする技術領域は何か，活用できそうな既存の経営資源は何か，という現状把握を行う。その上で，何ができ，何ができないかが理解できれば，身の丈以上の目標を掲げる過ちを防ぐことにつながる。

また，マーケティング戦略は，製品レベルやブランド・レベルで策定されることが多く，必然的に視野が狭くなりがちである。マネジャーは，担当する製品やブランドの戦略について考える際，自社がもつ企業レベルの戦略や方向性について正しく理解し，それらとの一貫性や整合性をもたせなければならない。例えば，グローバル展開を企業レベルの戦略として掲げる企業であれば，国内市場を狙う製品であっても，将来のグローバルな水平展開を意識し，他国の顧客ニーズを踏まえた製品デザインを考えたり，国際的な規格や法規制を考慮した製品仕様を設定する必要がある。これを怠ると，後で海外進出する際

図11-1　SWOT分析の枠組み

	プラス要因	マイナス要因
内部要因	強み（Strength）	弱み（Weakness）
外部要因	機会（Opportunity）	脅威（Threat）

（注）網掛け部分に分析結果を列挙していけばよい。

に，製品仕様の見直しやデザイン変更を余儀なくされ，非効率となる。

これまで説明してきた3C分析は，ミクロな視点から環境を分析する手法であった。よりマクロな視点に立って政治的，経済的，社会・文化的，技術的状況や動向を把握するPEST分析[▶2]と呼ばれる手法も多くの企業で取り入れられている。それは，人々の購買行動に対するマクロな影響も無視できないためである。例えば，共働き世帯が増えれば，人々の在宅時間が減り，貴重な時間を無駄にしないために食洗器や自動お掃除ロボットなどの需要が増えることにつながる。

4　環境分析のまとめ

環境分析で得られた情報は，SWOT分析の枠組みで整理するとよい。SWOTとは，自社の内的要因（強み，弱み）と外的要因（機会，脅威）の英語の頭文字をそれぞれとって表現された用語である。**図11-1**の枠組みで得られた情報を整理することで，自社の克服すべき「弱み」や，発展させるべき「強み」，対応すべきビジネス上の「脅威」や「機会」を把握することになる。結果として，的確な戦略策定へとつながる（➡第5章第**2**節 4 も参照）。

第3節　市場細分化とターゲティングの手法

企業を取り巻く環境が理解できたら，ターゲットとなる市場を特定するステップへと移る。具体的には，市場を細分化（セグメンテーション）し，その中

▶2　政治的（political），経済的（economical），社会・文化的（social & cultural），技術的（technological）の英語の頭文字をとってPESTと呼ばれる。

から有望な市場をターゲットとして選定する作業である。ここで，細分化された市場は**市場セグメント**と呼ばれる。

1 市場細分化の手法

市場は，**細分化変数**と呼ばれる変数を用いて細分化される（表11-1）。最も代表的な変数が**デモグラフィック（人口統計）変数**である。年齢や性別，世帯規模，人種，国籍などがこれに当たる。例えば，シャンプー市場は，デモグラフィック変数を用いて市場を細分化し，それぞれの市場に対して多種多様な製品が提供されている。女性向けと男性向けでは，パッケージ・デザインや成分，香りなどが大きく異なることは容易に想像できよう。また，対象とする年齢層によっても違いはみられる。赤ちゃん専用に開発された頭皮にやさしいシャンプーから，年配の層を意識して開発された育毛効果や加齢臭予防効果をうたったものまで売られていたりする。

デモグラフィック変数は，他にも教育水準や世帯年収，職業などが挙げられる。とりわけ世帯年収は，購買行動に大きな影響を及ぼすため採用されることが多い変数である。

地理的変数もよく用いられる細分化変数である。グローバル企業であれば，市場をアジアや北米，南米，アフリカといった具合に，世界を大まかな地域で細分化したり，日本，アメリカ，中国，ドイツ，フランスといった具合に国で細分化したりする。日本国内の市場も，地域（北海道，東北，関東，東海，関西，中国，四国，沖縄）や地理的特徴（山間部，平野部，離島など），気候（寒冷地，温暖地，亜熱帯など），人口密度などによりさらに細分化することもある。例えば，暖房器具を扱うメーカーにとって地理的変数は重要な変数である。沖縄ではすべての家庭で暖房器具は必要とされない反面，北海道や東北地方などの寒冷地では，関東地方で用いられている一般的な暖房器具よりもパワフルで耐久性の高いものが求められるからである。地理的な特徴を踏まえて製品開発や販売を行わないと，顧客の望まない製品を押しつけてしまうことになるだろう。

顧客の行動パターンの違いによって市場を細分化することもある。製品の利用経験や利用頻度，製品に対して顧客が抱く忠誠心（**ロイヤルティ**と呼ぶ）などは典型的な例である。これらは**行動変数**と呼ばれており，特にコミュニケー

表11-1　市場細分化変数

地理的変数	区分例
世界の地域	アジア，北米，南米，ヨーロッパ，中東，アフリカ
日本の地域	日本海沿岸，太平洋沿岸，山間部，平野部，西日本，東日本，離島
地方	北海道，東北，関東，中部，近畿，中国，四国，沖縄
都市の人口規模	5,000人未満；5,000-2万人未満；2万-5万人未満；5万人-10万人未満；10万人-25万人未満；25万人-50万人未満；50万人-100万人未満；100万人-400万人未満；400万人以上
人口密度	都市部，郊外，準郊外，地方
気候	寒地，寒冷地，温暖地，亜熱帯，熱帯
デモグラフィック変数	**区分例**
年齢	6歳未満，6-11歳，12-19歳，20-34歳，35-49歳，50-64歳，65歳以上
性別	男性，女性
世帯規模	1人，2人，3～4人，5人以上
家族のライフサイクル	独身者，既婚者で子供なし，既婚者で子供あり，年輩の既婚者で子供無し，年輩の既婚者で子供あり，年輩の独身者，その他
最終学歴	中学，高校，短大，大学，大学院
行動変数	**区分例**
使用場面	日常的に利用，特別な時に利用，休日に利用，特定の季節に利用
追求するベネフィット	品質，サービス，経済性，利便性，迅速性
利用経験	非ユーザー，元ユーザー，潜在的ユーザー，初回ユーザー，レギュラー・ユーザー
利用水準	ライト・ユーザー，ミドル・ユーザー，ヘビー・ユーザー
ロイヤルティ（忠誠心）の状態	なし，中程度，強い，絶対的
購買準備段階	認知せず，認知あり，情報あり，関心あり，購入希望あり，購入意図あり
細分化変数	**区分例**
ライフスタイル	革新創造派，伝統尊重派，社会達成派，自己顕示派 （Japan-VALSによる分類）
パーソナリティ	神経質，社交的，権威主義的，野心的

出所：コトラー・アームストロング・恩藏（2013）をもとに一部修正。

ション戦略やブランド戦略を立案する際に重要な変数となる（詳しくは次章にて説明する）。情報技術の発展に伴い，購買履歴や位置情報データが入手できるようになり，比較的容易に人々の行動パターンを分析できるようになりつつある。

最後に，**サイコグラフィック変数**をみてみよう。人々のもつ価値観（➡第13章第4節 3 ）や性格，ライフスタイルは千差万別である。これらの違いをもとに市場を細分化することが有効な場合がある。例えば，甘い物を食べることに罪悪感を抱く人もいれば，そうでない人もいる。デザートや菓子類を販売するメーカーにとっては，この違いは無視できないものとなる。罪悪感を抱く人に対しては，甘い物に対するネガティブな感情を和らげるアプローチが必要となるだろう。性格や価値観は，アンケートや性格診断手法を用いて判定できるが，他の細分化変数と比較すると，分析や扱いが難しい変数といえる。

以上，代表的な4つの細分化変数についてみてきた（変数の詳細については，**図11-2**を参照のこと）。これらは単体で用いられることもあるが，多くの場合，組み合わせて用いられる（図11-2の具体例を参照してほしい）。

2 ターゲティング

市場細分化が完了したら，それぞれの市場セグメントの規模や将来性，競争の程度，アクセスするためのコストを見積もる必要がある。総合的な魅力度を踏まえ，自社が企業レベルで掲げている戦略との一貫性や整合性を確認した上で，慎重に**ターゲット**を選定しなくてはならない。

規模が大きい市場セグメントは大きな売上が見込めるため，魅力的に感じるかもしれない。それは競合他社にとっても同じである。ボリュームゾーンとも呼ばれるこのような市場セグメントでは，激しい競争が繰り広げられることが多い。市場でリーダーの地位につける企業が，圧倒的なコスト優位性を背景に狙う市場でもある。このため，経営資源に乏しい企業や販売力に劣る企業は，魅力度は低いが収益の見込める市場セグメントを狙うことを余儀なくされる。

市場セグメントによっては，規模の大小にかかわらずアクセスするのにコストがかかり，収益を見込めない場合もある。スマートフォン市場を例に考えてみよう。これまでにスマートフォンを利用したことがない高齢者は数多く存在している。この市場セグメントを攻略するためには，シンプルな機能で操作が

図11-2　複数の細分化変数を組み合わせて細分化した典型例

	性別とスタイル			
	男　性		女　性	
年　齢	カジュアル	フォーマル	カジュアル	フォーマル
10代				
20代				
30代				
40代				
50代以上				

デモグラフィック変数「年齢」「性別」と行動変数「求めるベネフィット」を組み合わせたファッション業界の例（網掛け部分が市場セグメントを示す）

		利用経験と水準		
地　域	収　入	初回ユーザー	レギュラー･ユーザー（買換え頻度：低い）	レギュラー･ユーザー（買換え頻度：高い）
日　本	低　い			
	中程度			
	高　い			
北米・欧州	低　い			
	中程度			
	高　い			
新興国	低　い			
	中程度			
	高　い			

地理的変数「地域」とデモグラフィック変数「収入」，行動変数「利用経験／水準」を組み合わせた自動車業界の例（網掛け部分が市場セグメントを示す）

しやすく，画面のみやすい専用のスマートフォンを開発したり，折り畳み式携帯電話からの切り替えを促す広告を展開したり，アフターサービスを手厚く充実させたりしなければならない。

また，人里離れた山村や離島，紛争地帯など，物理的にアクセスが容易ではない状況も十分考えられる。経営的視点から，収益性の見込めない市場セグメントを切り捨てる判断もときには必要である。

市場セグメントの規模が小さい場合や，攻略するのにコストがかかる場合でも，狙った方がよいときがある。将来高い成長性が見込める場合や，オセロ・ゲームの「角」のように，攻略することでその後のゲームを有利に展開できる場合である。例えば，トヨタ自動車は競合他社に先駆けて，水素をエネルギーとして利用する燃料電池自動車を開発し，販売している（トヨタ自動車 HP)。ターゲットの市場セグメントは，環境問題や革新的技術に対する意識が高く経済的に余裕のある個人や自治体，企業などで構成されていると推測できる。規模も小さく，高い収益性の見込める市場セグメントではないかもしれないが，水素社会がひとたび到来すれば，その後の競争を優位に展開できるだろう。

市場から高い評価や尊敬が得られる場合も，狙うべき市場セグメントといえる。例えば，下町の部品メーカーが，宇宙産業の顧客で構成される市場セグメントを狙い，ロケットに自社の部品が採用された場合はどうだろうか。高い耐久性や信頼性の裏づけとなり，別の市場セグメントの顧客からも受注機会を得られるかもしれない。

市場セグメント選定には，選定する範囲の意思決定も考慮しなくてはらない。単一の市場セグメントを狙う場合もあるが，多くの企業は複数の市場セグメントを狙った戦略を展開している。一般的に，市場における地位が高いほど狙う市場セグメントの範囲は広い。リーダー企業の場合，ほぼすべての市場セグメントを攻略する**フルカバレッジ戦略**を採用する傾向にある。例えばトヨタ自動車は，グループ企業までを含めると，低価格帯から高価格帯まで，幅広い価格帯の自動車を扱っている。取り扱われている自動車の種類も，軽自動車からはじまり，あらゆるタイプの乗用車，バスやトラックなどの商用車にいたるまで，全方位的に市場を狙う商品展開をなっている（トヨタ自動車株式会社 HP)。

一方，富山県に本社を構える光岡自動車は，市販されている車をベースにして，他社ではみられないような特徴的デザインの自動車に仕上げ，販売している（株式会社光岡自動車 HP)。光岡自動車の自動車は，大手企業のそれと比較すると種類も少なく，高価格であるが，ありきたりな自動車には満足せず，個性を大切にする顧客から絶大な支持を得ている。規模は小さいが，高い利益と安定した成長性が見込まれる市場セグメントは**ニッチ・セグメント**と呼ばれ，それを狙う戦略は**ニッチ戦略**と呼ばれている。多くの企業は，フルカバレッジ戦略とニッチ戦略の中間的な範囲を狙う戦略を採用している。

このように,市場細分化とターゲティングは,綿密な調査や分析結果をもとに検討を進め,時には常識や慣例に捉われない思い切った意思決定が必要となる。

第4節　ポジショニング

市場細分化とターゲティングが完了したら，そこに向けて適切な製品やサービスを提供すればよい。その際，競合他社が提供する製品やサービスとは明確な違いを有していて，優れている印象を顧客に与える必要がある。顧客のマインド内に独特な位置づけを与えるこのような活動は，**ポジショニング**と呼ばれている。市場の「セグメンテーション」からはじまり，「ターゲティング」,「ポジショニング」にいたる一連のプロセスは，それぞれの頭文字を取ってSTPと呼ばれている。本節では，効果的なポジショニングについてみていく。

1　効果的なポジショニングとは

ポジショニングについて理解を深めるために，簡単な例を挙げてみよう。例えば，大学の食堂で，学生を対象にアイスコーヒーとホットコーヒーのどちらを好むか，簡単なアンケート調査を行ったとしよう。そして，約4割の学生がアイスコーヒーを希望し，残りの6割の学生がホットコーヒーを飲みたいと回答したとする。そして，コーヒーマシンが1つのパターンしか温度設定できない制限があると仮定した場合，食堂の売り上げはホットコーヒーを提供したときに最大化するであろう。ところが，欲深いオーナーがすべての学生からの支持を得ようと，ホットコーヒーとアイスコーヒーの中間の温度に設定したとき，果たして何が起こるだろうか。いうまでもなく，中間の温度である「ぬるいコーヒー」は，アイスコーヒーを望む学生からも，ホットコーヒーを望む学生からも支持を得られず，売り上げを大きく失ってしまうだろう。

このような過ちは，実際に起こりうる話である。ある飲料メーカーは，競合他社と差別化を図るため，カロリー60％オフの炭酸飲料を販売した。その結果,「ぬるいコーヒー」のような失敗を犯し，その製品は市場撤退を余儀なくされた。このように，効果的なポジショニングには，顧客から支持を得るような「意味のある」差別化が求められるのである。

上述したコーヒーの例では，単純化するために温度の違いだけについて述べた。もちろん，現実はより複雑であり，提供するコーヒーの味や量，価格，提供方法など，様々な要素を考慮し，ポジショニングを考えなければならない。

ポジショニングはまた，競合他社が提供する製品やサービスと比較し，どこが似ていて（類似点），どこが異なっているか（相違点）を適切に設計し，それらを顧客に印象づける作業でもある。類似点と相違点のマネジメントは，ブランド戦略を考える上で重要な視点となるため，次章で詳しく説明する。

2 ポジショニング・マップと重要性マップ

自社の提供する製品やサービスがどのように位置づけられているかを視覚化する際，ポジショニング・マップを活用するとよい。**ポジショニング・マップ**とは，２つの評価軸によって示されたグラフに，製品やサービスのブランドを配置することによってポジショニングを視覚化するものである。

例えば，ある文具メーカーが，ペンケース市場の調査を行い，デザイン性と機能性の２軸でポジショニング・マップを作成した。そして，既存製品に対する評価では**図11-３**①のような結果が得られた。競合他社ブランドに対する消費者の評価は，デザイン性は高いが機能性に劣るグループ（ブランドＡ，Ｂ，Ｃ）と，機能性は高いがデザイン性が低いグループ（ブランドＥ，Ｆ，Ｇ）として位置づけられていた。ブランドＤについては，いずれの評価も低い結果であった。

一方，**図11-３**②は消費者がペンケースについて，機能性とデザイン性をどの程度重視しているかを示した**重要性マップ**と呼ばれる図である。それぞれのドットが消費者一人一人の評価結果を表している。この結果をみると，デザイン性を重視するが機能性は重視しない集団（市場セグメント１），機能性を重視するがデザイン性は重視しない集団（市場セグメント２），デザイン性も機能性も重視する集団（市場セグメント３）の３つの市場セグメントが特定されている。

この２つの図から何がわかるだろうか。機能性は重視しないがデザイン性を重視する市場セグメント１に属する消費者は，ブランドＡ，Ｂ，Ｃのいずれかを選択する確率が高い。同様に，市場セグメント２の消費者は，ブランドＥ，Ｆ，Ｇのいずれかを選択すると思われる。問題は市場セグメント３の消費者である。自分たちの希望を満足するペンケースが市場にないため，購入をためらう

図11-3　ペンケース市場のポジショニングマップ（①）と重要性マップ（②）

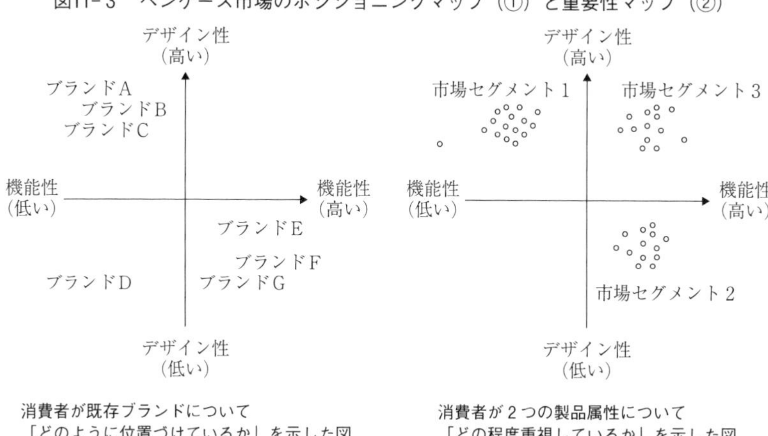

か，いずれかのブランドを購入し，それを我慢して使用しているかが考えられる。

希望する消費者が一定数存在しているにもかかわらず，それに対応するブランドが不在である市場セグメントは**ホワイトスペース**と呼ばれている。この例では，機能性とデザイン性の両方を重視する市場セグメント3がこれに当たる。仮に当該文具メーカーが，このホワイトスペースに対応する製品を投入できれば，市場セグメント3を独占的に攻略することになる。

最後に，ブランドDの問題点について述べたい。ブランドDは，消費者から「機能性もデザイン性も低い」と評価されている。もし，ブランドDがその位置づけをあえて狙っているのであれば，顧客ニーズの理解不足によるターゲッティングの失敗であるといえる。つまり，「魚のいないところに釣り糸を垂れている」状態であり，大きな成功は望めないだろう。もし，マーケティング担当者が，ブランドDは「機能性もデザイン性も高い」と思い込んでいるのであれば，消費者の理解不足によるマーケティング活動の失敗（例．製品開発の失敗，発売前の消費者テストの失敗，コミュニケーションの失敗など）である。[▶3]

▶3　ポジショニング・マップと重要性マップを重ね合わせる手法は，ジョイント・スペース・マップ法と呼ばれ，新製品コンセプトを創造する際の有効性が提唱されている（Crawford & Di Benedetto, 2011）。

第5節　マーケティング・ミックスを用いた戦略的枠組み

これまでSTPの手順とその手法についてみてきた。本節では，適切なマーケティング戦略のプロセスとその実践について，「マーケティングの5ステップ（コトラー・アームストロング・恩藏，2013）」に沿ってみていきたい。

1　顧客価値の創造と伝達

マーケティングは，「顧客が期待する顧客価値を創造し，それを適切に届けることで，最終的に収益となって企業へと還元される」プロセスである。コトラー・アームストロング・恩藏（2013）は，5つのステップでこの流れを表現した。5ステップを円滑に進めるのが，環境分析やSTP，後述するマーケティング・ミックスと呼ばれるフレームである。図で示すと**図11-4**のようになる。なお，顧客ニーズの理解では，綿密なマーケティング調査の実施も要求される。マーケティング調査については，13章で詳しく扱う。

2　マーケティング・ミックス

マーケティング計画を設計し，実践する際，製品（product），価格（price），流通（place），プロモーション（promotion）の枠組みで管理する手法，すなわちマーケティング・ミックスが有効となる。いずれもpで始まる用語であることから，4P（よんぴー）とも呼ばれる。順を追って説明していく。

(1)製品戦略

顧客のニーズに応えるために企業から提供されるものが製品である。製品は，テレビや家具，衣服といった有形物のみならず，旅行や理髪，教育などの無形のサービスも含む。

製品戦略は，「（顧客ニーズに対応するために）製品にどのような特徴や機能をもたせるべきか」といった個別の製品管理だけではない。多くの企業は，同じ製品カテゴリーの中に複数の製品（ブランド）群を抱えている。それら製品群を適切に管理することも重要である。例えば，自動車メーカーは，顧客のニーズにより細かく対応するために，複数の製品カテゴリー（軽自動車，セダン，コ

図11-4　マーケティングの5ステップと本章で触れる内容

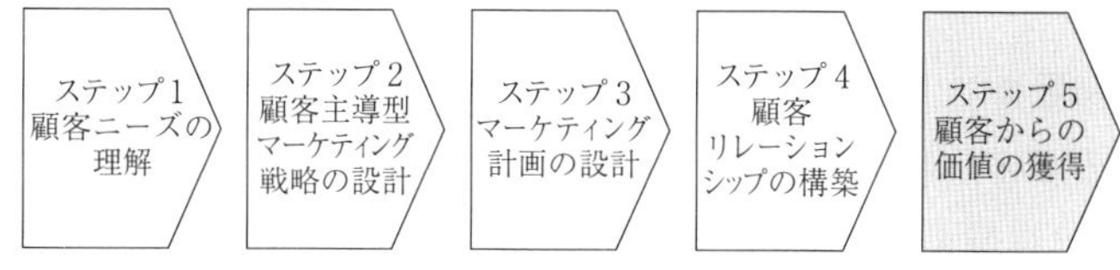

（本書で触れる内容）

	STP	マーケティング･ミックス	
・環境分析 ・マーケティング調査	・セグメンテーション ・ターゲティング ・ポジショニング	・製品 ・価格 ・流通 ・プロモーション	関係性の管理

出所：コトラー・アームストロング・恩藏（2013）6頁に追記した。

ンパクトカー，ミニバン，トラック，バス，福祉車両など）の中に複数のブランドを保有するケースが多い。顧客の混乱を回避し，自社製品どうしの売上げの奪い合いを避けながら，カテゴリー数とブランド数をどこまで増やしていくのかは重要な意思決定となる。

また近年では，有形の製品であっても，そこに周辺サービスを付加する取組みが差別化の鍵を握る。例えば，音楽CDにアイドルと握手できるサービスを付随させる例や，産業用機械にメンテナンスに必要な情報を遠隔で監視するサービスを提供する例などがこれに当たる。

⑵価格戦略

提供する製品やサービスに対して課される金額が，狭い意味での価格である。顧客視点からみた価格とは，製品やサービスの購入によって失われる金額であり，製品やサービスに対して感じた価値以上の金額は基本的に支払われることはない。企業視点からみた価格とは，製品やサービスの提供と引き換えに得る報酬であり，製品やサービスの提供に必要なコストを下回ることはない。

かつて企業は，製品の設計図を元に試算したコストをベースとして，必要な利益を上乗せし，価格設定を行っていた。つまり，製造現場を出発点とした発想である。一方，先進的な企業は顧客の価値を起点としている。顧客が知覚する価値をベースに価格を設定し，その目標価格が実現するように製品の図面を描くという順番である。また，現実的には，競合他社の価格が価格設定に直接的な影響を及ぼすことも多く，価格設定を通じた様々な戦略的駆け引きがなされている。

(3)流通戦略

企業が顧客と直接やり取りし，製品やサービスを直接届ける手法（**直接流通**という）を採用する企業も存在するが，多くの企業は流通業者を介して間接的に製品やサービスを届ける手法（**間接流通**という）を採用している。

直接流通は，顧客と直接的なやり取りがなされるため，製品やサービスに細かな要望を反映させる調整が可能となる。一方，広いエリアをカバーすることには困難を伴う。間接流通は，その逆の性質をもつ。広くエリアを効率的にカバーできる反面，顧客との距離が遠くなるために，スピードが遅くなったり，顧客の声が届きづらくなったりする。また，仲介する流通業者が増えれば増えるほど，利害の衝突の機会も増え，マネジメントが難しくなることもある。伝達する顧客価値を最大化する流通の仕組みを整え，利害関係者（卸売企業や小売企業などの流通業者）を適切にマネジメントする流通戦略が求められている。

(4)プロモーション戦略

いくら魅力的な製品を開発しても，世の中に広く認知されなかったり，誤解されて伝わってしまったりしたら，大きな売上げ成果を得ることはできないだろう。企業は，顧客と正しくコミュニケーションをとるためにプロモーション戦略を適切に設計，運用する必要がある。

広告を用いた情報伝達は，その代表格といえる。テレビ，新聞，ラジオなど一般大衆に向けた広告媒体を用いて広く情報を拡散する場合もあれば，屋外広告や交通広告，インターネットなどを用いてよりピンポイントに情報を届ける場合もある。試供品やクーポン券，店頭ディスプレイなどの刺激により「いますぐ買わなければならない」理由を提示する**セールス・プロモーション**（販売促進）も広く行われている。他にも，報道機関などに取り上げてもらうことで情報を拡散させるパブリシティなど，様々な活動を組み合わせてプロモーション戦略は設計されている。

3 顧客との関係性管理

科学技術（とりわけ情報技術）の発展は，顧客と企業の関係性のあり方に劇

▶▶ column 11 ◀◀

倉庫業をイノベーション（新しい市場セグメントに新しいサービスを展開）

流通業界の役割の一端を担う倉庫業者についてどのような印象をもつだろうか。段ボールが山積みにされた埃っぽい倉庫に，フォークリフトや大型のトラックが行きかうといったイメージが浮かぶかもしれない。そんな倉庫業でイノベーションを起こし，成功を収めている企業がある。1950年創業の寺田倉庫株式会社（以下，寺田倉庫）である。

寺田倉庫も以前は，BtoB 市場をターゲットとして，文書保管などのサービス展開していた。ところが，この市場セグメントでは差別化が難しく，同業者との間で激しい価格競争に陥ることもあった。2011年，新しく就任した中野善壽氏は，自社が提供する顧客価値を再解釈し，「サービスを付加し，オンリーワンのビジネスを創出する」方針を掲げた。

新たにはじめたのは，BtoC 市場をターゲットとして，ワインやアート作品，楽器などを保管するサービスである。これには，発想の転換が必要であった。従来の倉庫業では，できるだけ多くの荷物を預かり，できるだけ早く返す（つまり，回転率を高める）ことが求められていた。新しいビジネスでは，預かったものをできるだけ長期間保管してもらい，そこに価値を感じてもらうサービスの付加が要求されたからである。

ワインの保管サービスでは，一流のソムリエが出迎えてくれるおしゃれなラウンジスペースを併設し，特別な経験を提供することにした。絵画の保管サービスでは，自分の作品を展示できるスペースや修復工房も設けられた。楽器の保管サービスでは，バーカウンターやキッチンのあるリハーサルスタジオが設置され，楽器の演奏やパーティーも可能となった。

以上のような改革を進めた結果，顧客から多くの支持を得るに至った。8年間でキャッシュフローは8倍へと拡大し，社員1人当たりの売り上げも1億円を超えるなど，大成功を収めている。

出所：野口直希，2018，「無駄を徹底排除し，キャッシュフローは8倍に── 寺田倉庫がおこなった『ビジネスの再解釈』」Forbes JAPAN　https://forbesjapan.com/articles/detail/23530（2021年9月15日閲覧）寺田倉庫株式会社：https://www.terrada.co.jp/ja/

的な変化をもたらした。これまで不可能であった，顧客と企業，双方向の情報交換が容易となり，個別の対応が可能となった。

一般的に，顧客を新規に獲得するよりも，関係性を持続する方が，必要なコストが低いといわれている。多くの企業が関係性維持の重要性を認識し，顧客との関係性管理の取組みが活発化している。アフターサービスを充実させて，購入後のフォローを行う活動は一般的であるが，革新的なサービスによって差別化に成功している企業もいる。例えば，専用のウェブサイトからデザインや仕様をカスタマイズし，一点物の製品を注文する仕組みが，パソコンやスニーカーなどの工業製品でも実現できるようになった。他にも，顧客が企業に直接フィードバックを伝えたり，企業の製品開発に参画したり，企業が主催するイベントに参加したりすることも容易になってきた。顧客との関係性管理は，コスト面のみならず，競合他社と差別化する上でも無視できないものとなっている。

設　問

1．「マーケティングの5ステップ」の各ステップの中で，市場の把握がいかに重要であるかについて確認しよう。
2．身の回りの商品で，新しいターゲットを攻略して成功している企業を調べよう。新しいターゲット市場に向けて，どのような製品を提供しているだろうか。

推薦図書

フィリップ・コトラー，ゲイリー・アームストロング，恩藏直人，2013,『コトラー，アームストロング，恩藏のマーケティング原理』丸善出版

豊富な事例をもとにまとめられているので，マーケティング全般についてわかりやすく体系的に学ぶことができる。

和田充夫・恩藏直人・三浦俊彦，2016,『マーケティング戦略 第5版』有斐閣アルマ

マーケティング戦略論について学術的な視点で書かれている。初学者でもわかりやすく学ぶことができる。

アル・ライズ，ジャック・トラウト／新井喜美夫訳，1994,『マーケティング22の法則――売れるもマーケ当たるもマーケ』東急エージェンシー出版部

マーケティングの基礎知識を得た上で本書を読めば，マーケティング発想の面白さを理解できる。

引用参考文献

和田充夫・恩藏直人・三浦俊彦，2016，『マーケティング戦略 第５版』有斐閣アルマ。

沼上幹，2008，『わかりやすいマーケティング戦略 新版』有斐閣アルマ。

フィリップ・コトラー，ゲイリー・アームストロング，恩藏直人，2013，『コトラー，アームストロング，恩藏のマーケティング原理』丸善出版。

Crawford, M., & Di Benedetto, A. , 2011, *New Products Management*（10th ed.）, McGraw Hill Higher Education.

Kerin, R. A., Hartley, S. W., & Rudelius, W. , 2015, *Marketing*（12th editi）, McGraw-Hill Higher Education.

参照 WEB ページ

トヨタ自動車　https://toyota.jp/index.html

光岡自動車　https://www.mitsuoka-motor.com/

（大平　進）

第12章　戦略的差別化のための企業活動の取組み
——ブランド戦略——

適切なブランド戦略によって得られる差別化効果は，企業の財務的成果に大きく貢献します。はじめに，ブランドの定義や管理対象といったブランドの基礎知識について理解します。続いて，差別化効果を生み出すブランド知識や，ブランド戦略に特有なセグメンテーション，ターゲティング，ポジショニング手法について学んでいきます。最後に，無形資産としてのブランド・エクイティとその測定方法について触れます。

Keywords▶ブランド，ブランド知識，ブランド認知，ブランド再生，ブランド再認，ブランド・イメージ，ブランド要素，ブランド・ポジショニング，類似化ポイント，差別化ポイント，ブランド・エクイティ

第1節　ブランドとは

ブランドと聞くと，「グッチ」や「ルイヴィトン」，「ロレックス」など，高価なバッグや時計につけられた名前を思い浮かべるかもしれない。もちろん，それらもブランドの一部であるが，企業が取り扱うブランドはより広い意味を有しており，管理する対象も幅広い。ブランド戦略の本論に入る前に，ブランドの定義とブランド管理の対象について理解しておきたい。

1　ブランドの定義

ブランドは，brandr（古いノルド語）を語源としており，もともとは「（家畜などに）焼き印をつける」という意味をもっていた。自分が所有する家畜と他

の生産者が所有する家畜を区別するために，焼き印をつける必要があったことが背景にある。現在用いられるブランドも，本質的な部分において語源が示す意味と共通している。

マーケティング分野で世界的に権威のある組織，アメリカ・マーケティング協会が示した定義によると，ブランドとは「商品やサービスに用いられる名前や用語，デザイン，シンボル，その他の特徴を指し，他の売り手集団が提供するそれらのものと明確な違いを認識させるためのもの」である。江崎グリコが販売するパピコというアイスを例に取ると，「パピコ」というユニークな名前はもちろん，独特なチューブ型の容器デザイン，スムージーのようななめらかな食感にいたるまで，様々な特徴が，他社製品との明確な違いを印象づけており（江崎グリコ株式会社 HP），それらはすべてブランドを表現するものといえる。なお，名前や用語，デザイン，シンボルなどはブランド要素と呼ばれ，詳細については後述する。

2　ブランド管理の対象

ブランド管理の対象は多岐にわたっている。上述したアメリカ・マーケティング協会による定義では，「商品[▶1]やサービスに用いられる」という記述があった。つまりブランドは，高級品に限定したものでもなければ，有形物に限ったものでもなく，無形のサービスにも適用されるのである。例えば保険会社は，顧客ニーズに合わせて様々な保険商品を開発しており，競合他社ブランドの提供する商品と比較して，独自性や優位性をアピールしている。

ブランド管理はまた，消費者向け製品だけでなく，企業向け製品も対象となる。近年，テレビコマーシャルで半導体や産業機器メーカーの広告をよく目にするのは，好ましいイメージの醸成やブランドに対する認知度向上のための活動，ひいては優秀な人材を確保するためのリクルート活動の一環として理解できる。

製品単位ではなく，企業や団体などの組織単位でブランド管理活動が展開されることもある。例えば，多くの営利企業は，自らの企業イメージを向上させるために慈善活動や環境保全活動を行ない，社会貢献をアピールしている。公

▶1　本章では，商品と製品を同義の物として扱う。

的な機関や非営利組織においてもブランド管理が有効な場合がある。例えば大学は，優秀な学生を多く獲得するために，知名度を上げたり，魅力を伝えたりする様々な取組みを実施している。

他にも,医者や弁護士,芸能人といった人物もブランド管理の対象である。例えば芸能人であれば,適切なブランド管理によって好感度が高まれば,テレビや映画,CMへの出演機会を増大させることができる。最後に,国や地域などの場所も管理対象となり得る。過疎化に悩む地域では，ブランド管理活動によって認知度を高め,魅力を伝えることで,移住者や観光旅行者を引き込めるのである。

第2節　差別化効果を生むブランド知識

企業のブランド戦略によって差別化効果を生み出すためには，好ましいブランド知識を植えつけることがきわめて重要となる。ここで**ブランド知識**とは，顧客のマインド内に形成され，保持されるブランドに関連する知識のことをいう。さらにブランド知識は，ブランド認知とブランド・イメージで構成される。順を追って詳しくみていこう。

1　ブランド認知とは

ブランド認知という言葉は，ビジネス誌やニュース番組などで頻繁に用いられており，広く普及している用語である。ところが，正確な意味が正しく理解されていない用語でもある。**ブランド認知**とは，顧客のマインドの中にどれだけ強く「記憶として残っているか」に関わっており，様々な状況下においてブランドを識別したり，思い出したりする能力のことをいう。そして，ブランド認知は，ブランド再生とブランド再認の両面で捉えることができる。

ブランド再生とは「製品カテゴリー，そのカテゴリーが満たすニーズ，購買状況や使用状況が手がかりとして与えられたとき，消費者が当該ブランドを記憶から呼び起こす能力」（ケラー，2010，57頁）である。例えば，冷蔵庫を開けたとき，焼き肉のタレを切らしていることに気づき，補充しなければならない状況を思い起こしてみよう。ここで空き瓶も残っていなかった（前に使っていたタレのブランド名がわからない）とする。つまり，「焼き肉のタレ」という製品カテゴリーしかヒントが与えられていない状況である。この状況下において，「いつも使っている○○を買わなきゃ！」「今回は○○を試してみよう！」といった具合に，購入したい特定のブランド名を正しく思い出すことができれば，ブランドが再生されたといえる。

もし，特定のブランド名を思い出せない場合，どうなるだろうか。ひとまずスーパーへと足を運んでみたとする。そして，商品棚に陳列された多数の焼き肉のタレの中から，なじみのあるパッケージを目にしたとき，「いつも使っているタレはこのブランドだ！」と思い出し，「今回もこれにしよう」となるかもしれない。あるいは，「そういえばテレビでこのブランドが紹介されているのをみた。今回は△△を試してみよう！」となるかもしれない。この場合，パッケージや商品名がヒントとなってブランドが再認されたという。つまり，**ブランド再認**とは「ブランドが手がかりとして与えられたときに，消費者が過去に当該ブランドに接した経験を強く思い出す能力」（ケラー，2010，57頁）である。

この例を焼き肉のタレを製造するメーカーの視点から考えてみよう。企業からすると，購買前に多くの消費者が当該ブランドをブランド再生してくれる状況が望ましいといえる。さらにいうと，様々な状況でブランド再生してもらえたらより理想的であろう。「バーベキューにいくときも○○をもって行く」「野菜炒めやチャーハンを作るときも○○を使う」といった具合に，様々な利用シーンで当該ブランドを再生してもらえば，それだけ購買量も増えていくからである。しかしながら，消費者にブランド再生させるには，消費者の記憶に強く定着させる必要があるため，相当なマーケティング努力が要求される。

また，ブランド再生やブランド再認されたからといって，最終的に購買へとつながるとは限らない点についても，注意しなければならない。つまり，ブランド認知（再生と再認）は，ブランド選択の必要条件であって，十分条件とはならないのである。それでもブランドが再生あるいは再認されれば，数あるブランドの中から最終選考に残る確率は高まるだろう。企業がブランド認知向上に気を配るのはこのためである。

2　ブランド・イメージとは

ブランドを目にしたり，耳にしたりするとき，当該ブランドに関連した様々な感情や思考，過去の経験などを連想するだろう。消費者のマインド内で起きるこのような連想は**ブランド連想**と呼ばれる。

例えば，「コカ・コーラ」と聞いたとき，どのような連想が浮かぶだろうか。赤い色，炭酸，さわやか，水滴，クリスマスのCM，オリンピック，入手が容易，自動販売機など，様々な連想が浮かぶであろう。それらは多くの人にとって共通した連想である。人によっては，子どもの頃にコカ・コーラというブランドに触れた経験（例えば，夏休みの思い出や部活動で飲んだスポーツドリンクなど）といった個人的な連想を思い浮かべるかもしれない。こうしたブランド連想を通じてブランドに関する知覚や信念が形成されていく，それが**ブランド・イメージ**の形成である。

ここで，ブランド・イメージはポジティブにもネガティブにもなり得る点は注意しなければならない。ポジティブなブランド・イメージを形成させるためには，強く，好ましく，ユニークなブランド連想を発生させる必要があるとされている（ケラー，2010）。具体的には，ブランドが個人的に関連性の強いものであれば，ブランド連想はより強くなる。ブランドによってもたらされる便益が，まさに求めていたもの，あるいは，期待以上のものであり，将来にわたって一貫して提供されるものであれば，好ましい連想となる。

例えば，共働きの家庭がロボット型の掃除機を初めて購入した際，毎日のわずらわしい掃除から解放されたとする。すると，「まさに私たちのような家庭に必要なものだ（関連性）」や「仕事から帰ってくると，いつも部屋がきれいになっている（約束通りの便益）」などと感じるであろう。結果として，わずらわしさの軽減，頼れる存在，共働き世帯の味方，といった強く，好ましい連想を発生させ，ポジティブなブランド・イメージへとつながるのである。

ユニークなブランド連想については，競合他社ブランドとの違いを消費者に知覚してもらう必要がある。このためには，効果的なブランド・ポジショニング戦略が必要となる。この点については，第4節にて触れることとする。

第3節　ブランド知識の形成を助けるブランド要素

ブランド知識の形成をサポートするものとして，ブランド要素が挙げられる。本節では，代表的なブランド要素であるブランド・ネーム，ロゴ，シンボル，キャラクター，スローガン，ジングル，パッケージについて説明する。

1　ブランド・ネーム

ブランド・ネームとは，ブランドにつけられた固有の名前である。シンプルで発音が容易，かつ親しみやすくユニークな名前が，ブランド認知されやすいブランド・ネームといわれている。シンプルさと親しみやすさを維持しつつ，ユニークな言葉を探すのは至難の業であり，マーケティング担当者の頭を悩ます要因となっている。身の回りのブランドに注意を向けると，ユニクロやAmazon，ポッキー，レッドブル，スターバックスなど，広く認知されているブランド・ネームは，シンプルで発音が容易，かつ親しみやすくありながら，ユニークでもある。

ブランド・ネーム作成にはいくつかの手法が知られている。例えば，製品がもたらすベネフィトや属性を名前に含むことで，強いブランド連想を生みだす手法である。ごきぶりホイホイ，チャッカマン，セノビック，エネループなどのブランド・ネームは，一度耳にしただけでベネフィットが容易に推測でき，記憶にも残りやすい。他にも，韻を踏んだり，人名や動物の名前を用いたり，2つの用語から造語を作成したりといった，様々なテクニックが存在している。

2　ロゴ，シンボル，キャラクター

企業名や商標などを，ユニークな書体や抽象的なマークによって表現したものが**ロゴ**である（図12-1①）。例えば，ほぼすべての自動車には，前面と背面にロゴがつけられており，どの企業が生産した車であるかが一目で識別できるようになっている。家電製品やお菓子，ジュースなど，身の回りの製品をみてみると，ほとんどの製品にロゴが記載されているのがわかるだろう。

文字を含まないロゴは，**シンボル**と呼ばれることがある。例えば，三菱グループは3つの「菱形」で組み合わされたマークをシンボルとして用いている（図12-1②）。一度認知されれば，文字の情報が無くとも，三菱グループの製品やサービスであると識別が可能となる。

ロゴやシンボルには，一目で識別できるという利点以外にも，言語や文化の

図12-1① ロゴ
（例 日産自動車株式会社）

出所：日産自動車株式会社提供。

図12-1② シンボル
（例 三菱グループ）

出所：ウェブサイト mitsubishi.com より許可を得て引用。

図12-1③ キャラクター
（例 ソフトバンクグループ株式会社）

出所：ソフトバンクグループ株式会社提供。

違う地域でも展開が可能であったり，古くなったデザインの刷新が可能であったりするなどの利点がある。

動物や人物，架空の生き物などをブランドの象徴として用いることがある。これらは**キャラクター**と呼ばれている。例えば，白い犬やアヒルを目にしたときに，何か特定のブランドを思い出すだろうか。多くの人は，白い犬をみるとソフトバンクを思い出し，白いアヒルをみるとアフラックを思い出すのではないだろうか（図12-1③）。キャラクターは，人目を引きやすく，親しみやすさを感じさせることから，ブランド認知向上に役立つと考えられている。

3 スローガン，ジングル

短いフレーズを用いて，ブランドに関連した情報を伝える**スローガン**も，多くの企業で採用されている。訴求したい便益やブランド・ポジショニングを明示する目的で用いられることが多い。例えば,「からだにピース。」は乳酸菌飲料「カルピス」のスローガンであり（アサヒ飲料株式会社 HP),「身体によい」飲料であると容易に推測することができる。他にも，日産自動車株式会社の「やっちゃえ Nissan」(日産自動車株式会社 HP), 大成建設の「地図に残る仕事。」（大成建設HP）など，広告やコマーシャル，キャンペーンとともに展開されることが多い。

スローガンと類似したものに**ジングル**がある。音楽にのせてメッセージを伝えるもので，ブランド認知向上の効果が期待できる。例えば，ファミリーマートの「あなたと，コンビに，ファミリーマート」やコスモ石油の「ココロも満タンに コスモ石油」，ニトリによる「お，ねだん以上。ニトリ」など，多くの人の記憶に残っているジングルは多い。

スローガンやジングルは，繰り返し聞いていると，メッセージの意味を考えずに聞き流してしまう場合がある。定期的な更新によって，再び注目してもらうことは可能であるが，長年定着したものを更新する場合は，慎重さが求められる。

4 パッケージ

製品を入れる容器や袋，包装紙は**パッケージ**と呼ばれ，ブランド要素の１つとされている。製品の保護や輸送，保管を助ける機能が本来のパッケージの機能である。ブランドの観点からみたパッケージの重要な機能は，独特なデザインを用いることによる識別し易さにある。例えば，「永谷園のお茶漬け」は，ブランドを象徴するカラー（赤，黄，黒，緑色の縞模様）の袋に梱包されており，商品棚でもひときわ目立つパッケージとなっている。「サトウのごはん」のパッケージは，ご飯がプラスチックの容器に収められており，半分は赤色，残りの半分は半透明で中身が確認でき，遠くからでも識別できるパッケージとなっている。また，容器ごと温めるだけで消費できる機能性も兼ね備えている。他にも，辛ラーメン（インスタントラーメン）やハイネケン（ビール），ヤクルト（乳酸菌飲料），伊右衛門（お茶）など，ユニークで目立つパッケージを探してみるのも面白いだろう。

近年，革新的なパッケージ・デザインを採用し，製品に新たな機能を追加することで，売上げを伸ばしているブランドも増えてきた。ヤマサの「鮮度の一滴」（醤油）のパッケージは，醤油が空気に触れない構造になっており，最後の一滴まで鮮度を保つ機能を追加することで成功を収めた（ヤマサ醤油株式会社HP）。サントリーの「クラフトボス」は，人のぬくもりを感じさせる形状のペットボトルを採用し，持ち運べる機能を追加した。当初ターゲットとしていたデスクワークをする若者たちからだけでなく，「これまでコーヒーを飲んでいなかった層」からも支持を得ている（SankeiBiz, 2018）。

第４節　効果的なブランド・ポジショニング戦略

前章では，マーケティング戦略の観点でセグメンテーションからターゲティング，ポジショニングにいたるプロセスを説明した。本章では，ブランド戦略において重要な視点に絞ってSTPを説明する。

1 ブランド戦略特有のセグメンテーションとターゲティング

ブランド戦略では，顧客の行動的側面からターゲティングを行うことが有効な場合がある。例えば，当該ブランドのユーザーか否か，（ユーザーの場合）ブランド・ロイヤルティ[▶2]は強いか弱いか，（ユーザーではない場合）試しに利用してくれるか否か，などである。**表12-1**は行動的側面を考慮した市場セグメンテーションの例である。細分化した市場セグメントの中からターゲットを絞り込み，特別な広告キャンペーンを行うなどすればよい。

表12-1の考え方にも基づいて，仮にアップル社の視点からスマートフォン（以下スマホと表現）市場をセグメンテーションしてみよう。スマホ市場は利用経験によって，大きくアップル社製スマホ・ユーザー，アップル社製スマホ・非ユーザー，スマホ未経験ユーザー（折りたたみ式携帯電話のユーザー）の3つのセグメントに大別される。

アップル社製スマホ・ユーザーはさらに，アップルへのブランド・ロイヤルティの強弱に応じて，「固定客」から「流動客」まで4つに細分化される。固定客は，アップル社のブランドを愛してくれる上客であり，この層をどのように維持，拡大すればよいかを考える必要がある。「移り気な客」あるいは「流動客」は，今は当社ブランドのユーザーかもしれないが，何かの拍子に（例．故障などによる買い換えのタイミング，他社ブランドが魅力的な新製品を発売したタイミングなどで）他社ブランドへ移ってしまうかもしれない客である。彼らをどのように引き留めるかを考えなくてはならない。

一方，非ユーザーは試用可能性の高低に応じて，「全く見込みのない客」から，「見込み客」まで4つに細分化される。見込み客や流動客は，何かがきっかけでアップル社製スマホに乗り換えてくれるかもしれない客である。きっか

▶2　ブランド・ロイヤルティとは，ブランドに対する忠誠心を意味する。ブランド・ロイヤルティの高い顧客は，新商品が発売された時や，今使っている商品を買い換える必要性が生じた際に，当該ブランドを選択する傾向が強いといえる。

表12-1　行動的側面を考慮した市場セグメンテーション

細分化変数		市場セグメント	典型的な行動
第1軸：利用経験	第2軸：態度		
当該ブランドのユーザー	強い ↑ ブランド・ロイヤルティ ↓ 弱い	固定客	非常に強いブランド・ロイヤルティを持ち，将来にわたって購入し続ける
		普通客	自分のブランド選択に満足しており，将来もスイッチする可能性は低い
		移り気な客	すぐにブランドをスイッチしないが，別の選択肢を考慮している
		流動客 （逃げるかもしれない）	ボーダーライン上にいて，ブランドをスイッチする可能性が高い
当該ブランドの「非」ユーザー	高い ↑ 試用可能性 ↓ 低い	見込み客	まだスイッチしてはいないが，「他の」ブランドを好んでいる
		流動客 （来るかもしれない）	現在のブランドと同様に，「他の」ブランドにも惹かれている
		見込みが低い客	現在使用しているブランドを好むが，それほど強く選好していない
		全く見込みがない客	現在使用しているブランドを非常に好んでいる
他製品カテゴリーのユーザー		当該製品カテゴリー未経験客	当該製品カテゴリーの製品を利用したことがない

出所：ロシター・ベルマン（2009）を参考に筆者作成。

けが何かを見きわめて，行動変容を促すアプローチを考えなければならない。「全く見込みの無い客」は他社ブランドに対する忠誠心が強く，攻略するのが非常に難しい客である。場合によっては，この市場セグメントを切り捨てるのも選択肢の1つとなる。

ここでの「他製品カテゴリーのユーザー」は，折りたたみ式携帯電話（いわゆるガラケー）のユーザーである。新しい技術や製品に対して非常に保守的か，情報技術へのリテラシーが欠如している可能性のある客である。当社ブランドに引き寄せる前に，スマートフォンのよさを伝え，説得する必要があるため，コストや手間のかかる市場セグメントといえる。

2 類似化ポイントと差別化ポイント

ブランド・ポジショニングを考える際，競合他社ブランドと比較して，何が類似していて（**類似化ポイント**），何が異なっているか（**差別化ポイント**）を理解しなければならない。

例えば，ファーストフード業界のブランド比較を行ってみよう。**表12-2**は，ファーストフード業界3社に関するブランド連想を学生らに列挙してもらい，結果を整理し，まとめたものである。3つのブランドには，共通した連想と異なる連想があることがわかる。あくまで限定された市場セグメント（大学生）によるブランド連想結果であり，企業が意図したものとは異なるかもしれない。

初めに類似化ポイントに注目してみよう。今回の例では，3ブランドともに，ハンバーガーやポテトが手ごろな価格で素早く提供され，店舗数も多いという連想結果となった。意外に思われるかもしれないが，競合他社ブランドと共通した連想は大変重要である。これらの連想がなければ，「ハンバーガーを提供するファーストフード」のブランドとして認識されないことになる。特に，新規参入する際，当該製品カテゴリー（今回の場合は，「ハンバーガーを提供するファーストフード」）のメンバーとして正しく認識されず，ブランド選択の可能性を下げてしまうからである。

続いて差別化ポイントに目を向けると，それぞれのブランドには他社にないユニークな便益や特徴があり，大学生に認識されていることがわかる。企業の努力が差別化ポイントになり，独特なポジショニングに貢献していることがうかがえる。

仮に，モスバーガーの差別化ポイントの1つである「野菜が多い」が，競争優位性獲得に大きく貢献していたとする。他の2社もそれに追随する形で，「野菜が多い」という連想を獲得できたとしたらどうなるだろうか。「野菜が多い」というモスバーガーの強みは無効化され，類似化ポイントの1つとなってしまうのである。

以上のように，ブランド間の競争では，顧客のマインドや市場セグメントに適切な位置（ポジション）を見出し，製品やサービスの属性や便益を調整することによって，競争優位が獲得されるのである。また，適切なコミュニケーションによって，企業が意図する類似化ポイントと差別化ポイントを顧客に正

表12-2　学生によるファーストフード3ブランドの連想比較

	マクドナルド	モスバーガー	フレッシュネスバーガー
類似化ポイント	・ハンバーガーやポテトを提供する ・手ごろな価格 ・早く提供される ・店舗数が多い ・基本的には，セルフサービス		
差別化ポイント	・駅前やにぎやかなエリアに出店 ・価格が低い ・高校生や家族連れが多い ・ドライブスルー ・子ども向け景品(おもちゃ)	・駅から少し離れている ・価格は中程度 ・少し落ち着いた客層 ・野菜が多い ・健康や食の安全に配慮	・少しおしゃれなエリアに出店 ・価格がやや高い ・雰囲気が良い ・パスタなども充実 ・お酒が飲める

出所：筆者作成。

しく伝えなければならない。ブランドに関連する様々な情報を消費者に伝えるコミュニケーション活動は，**ブランド・コミュニケーション**と呼ばれている。

3　ポジショニング戦略

ブランド戦略に特有なポジショニング戦略（Aaker & Shansby, 1982）についていくつか紹介したい。

(1)製品属性や特徴，便益によるポジショニング

最も頻繁に行われているのが，顧客の意思決定に強く影響しそうな製品属性や特徴，便益によって他社ブランドとの差別化を行うポジショニング戦略である。タイヤメーカーが静粛性をアピールしたり，歯磨き粉メーカーがホワイトニング効果を謳ったり，洗濯用洗剤メーカーが消臭性能の凄さを主張する例はよく目にするだろう。

(2)価格対品質によるポジショニング

価格対品質の関係性に明確な違いを示すことで，ポジショニングを行う戦略である。例えば，家具やインテリア用品を扱う株式会社ニトリホールディングスは，価格相応以上に品質がよい製品を提供するスローガン「お，ねだん以上。ニトリ」を掲げている。品質はよいが価格が高い家具，品質は低く価格も低い家具はたくさん存在する中で，品質がよくて価格も低い家具というのは差別化されたポジショニングとなっている。

(3)利用や応用によるポジショニング

特定の利用方法や応用方法をブランドに関連づけて，独特なポジショニングを築く戦略である。例えば，P&G社は，洗濯用洗剤ブランドの「アリエール」に「アリエールスポーツ」を追加した。スポーツという特定の用途に着目し，スポーツウェアのしつこい汚れや臭いを抑えることに特化した消臭・洗浄成分を加えている（P & G社HP）。

(4)製品ユーザーによるポジショニング

特定の製品ユーザーにブランドを関連づけて，ブランドの世界観を表現したり，好ましいイメージを植えつけたりするポジショニング戦略も有効である。例えば，日産自動車は，SUV車ブランド「エクストレイル」の広告の中で，エクストリーム・スポーツを楽しむユーザーと結びつけて，ブランドがイメージする世界観を表現した（日産自動車株式会社HP）。

(5)製品カテゴリーによるポジショニング

ブランドの競争はしばしば，他の製品カテゴリーに属するブランドとの間で行なわれる。従来の常識の枠を超えて，他の製品カテゴリーにポジショニングする戦略が製品カテゴリーによるポジショニング戦略である。

例えば，最近よくみかけるようになってきた糖度が高いトマトは，生産者によって「フルーツトマト」と位置づけられる試みがなされている。つまり，従来の「野菜」カテゴリーとしてではなく「フルーツ」カテゴリーとしてポジショニングする戦略といえる。

(6)競合他社を参照したポジショニング

比較の参照点として競合他社ブランドを暗示的に，あるいは明示的に示すことで自社ブランドのポジショニングを表す戦略である。日本では，競合他社ブランドと比較して，自社ブランドがより優れていると主張するのは，法律的にも文化的にも難しい状況である。自虐的に「2番手」企業であると主張したり，匿名のブランドや業界平均値と比較したり，特定の分野では勝っている点を主張したりする場合がある。例えば，JR東海が展開した「新幹線でECO出張」広告キャンペーンでは，CO_2排出量が航空機よりも少ない点を示し，環境性能で優れている点をアピールした（神田・横田，2016）。

4　リ・ポジショニング

ブランドは長い年月が経過すると，停滞したり，衰退したりする場合がある。ポジショニングを再考し，修正することによりブランドのてこ入れを行うのが**リ・ポジショニング**である。具体的には，新たな市場セグメントを狙ったり，便益を更新したりする手法が挙げられる。

第5節　無形資産としてのブランド

適切なブランド管理は，企業の財務的パフォーマンスに大きな影響を及ぼす。本節では，無形資産としてのブランドについてみていこう。

1　ブランド・エクイティとは

好ましいブランド知識を顧客に植えつけることに成功すると，企業のマーケティング活動に対する顧客の好意的な反応，すなわち差別化効果があらわれる。ここで，顧客の好意的な反応とは具体的にどういったものがあるだろうか。例えば，企業があるブランドに関する広告キャンペーンを展開したときに，店頭に足を運んでくれたり，問い合わせをしてくれたりする。そのブランドの新製品を発売すれば，真っ先に購入してくれたり，ポジティブな感想を情報発信してくれたりする。ブランドに関連したイベントを開催すれば，友だちを誘って参加してくれたりする。このような反応は，売上や利益となって最終的に企業へと還元されるのである。

顧客1人の反応が企業の財務的成果に及ぼす影響は小さいかもしれない。それがまとまった数になると，企業経営の視点から無視できないほど大きな影響となる。ブランドがもつ無形の資産価値は**ブランド・エクイティ**と呼ばれ，ブランド･エクイティ構築を中心とした戦略が現代の企業経営に求められている。

2　ブランド・エクイティの測定

体温計や定規のようにブランド・エクイティを簡単に測定できる計器があれば便利だが，残念ながらそのようなものは存在しない。無形資産であるブランド・エクイティをいかに測定するかというのは，研究者や実務家にとって難しい課題であり続けている。ブランド・エクイティの現状を理解するためには，いくつかの測定手法を組み合わせるしかないのが現状である。測定アプローチと手法について代表的なものを紹介したい。

ブランド・エクイティは，顧客のマインド内にある感情や知識がベースとなっている。このため，インタビュー調査手法を用いて顧客のマインド内を把握する測定アプローチがある。例えば，特定のブランド・ネームを提示し，「何が思い浮かぶか」を自由に連想してもらい，記録する手法である。思い浮かんだ連想の数や範囲を測定することで，ブランド連想を通じたブランド・エクイティ構築の現状を把握することができる。[▶3] 競合他社ブランドについても同じ作業を行えば，ブランド間での比較も可能となる。他にも，ブランドを何か別のもの（人物や動物，国，野菜など）に例えてもらい，ブランドに対して抱いているイメージを把握する手法も存在する。

アンケート調査を用いてブランド・エクイティを明らかにしようとする取組みも広く行われている。代表的なものが**ブランド・ビルディング・ブロック**（あるいはブランド・ピラミッド）と呼ばれる手法である。ブランド認知を底辺とする6つの項目（ブロック）からなるアンケート調査を実施し，ブランド・エクイティ構築の現状を把握する通知表のような手法である。ピラミッドの底辺に位置するブランド認知の点数が満足いくレベルになると，2段目のブランド・イメージの点数がよくなり，次いで3段目のブランド・レスポンス，4段目のブランド・リレーションシップへと，ピラミッドの階段を上るように攻略していくイメージを想像するとよい。ブランド・エクイティ構築の現状を把握できるばかりか，課題点を示すこともできる。また，定期的に観測することで，同じブランドを時系列で比較分析したり，競合他社ブランドと比較したりも可能である。

「ブランドが異なる」という条件の違いだけから生じる変化を，実験や調査を通じて測定する手法もある。ブラインド・テストと呼ばれる実験は頻繁に行われている。例えば，複数の飲料ブランドで，ブランド・ネームを伏せた条件で1回目の味覚テストを行い，結果を記録する。2回目にはブランド・ネームを提示した上で同じ味覚テストを行い，結果を記録する。1回目と2回目の結果を比

▶3　ブランド連想をブランド・エクイティの先行指標の1つとしてみる考え方である。

▶▶ *column 12* ◀◀

ブランドを守る戦略「ディフェンシブ・ブランディング」

確立されたブランドは，競合他社ブランドや新規参入ブランドから攻撃の脅威にさらされ続けている。ある調査によると，欧米企業の約80%がブランド防衛を頻繁に，あるいは常に行っているといわれており（Calkins, 2012），「攻撃からいかにブランドを防御するか」が多くの企業にとって喫緊の課題となっている。

それでは，攻撃に対してどのような防衛手段があるだろうか。最も有名な手法が，フランカー・ブランドを用いた防衛である（田中，2017）。例えばユニクロは，低価格を売りにした競合ブランドの攻撃を受けた際，「GU」ブランドを投入することで直接対決を避ける戦略を採用した。このように，対抗させるための別ブランドはフランカー・ブランドと呼ばれ，親ブランドが低価格戦争に巻き込まれずに済む，いざとなれば「トカゲのしっぽ切り」が可能となる効果がある。

対応が難しいのは代替製品が現れたときの防衛である。例えば，百科事典はインターネット検索サイトに，デジタルカメラはスマートフォンに，ガソリン自動車は電気自動車に取って替えられる脅威にさらされている。対抗措置として，代替製品には真似のできない機能を磨く（例．デジタルカメラは一眼レフ機能を磨いて抵抗している➡第5章第2節参照），業界全体で協力して抵抗する，残された成長セグメントに集中するなどが有効とされている（田中，2017）。

また，戦う相手は競合他社だけではない。思わぬ出来事による脅威からもブランドを防衛しなければならない。例えば，消費者による不買運動（例．反日運動に伴う日本製品不買運動）や従業員の不正行為（例．バイトテロ），製品の不正改変（例．毒物混入），取引先が原因のリコール問題などの出来事は，風評や誹謗中傷などを誘発し，対応を間違えるとブランドの棄損や急激な需要減少を招きかねない（Mitroff and Alpaslan, 2003）。企業のブランド責任者は，こうした出来事を想定した準備も必要である。

較することで，ブランドが及ぼした影響度合いが確認できるというものである。

ブランドが示す市場パフォーマンスから，金銭的にエクイティを試算する試みもなされている。例えば，インターブランド社は，ブランドが「将来どれくらい収益を上げると予想されるか」という視点に基づいてブランド価値の分析を行い，金銭的価値の試算結果としてランキング形式で毎年発表している。具体的には，「財務力」「ブランドが購買意思決定に与える影響力」「ブランドに

表12-3　インターブランド社によるブランド価値ランキング

順位	ブランド名	ブランド価値（億ドル）
1	Apple	3,230
2	Amazon	2,007
3	Microsoft	1,660
4	Google	1,654
5	Samsung	623
6	Coca-Cola	569
7	Toyota	516
8	Mercedes-Benz	493
9	McDonald's	428
10	Disney	408

出所：Interbrand, Best Global Brand 2020（https://www.interbrand.com/best-brands/　2021年9月15日閲覧）。

よる将来収益の確かさ」を測定基準としている。**表12-3**は，2020年度のランキングを示したものである。世界的に活躍するグローバル企業のブランドの価値が天文学的大きさであることがうかがえる。

設　問

1．本章で学んだキーワードについて，ブランド・エクイティ構築との関連を確認してみよう。
2．自分にとって思い入れのあるブランドを1つ選択し，当該ブランドがどのようなブランド戦略を実践しているか，本章で学んだ内容をもとに考えてみよう。

推薦図書

ケビン・ケラー／恩蔵直人監訳，2010，『戦略的ブランドマネジメント（第3版）』東急エージェンシー

顧客基準のブランド・エクイティ構築のための戦略的ブランドマネジメントについて体系的に学ぶことができる。

田中洋，2017，『ブランド戦略論』有斐閣

ブランド戦略ついて学術的な視点で書かれている。必要な個所だけ拾い読みする使い方もできる。

デービッド・アーカー／阿久津聡訳，2014，『ブランド論――無形の差別化を作る20の

基本原則』ダイヤモンド社

経営学とブランド論の基礎知識を得たうえで本書を読めば，より実践的な戦略論を習得できる。

引用参考文献

神田昌典・横田伊佐男，2016，「『空の王者 JAL』と『陸の王者 JR 東海』はなぜ，大ゲンカしたのか？」(2016年10月20日)，DIAMONDonline　https://diamond.jp/articles/-/104050 (2021年 9 月15日閲覧)。

ケビン・ケラー／恩蔵直人監訳，2010，『戦略的ブランドマネジメント（第 3 版）』東急エージェンシー。

ジョン R. ロシター，スティーブン・ベルマン／岸志津江監訳，2009，『戦略的マーケティング・コミュニケーション―― IMC の理論と実際』東急エージェンシー出版部。

田中洋，2017，『ブランド戦略論』有斐閣。

Aaker, D. A., & Shansby, J. G. , 1982, "Positioning Your Product," *Business Horizons*, 25(3), pp. 56-62.

Calkins, Tim , 2012, *Defending Your Brand: How Smart Companies Use Defensive Strategy to Deal with Competitive Attacks*, Palgrave Macmillan.

Mitroff, I. I., & Alpaslan, M. C., 2003, "Preparing for Evil," *Harvard Business Review*, 81(4), pp. 109-115.

参照 WEB ページ

SankeiBiz, 2018,「クラフトボスが大ヒットした納得の理由『ちょっと薄味』『太い容器』『クラフト感はどこ？』➞全て戦略だった」(2018年 2 月 1 日)　https://www.sankeibiz.jp/business/news/180201/bsc1802010700001-n1.htm（2021年 9 月15日閲覧).

Apple Inc.　https://www.apple.com/

P&G 社 HP　https://ariel.jp/ja-jp/shop/type/liquid/ariel-sports-gel

アサヒ飲料株式会社 HP（カルピスブランドサイト）　https://www.calpis.info/

江崎グリコ株式会社 HP　https://www.glico.com/jp/

ソフトバンクグループ株式会社 HP,「初代お父さん，カイくんへ感謝を込めて」 https://www.softbank.jp/mobile/info/personal/news/cm/20180628a/

大成建設株式会社 HP　https://www.taisei.co.jp/

日産自動車株式会社 HP　https://www.nissan-global.com/

三菱グループ HP　https://www.mitsubishi.com/

ヤマサ醤油株式会社 HP　https://www.yamasa.com/

（大平　進）

第13章　消費者の心を読もう
――消費者行動，マーケティング・リサーチ――

より効果的なマーケティング戦略を立案するためには，商品を買ってくれる消費者を理解することが重要です。第13章では，消費者を理解するために役に立つ消費者行動論の考え方や理論を紹介します。また，消費者を理解するために，マーケティング・リサーチを行い，消費者に関連するデータを収集し，分析を行います。そこで，マーケティング・リサーチには，どのようなものがあるのか，どのようなデータがあるのか，どのようなアプローチ（理解の方法）があるのかを紹介します。

Keywords▶刺激-反応モデル，刺激-生体-反応モデル，参照価格，期待不一致モデル，準拠集団，マーケティング・リサーチ

第１節　消費者行動の範囲

第11章では，市場環境分析とマーケティング戦略，第12章では，ブランド戦略について学んだ。これらのマーケティング戦略をより効果的なものにするには，商品を購入する消費者を理解することが有益となる。そこで，本章では消費者行動について学ぶ。

最初に，「消費者行動」とは何かについて考えてみよう。一般に，「消費する」という言葉は，「使う」，「食べる」，「飲む」といった意味で使われることが多い。したがって，一般的な意味としての消費者行動は，「人が商品を使う，食べる，飲むこと」という意味になる。つまり，「消費」とは，「使用」や「飲食」の意味になる。

しかし，消費者行動論における「消費」は，使用や飲食に限定されない。ま

ず，消費者が形のないサービス（例：美容院，ホテル）などを「利用」することも消費の範疇に入る。また，スマホのアプリやゲーム，動画などのコンテンツを楽しむことも消費の範疇に入る。

そして，消費者行動は商品の使用，飲食，利用などの行動に限定されない。例えば，ふと何かの商品を買いたいと思うことも消費者行動である。また，スマホやテレビを見ているときに流れてくる広告を見ることも消費者行動である。商品を買いたくなったときに，いろいろな情報を探索し，選択肢を比較検討し，商品を購入することも消費者行動である。さらに，商品を使用した後に，クチコミサイトに商品を使った感想を書いたり，購入した商品をSNSでアピールすることも消費者行動である。そして，使い終わった商品を捨てたり（リサイクルしたり），フリマで誰かに売ることも消費者行動である。つまり，消費者が何かを買いたくなり，情報を探索し，商品を購入し，商品を使用し，クチコミを書き，商品を処分するまでの一連の行動を消費者行動と呼ぶ。したがって，消費者行動という言葉が指し示す範囲は，非常に広いといえる。

消費者行動は，商品を買いたくなり，処分するまでの一連の行動を指すわけだが，このプロセスにおいて，消費者は様々な意思決定をする。例えば，商品情報を探すときに，どの情報源から情報を探すのかを決める。また，商品を店舗で買うのかオンラインサイトで買うのか，商品を使った後に，クチコミを書くのか書かないのかなどを決める。このように，一連の消費者の行動において，消費者が行う意思決定の過程のことを**消費者意思決定プロセス**と呼ぶ[▶1]。消費者意思決定プロセスは，もちろん人によって異なり，状況によっても異なる。しかし，多くの人や状況である程度共通したパターンが存在する。このパターンは，様々な研究者によって提案されている（図13-1）。例えば，**図13-1パターン①**のように，問題・ニーズ認知，情報探索，選択肢評価，購買，購買後評価，廃棄の6つのプロセスからなる消費者意思決定プロセスがある（田中，2015）。また，**図13-1パターン②**のように，認知，訴求，調査，行動，推奨の5つのプロセスからなる消費者意思決定プロセスがある（コトラー他，

▶1　こうした一連の消費者の行動を旅にたとえて，最近ではカスタマージャーニーと呼ばれることがある。

図13-1　消費者意思決定プロセス

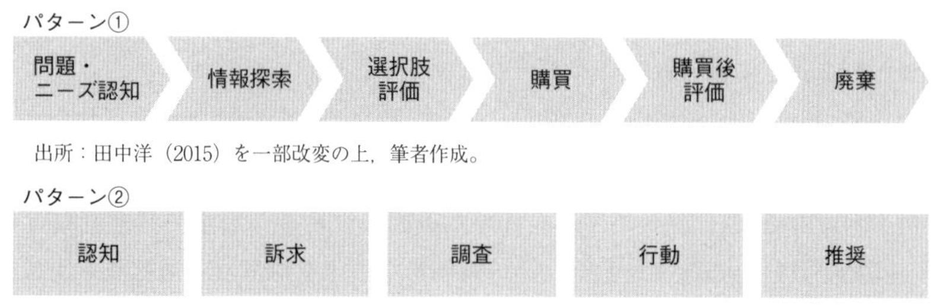

2017)。このように，様々な消費者意思決定プロセスのパターンが提案されている。消費者行動論では，消費者意思決定プロセスの中で，消費者がどのような意思決定や行動をするのか，そして，その意思決定や行動を，なぜ，どのようなときにするのかを学ぶ。

第2節　消費者行動論を学ぶ意義

ここで，消費者行動を学ぶ意義について，マーケティング戦略の視点から考えてみよう。第11章で説明した通り，マーケティング・ミックスには4つのP（Product, Price, Place, Promotion）がある（➡第11章第5節）。企業はこれらを管理することにより，消費者の行動を促そうとする。例えば，「値下げをすることにより，消費者に商品を購入してもらう」，「ある有名人を使った広告を流すことで，商品のことをインターネットで調べてもらう」といった目標を立て，施策を実行する。施策を実行したら，「実際に値下げをすることにより，消費者は商品を購入したのか？」，「実際にある有名人を使った広告を流すことで，商品に関する情報の検索数は増えたのか？」を，データを使って検証する。この「値下げ」や「有名人を使った広告」にように，企業が消費者に提示するものを**刺激**（Stimulus）と呼ぶ。一方，「商品を購入する」や「商品のことを調べる」にように，刺激を受けた消費者が示す行動のことを**反応**（Response）と呼ぶ。そして，この刺激と反応の関係を明らかにしようとする考え方を**刺激-反応（S-R）モデル**もしくは**刺激-反応パラダイム**と呼ぶ（図13-2①）。マーケティン

図13-2　消費者行動の分析パラダイム

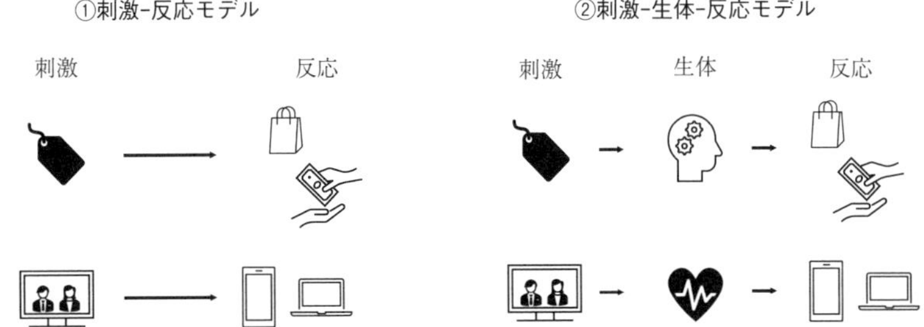

刺激-反応モデルでは，刺激があると，消費者がどのような反応を示すのかを明らかにする。

刺激-生体-反応モデルでは，刺激があると消費者の認知や感情がどのように働き，消費者がどのような反応を示すのかを明らかにする。

グ戦略の研究や実務では，この刺激-反応モデルに基づいて，マーケティング施策の効果などを検証することがある。

たしかに，刺激と反応の関係を明らかにすることに意義はあるが，それだけでは不十分な場合がある。それは，刺激と反応の関係が明確ではなかったり，マーケティング戦略を実行していく中で，その関係が変わったときである。例えば，一般に値下げをすると商品の売上は増えることが多いが，売上が増えないこともある。また，値下げをすることで商品の売上は増えるが，次第に値下げの効果が小さくなることがある。このような問題が起きたときに，刺激反応パラダイムに基づく現象の理解では，なぜそのような現象（問題）が起きたのかを明らかにすることができない。

こうした問題を解決するためには，刺激を受けた消費者の認知（頭）や感情（心）が，どのように機能しているのかを理解する必要がある。つまり，刺激を受けた**生体**（Organism）である消費者の認知と感情がどのように機能し，その結果として，消費者がどのような反応を示すのかを明らかにする必要がある。このように，刺激，生体，反応の関係を明らかにしようとする考え方を**刺激-生体-反応（S-O-R）モデル**もしくは**刺激-生体-反応パラダイム**と呼ぶ（図13-2②）。この刺激-生体-反応パラダイムに基づいて現象を理解することで，問題が起きる原因を特定し，マーケティング戦略を適切に修正することができる。例えば，値下げをすることで，最初は商品の売上は増えたが，次第に売上が増えなくなったとする。そのときに，消費者の心理がどのように変化したのかを理解することで，値下げをはじめとする価格戦略の改善を図ることができる。次節では，刺激–生体–反応モデルに基づき消費者行動を理解することで，マーケティング戦略を改善できることを説明しよう。

第 3 節　消費者行動とマーケティング戦略

第 3 節では，もう少し具体的に，消費者行動を理解することで，どのようにマーケティング戦略を立案，改善できるのかを考えよう。最初に，消費者満足がどのように決まるのかを説明する。そして，消費者満足が決まるメカニズムを知ることで，どのようにマーケティング戦略に活かせるのかを考えよう。次に，消費者の価格の知覚（高い安いの判断）がどのように決まるのかを説明する。そして，価格のマネジメントにおいて生じる問題を紹介し，その解決策を考えよう。最後に，消費者は自身の好みだけなく，周りの人などの社会の影響を受けて，購入するものを決めることを説明する。そして，それが主に広告宣伝にどのように活用できるのかを考えよう。

1　消費者満足

ビジネスを展開していく上で，商品を購入した消費者の満足度を高めることは，非常に重要である。商品に満足した消費者は，その商品を再購買（リピート）する可能性が高く，より安定的な利益を企業にもたらす。また，商品に満足した消費者が良いクチコミをしてくれれば，それを見た（聞いた）人が新たな顧客となり，売上の向上に寄与する可能性がある。このように，消費者の満足度の向上が企業の業績につながることから，消費者の満足度を高める施策は重要となる。

しかし，消費者の満足度を高めるための施策を行っているのにもかかわらず，満足度が上がらず，苦労している企業は数多くある。なぜ消費者の満足度は上がらないのか。ここでは，消費者の満足度がどのようにして決まるのかを考えよう。

実は，消費者の満足度は，商品のスペック（カタログ）で示される客観的な

図13-3　期待不一致モデル

・知覚パフォーマンス>事前の期待　⇒満足
・知覚パフォーマンス＝事前の期待　⇒満足・普通
・知覚パフォーマンス<事前の期待　⇒不満

パフォーマンス（機能，性能など）だけで決まるわけではない。まず，商品のパフォーマンスは，消費者が「感じる」価値や便益とする。この消費者が「感じる」価値や便益は，知覚パフォーマンス[▶2]と呼ばれる。そして，この知覚パフォーマンスと商品を使用する前に消費者が持つ事前の期待との差で，消費者の満足度は決まる（図13-3）。より具体的には，商品の知覚パフォーマンスが事前の期待よりも高い場合，消費者はその商品に満足する。知覚パフォーマンスが事前の期待と同じ場合，消費者は満足するか何も感じない（やや雑な表現をすると，「普通」という感想をもつ）。知覚パフォーマンスが事前の期待よりも低い場合，消費者は不満を感じる。このように，商品の知覚パフォーマンスと事前の期待の差によって，消費者の満足度は決まるといわれている。このような考え方は，**期待不一致モデル**と呼ばれている。

では，どのようなときに消費者が不満を感じるのかを具体的に考えてみよう。先ほど説明した通り，商品の知覚パフォーマンスが事前の期待よりも低い場合，消費者は不満を感じる。

その１つの場合として，事前の期待は普通だが，商品の知覚パフォーマンスが低い場合がある。例えば，お昼にとりあえずレストランにご飯を食べに行ったところ，料理が美味しくなかった場合などである。つまり，商品そのものに問題があると，消費者は不満を感じる。このとき，企業が行うべきことは，商品の品質の改善である。レストランであれば，料理の素材にこだわる，調理の工程を変える，料理の味付けを変えるといった取組みによって，料理の味（品

▶2　知覚パフォーマンスは，商品のスペックによって示される客観的なパフォーマンスとは区別される。例えば，処理速度や保存容量の大きいハイスペックなパソコンは，スペックだけを見るとパフォーマンスの高い商品である。しかし，処理速度や保存容量にこだわらない消費者にとって，そのパソコンはパフォーマンスの高い商品ではない。この例は，客観的なパフォーマンスと知覚パフォーマンにズレが生じている。マーケティングでは，消費者にとって価値があることが重要なので，スペックなどで示されるパフォーマンスではなく，知覚パフォーマンスを中心に議論する。

質）を上げる必要がある。

もう１つの場合として，知覚パフォーマンスが普通かやや高いレベルであっても，事前の期待が高すぎる場合である。例えば，あるレストランがSNSでおしゃれに映っていたことで消費者の事前の期待が高まったとする。そして，消費者がそのレストランにご飯を食べに行き，味がそこそこだった場合，消費者は多くの場合不満を感じる。このとき，企業が行うべきことは，事前の期待のコントロールである。レストランであれば，ホームページやSNSでの過剰な“盛り”を止め，消費者の期待を上げ過ぎないようにすべきである。もちろん，事前の期待が低すぎると，そもそもお客さんが来ないという問題がある。そのため，事前の期待は，上げ過ぎず下げ過ぎずのちょうどよい塩梅にコントロールする必要がある。

ここで重要なのは，消費者が同じように不満を感じる場合でも，なぜ不満を感じたのか，その原因が異なるということである。そして，消費者が不満を感じた理由が違えば，企業として取り組むべきことが異なる。したがって，消費者が不満を感じた理由を理解することで，満足度向上の糸口がつかめるようになる。このように，刺激と反応だけを理解するのではなく，消費者という生体を理解することで問題解決を図ることができる。

2　参照価格

次は価格戦略について，消費者行動の視点から考えてみよう。特に本章では，消費者の価格の知覚，つまり，価格の高い安いの判断について考えてみる。実は，価格の知覚，つまり，価格の高い安いの判断は，満足度と同じように，事前の期待のような基準との比較を通して生まれる。

一般に，消費者はある商品や商品カテゴリー，ブランドについての相場（感）をもっている。すなわち，消費者は「この商品（商品カテゴリー，ブランド）は，だいたい○○円くらい」という価格の信念をもつ。この価格は，**参照価格**と呼ばれる。参照価格には，**内的参照価格**と**外的参照価格**の２種類がある。内的参照価格とは，消費者の頭の中にある参照価格のことで，ある商品カテゴリーやブランドを思い浮かべたときに，一緒に浮かぶ価格のことである。一方，外的参照価格とは，他の商品の価格や価格比較サイトに掲載されている価格のことで，見たり，調べたりすることで，認識する価格のことである。

図13-4　価格の知覚

・販売価格＞参照価格　⇒ 高い
・販売価格＝参照価格　⇒ 普通
・販売価格＜参照価格　⇒ 安い

消費者は，商品の販売価格と参照価格の差をもとに，価格の知覚を形成する（図13-4）。具体的には，商品の販売価格が参照価格よりも高い場合，消費者はその商品を高いと感じる。一方で，商品の販売価格が参照価格よりも低い場合，消費者はその商品を安いと感じる。

例えば，ランチといえば700円くらいだと思っている人（内的参照価格が700円の人）が1000円の弁当を見ると，その弁当を高いと感じ，買うのをためらうことが多い。一方，ランチといえば1200円くらいだと思っている人が1000円の弁当を見ると，その弁当を安いと感じ，買おうとする。この例では，消費者は販売価格と内的参照価格を比較した上で，価格の知覚を形成している。

また，500円くらいの弁当が並んでいる中に（外的参照価格が500円になっているところに），1000円の弁当があると，消費者はその弁当を高いと感じ，買うのをためらうことが多い。一方，1200円くらいの弁当が並んでいる中に，1000円の弁当があると，消費者はその弁当を安いと感じ，買おうとする。この例では，消費者は販売価格と外的参照価格を比較した上で，価格の知覚を形成している。

内的参照価格は，人や状況によって変化する。例えば，ランチやＴシャツ１枚の内的参照価格が人によって違うのは，容易に想像がつくだろう。また，普段のランチと恋人とのデートで食べるランチでは，参照価格は異なることが多いだろう。これは，状況（１人 or 恋人と一緒）によって，内的参照価格が異なる場合である。

そして，内的参照価格は，更新されるという特徴をもっている。例えば，ランチの内的参照価格が700円だった人が，（職場が変わったり，人間関係が変わったりして）1500円のランチを食べ続けると，内的参照価格は1500円くらいに更新される。すると，この消費者は，最初に1000円のランチを高く感じても，内的参照価格が更新されると1000円のランチを安く感じるようになる。

実は，この内的参照価格の更新は，消費者がセールを頻繁に経験することで起こりやすくなる（図13-5）。（例えば，冷凍餃子の）セールがあると，商品が値

図13-5　頻繁なセールによる内的参照価格の低下

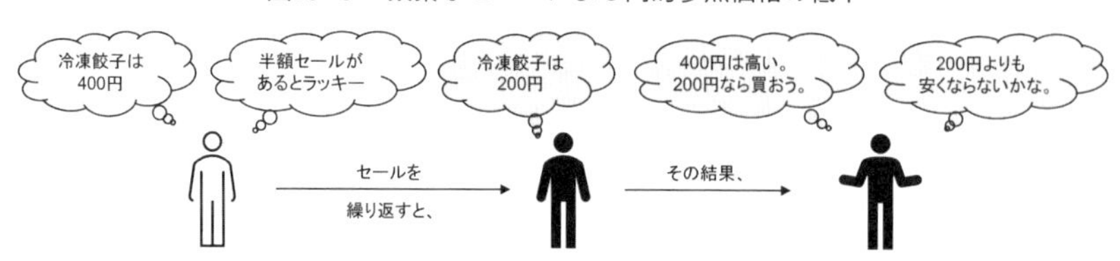

下げされるので，消費者はお得だと感じる。そして，セールが頻繁にあり，消費者がセール価格で商品を買い続けるようになると，セール価格が内的参照価格になる。その結果，通常価格を高いと感じるため，通常価格で商品を買わなくなる。すると，値下げにより最初は商品の売上は増えるが，通常価格に戻したときに売上が元の水準に戻らないという現象が起きる。さらに，頻繁にセールを繰り返すと，セールにお得感がなくなるため，消費者はさらなる値引きを期待する。その結果，企業は売上を伸ばすために，さらなる値引きをせざるを得なくなる[▶3]。すると商品の販売価格がどんどん下がっていき，企業の利益が減少していく。これは，冷凍食品やアパレルなどで広くみられる現象であるが，その原因は消費者の内的参照価格が低くなってしまうためである。ここから，セール（値下げ）に頼った売上の確保という方法は，できる限り避けるべきであるといえる。この問題に対しては，値下げをしなくてもお得感が出るような工夫をするといった対策が考えられる[▶4]。

3　社会的影響

消費者は，商品や価格，広告などのマーケティング施策の影響を受けて購入

▶3　複数企業による値下げ競争によって，商品カテゴリーの内的参照価格が下がることがある。例えば，A店が値下げをして，競合のB店から消費者を奪うとする。すると，B店は，A店に流れた消費者を奪い返すために，値下げをする。A店は，B店からさらに消費者を奪うために，さらに値下げをする。そして，B店はその消費者を奪い返すために，さらに値下げをする。ということを繰り返すと，消費者の内的参照価格は次第に低下していき，消費者は安い商品しか買わなくなる。

▶4　例えば，増量パックや別カテゴリーの商品とのセット販売（例：シャンプーとコンディショナーのセット）などによって，内的参照価格の低下を抑制できる。詳しくは，価格戦略などの専門書を参照されたい。

する商品を決めることが多いが，それ以外に自分の周りにいる人や状況の影響を受けて，購入する商品を決めることがある。例えば，友人などから「いいね」と思われるようなものを買う人を見かけることがあるだろう。そうした消費者は，社会的影響を受けて，買うものを決めているといえる。

2022年現在の大学生の就職活動では，ほとんどの“就活生”が，黒の無地のスーツを着る。多くの企業は，就活生のスーツの色を指定しておらず，説明会などでは服装自由ということを明言している企業もある。しかし，多くの就活生は黒の無地のスーツを着る。その背景には，黒の無地のスーツが就職活動用に安価で販売されているということもある。しかし，それ以上に，「就職活動では黒の無地のスーツを着るべき」という，“就活の世界の常識”のようなものがあり，その影響で就活生は黒のスーツを着る。このように，社会の「こうすべき（社会規範）」という無言の圧力が消費行動に影響を及ぼすことがある。

ただし，すべての就活生が黒の無地のスーツを着るわけではない。紺やグレーのスーツを着る人，ストライプ入りのスーツを着る人もいる。特に，周りの人の言動や空気に鈍感な人は，就活の世界の圧力を感じず，黒の無地のスーツ以外のものを着る。このような「周りの人が『こうすべき』と考えていることの認知」のことを**主観的規範**と呼ぶ。主観的規範が大きい消費者ほど，社会の常識に沿った行動をし，主観的規範が小さい消費者ほど，社会の常識に沿った行動を必ずしもするわけではない。

消費者に影響を与える人たちは，**準拠集団**と呼ばれる。準拠集団には，いくつかの種類があるが，代表的なのものとしては，**所属集団**，**願望集団**，**拒否集団**がある。

所属集団とは，自身が所属する組織やコミュティのことで，自身が通う学校や会社，参加する部活，サークルなどである。所属集団には，それぞれの規範があり，そこに所属するメンバーは，その規範に合わせて，購入するものを決める。例えば，仕事ではスーツを着るという（ルールではなく）規範がある会社では，働く従業員の多くがスーツを着る。これは所属集団の影響といえる。

願望集団とは，自身が所属したい，もしくは真似をしたい組織やコミュティ，個人のことである。願望集団は，憧れの存在として，消費者に影響を与える。例えば，学生が芸能人やスポーツ選手の間で流行っている服装を真似た

▶▶ *column 13* ◀◀

社会規範と広告

社会規範は形がないので，社会規範そのものを目で確認するのは非常に難しい。しかし，「広告は社会を映す鏡」と呼ばれ，その時代の広告を見ることによって，社会規範を目で確認することができる。

かつて食器用洗剤の広告には，女性（主婦）が登場することが一般的だった。これは，「家事をするのは女性」，「男子厨房に入るべからず」という社会規範があり，食器用洗剤のターゲットが，女性（主婦）だったためである。

しかし，2022年現在の広告を見ると，広告に登場するのが夫婦もしくは男性のみということが珍しくない。これは，共働き世帯が増えたことで，男性も家事をするようになったことに加え，「家事は夫婦で分担すべき」という社会規範が反映されているためである。

このように，その時代の広告を見ることによって，その時代の社会規範を理解できることがある。

り，起業家志望の人がアメリカのシリコンバレーで流行っているサービスや言葉を（その必要がなくても）使うのは，願望集団の影響といえる。

拒否集団とは，自身が所属したくない，忌避する組織やコミュティ，個人のことである。消費者は，拒否集団が行う行動を避けようとする。例えば，“サラリーマン”が拒否集団の人は，仕事でスーツを着るのを避ける傾向にある。

この準拠集団について，マーケティング戦略の視点から考えてみよう。答えを言ってしまうと，広告ではターゲットとなる消費者にとっての所属集団や願望集団を登場させるとよい。ある商品を買おうとしている消費者が，所属集団や願望集団の登場する広告を見ると，所属集団や願望集団の影響を受けて，商品を買う可能性が高くなる。また，消費者にとっての願望集団であるインフルエンサーに商品を使ってもらうことも，商品を買ってもらうための１つの方法となる。[▶5]

▶5　企業からの依頼であるのにもかかわらず，そのことを消費者に隠して宣伝することは，ステルス・マーケティング（ステマ）に該当する。アメリカやEUでは法律で禁止されている。2022年現在の日本では，ステルス・マーケティングを規制する法律がないため，広告業界などによる自主規制にとどまっている。

第4節　消費者理解のためのマーケティング・リサーチ

これまで説明してきた通り，消費者は様々な要因の影響を受けて，消費するものを決める。それゆえに，効果的なマーケティング戦略を考えるには，消費者が何の影響を受けて，どのように意思決定をしているのか（特に，どのように買うものを決めているのか）を理解する必要がある。そのために，マーケティング・リサーチ（市場調査[▶6]）を行い，消費者の理解に努める。ここでは，マーケティング・リサーチの目的による分類，活用するデータの種類，消費者理解のためのアプローチ方法について紹介する。

1　マーケティング・リサーチの目的による分類

消費者行動の調査には，実態把握型調査，仮説構築型調査，仮説検証型調査などがある[▶7]。消費者調査をするときには，これらの調査の特徴を踏まえた上で，調査をすることが望ましい。

実態把握型調査は，ある時点での市場や消費者の状況を調査するものである。例えば，様々なメディアで公表される「若者の○○離れ」や「○○世代の意識調査」などが，実態把握型調査の代表例である。また，日本生産性本部が実施している**顧客満足度調査**（JCSI）は，様々な商品やサービスの満足度を調査する大規模な実態把握型調査である。このように，ある時点での消費者の状態を調査するのが実態把握型調査である。実態把握型の調査では，主にアンケート調査を行い，そのデータを集計する。集計結果をもとに，量的，質的の両面から消費者の実態について理解しようとする。

仮説構築型調査は，消費者行動に関する仮説を導くための調査である。今ま

▶6　「市場調査」といった場合，「市場全体を理解するための調査」を指す場合と「消費者を理解するための調査」を指す場合がある。前者は，消費者のみならず，競合企業や供給業者，経済活動に関する法規制，商慣習などの調査が含まれる。これらの調査・分析の代表的なものがSWOT分析，5フォースモデル分析，PEST分析である。詳しくは，第1章を参照すること。なお，本章では後者の調査を説明する。

▶7　この調査の分類は，消費者行動論に限らず，経営学の他領域にも共通の分類である。

でにない新しい現象であり，その現象に関する知見がほとんどない場合に，仮説構築型調査を行う。特に，消費者自身すら気づいておらず，そのことについてアンケートなどで回答できないことを明らかにする際に，よく用いられる。仮説構築型調査では，インタビュー調査や観察調査などがよく用いられる。インタビューや観察調査で得られた文字，音声，動画の情報を分析担当者が解釈し，仮説を構築していく。

仮説検証型調査は，調査をする前に仮説を考えて，その仮説が正しいのかを明らかにするための調査である。これまでに紹介した消費者行動の理論や法則，効果などを用いて仮説を構築する。もしくは仮説構築型調査によって得られ知見を基に仮説を構築する。仮説を構築したら，その仮説が正しいのかをデータを用いて検証する。実態把握型調査で得られたデータ，実験やアンケートで収集したデータ，POS データや SNS のデータなど，様々なデータを統計分析することで仮説を検証する。

大学のゼミでグループ研究をしたり，卒業論文を書いたりする際には，これらのいずれかの調査を実施する。自身が行う調査が，どの調査なのかを意識した上で調査をすると，より効率的に調査を進めることができる。[▶8]

2 活用するデータの種類

マーケティング・リサーチでは，消費者の行動や価値観に関するデータを用いて，消費者について理解する。このデータには，いくつかの種類がある。データは，様々な切り口で分類されるが，本章では「集めるデータ」と「集まるデータ」という２種類のデータ（星野・上田，2018）について説明する。

集めるデータは，企業が消費者を理解するために目的をもって集めるデータのことである。例えば，アンケート調査を行って集めるデータや専用機器を使って集めるテレビ視聴率のデータが集めるデータの代表である。

▶8　企業では，実態把握型調査をよく行う。一方，大学の研究者は，仮説構築型調査もしくは仮説検証型調査をよく行う。そのため，実務家と研究者で調査について議論をすると，話が噛み合わないことがある。その背景には，二者間で行っている調査の認識（定義，目的）が異なることがある。こうならないためにも，相手が行おとしている調査の種類や目的を理解すると，議論がスムーズになる。

一方，**集まるデータ**は，企業が消費者を理解するため以外の目的で，蓄積されるデータのことである。例えば，コンビニやスーパーのレジに蓄積されたPOS[▶9]データやウェブサイトのサーバーに蓄積された閲覧履歴などが集まるデータである。レジに蓄積されたPOSデータは，元々は商品の在庫管理のために蓄積されたものだった。しかし，POSデータを集計することにより，どの商品が，いつ，どこで，いくらで買わたのかがわかるので，製品戦略や価格戦略などに活用されるようになった[▶10]。また，ウェブサイトの閲覧履歴のデータ（ログデータ）は，元々サーバー管理のために集められたデータだった。しかし，これらを集計することで，消費者がどのようなメディアをよく見ているのかがわかるので，広告戦略に活用されるようになった。また，最近ではSNSにアップされた写真や文字情報も集まるデータとして，マーケティング・リサーチで活用されている[▶11]。このように，消費者理解のために集められたデータではないが，消費者を理解するために活用されるデータを集まるデータという。

実務での調査，研究の調査を問わず，消費者理解のために「集めるデータ」と「集まるデータ」を活用する。しかし，データがあれば良いというわけではない。消費者を理解するために，どのようなアプローチでデータ分析するのかを考えなければならない。次に，消費者を理解するためのアプローチ方法と用いられる分析方法について紹介しよう。

3　アプローチ方法

消費者を理解するためのアプローチ（やり方，考え方）には，様々なものがある。ただし，消費者行動論で生まれた方法というものはなく，他のディシプリ

▶9　Point of Salesの略。商品のバーコードを読み取り，売上（Sales）が計上された時点（Point）で蓄積される売上データのこと。

▶10　購入された商品のデータとポイントカードの顧客情報を一緒に登録することで，誰が買っているのかも理解できる。そうすると，どのような人がどの商品を，どこで，いつ，いくらで買ったのかなどがわかる。

▶11　これらのデータは膨大な量があるため，手作業で収集することは実質的に不可能である。そのため，プログラミングの技術を使って，収集作業を自動化する。

ン（学問分野）で発展した方法を用いて，消費者を理解しようとする（表13-1）。特に，心理学，経済学，社会学で生まれ発展した手法を用いることで消費者を理解する。

心理学によるアプローチでは，実験やアンケート調査を行い，刺激，生体，反応の関係を明らかにする。実験室を作ったり，実際の店舗を実験店舗にして実験を行い，消費者行動のデータを収集する。アンケート調査では，消費者の価値観や行動などに関するアンケートを行い，それらの関係を明らかにする。また，擬似的な商品選択肢を選んでもらうことで，消費者が重視する機能や価格の評価などを明らかにすることもある。

経済学によるアプローチでは，刺激，生体，反応の関係を数理モデル（数式）で表現し，主に集まるデータを計量分析[▶12]することで，そのモデルが妥当なものなのかを検証する。例えば，値下げやテレビCMの効果検証などは，計量分析を用いて行われる。マーケティング施策の効果測定をする場合，経済学に基づく計量分析をすることがほとんどである。多くの場合，刺激と反応の関係を明らかにすることが多いが，より高度な分析になると，集まるデータを用いて，刺激，生体，反応の関係を明らかにすることがある。また，最近では経済学のモデルに心理学の概念を取り入れた行動経済学[▶13]の研究も盛んに行われている。そのため，経済学的な研究であっても，心理学によるアプローチのように実験を行い，刺激，生体，反応の関係を明らかにすることが珍しくない。

社会学によるアプローチでは，様々データや資料を用いて，ある消費行動が社会の中にどのように定着していったのか，ある消費行動が社会の中でどのよ

▶12　計量経済学や機械学習の手法を用いて，マーケティングをはじめとする社会現象を分析することである。特に集まるデータを分析する場合に，その分析は計量分析と呼ばれることが多い。なお，マーケティングに関連するデータの計量分析は，「マーケティング・サイエンス」と呼ばれる。

▶13　伝統的経済学では，経済主体（消費者や労働者など）は「自分にとって可能な行動の中で最も好ましいものを取る」（神取，2014，2頁）と仮定する。いわゆる「合理的行動」の原理を仮定する。しかし，実際の経済主体は，合理的行動の原理と矛盾する行動をとることがある。この合理的行動の原理を仮定しない経済学を行動経済学と呼ぶ(大垣・田中，2014)。合理的行動の原理と矛盾する行動のメカニズムを明らかにするため，行動経済学では，心理学やニューロ・サイエンスなどの知見を取り入れる。

表13-1　消費者を理解するためのアプローチ

ディシプリン	主な目的	手　法
心理学	刺激，生体，反応の関係を明らかにする。	実験 アンケート
経済学	刺激，反応の関係を明らかにする。高度な分析では，生体との関係を明らかにすることがある。	計量分析 実験
社会学	ある消費行動が社会に定着した過程や消費行動に関連する概念の存在（意味）を明らかにする。	インタビュー 観察調査 文献調査 計量分析

うな意味を持つのかなどを明らかする。例えば，アメリカオレゴン州で有機農産物が流通されるプロセス（畢，2020）や「癒し」という言葉の意味や「癒しブーム」がどのように生まれたのか（松井，2013）が，社会学のアプローチによって明らかにされている。これらを明らかにするために，消費者にインタビューをしたり，消費者の行動を観察したり，様々な文献などを調査する。

社会学によるアプローチは，インタビュー調査や観察調査などで得た**質的データ**（数値として計算ができないデータ）を扱うことが多かったが，近年はSNS上の人と人の繋がりなどを**量的データ**（数値として計算ができるデータ）として扱うことがある。また，SNSに書き込まれた消費の状況や消費の際の消費者の思考などを量的データに変換し，分析することがある。そのため，社会学によるアプローチにおいても，計量分析（例：テキストマイニング[▶14]，ネットワーク分析[▶15]）が行われるようになっている。

以上のように，消費者行動の理解は，心理学，経済学，社会学で発展した手法を用いて行われる。ただし，あるディシプリンに基づく研究が別のディシプリンで発展した手法を取り入れるようになっている。そのため，これらの違いはなくなりつつあり，その結果，この分類自体も，徐々に意味を成さなくなっていくだろう。

▶14　主にSNSやクチコミサイトに掲載されている文字（テキスト）情報を収集，分析する。数字で表現できないような感情や商品を使う状況などを明らかにすることが多い。

▶15　主にSNSでの人と人との繋がり（フォロワー）のデータを収集し，分析する。どのようにSNSで情報が広がるのか（バズるのか）などを明らかにする。

設　問

1．クチコミサイトにある点数が高いクチコミと低いクチコミを探し，なぜ，点数が高くなっているのか，もしくは低くなっているのかを考えてみよう。

2．あなたや友人にとっての準拠集団を考え，その影響を受けて買ったものとその理由を考えてみよう。

推薦図書

田中洋，2015，『消費者行動論』中央経済社

消費者行動論に関する概念や理論が，網羅的に説明されている。学術的でやや堅い本だが，重要な概念を理解できる。

松井剛，2018，『いまさら聞けないマーケティングの基本のはなし』河出書房新社

主に心理学，社会学の視点から消費者行動に関する説明がされている。語りかけるような文体で書かれており，軽い気持ちで読める。

田中洋編著／リサーチ・ナレッジ研究会著，2010，『課題解決！マーケティング・リサーチ入門』ダイヤモンド社

実務で行われるマーケティング・リサーチの事例を解説している。メーカーやリサーチ会社が，普段どのような調査をしているかが垣間見られる。

引用参考文献

大垣昌夫・田中沙織，2018，『行動経済学——伝統的経済学との統合による新しい経済学を目指して［新版］』有斐閣。

神取道宏，2014，『ミクロ経済学の力』日本評論社。

田中洋，2015，『消費者行動論』中央経済社。

畢滔滔，2020，『シンプルで地に足のついた生活を選んだヒッピーと呼ばれた若者たちが起こしたソーシャルイノベーション——米国に有機食品流通をつくりだす』白桃書房。

フィリップ・コトラー，ヘルマワン・カルタジャヤ，イワン・セティアワン／恩藏直人監訳・藤井清美訳，2017，『コトラーのマーケティング4.0——スマートフォン時代の究極法則』朝日新聞出版。

星野崇宏・上田雅夫，2018，『マーケティング・リサーチ入門』有斐閣。

松井剛，2013，『ことばとマーケティング——「癒し」ブームの消費社会史』碩学舎。

（金子　充）

第14章 SDGs／ESG時代の企業経営

——“CSR”と“環境経営”から考える——

SDGs（持続可能な開発目標）やESG（環境・社会・ガバナンス）といった言葉が脚光を浴びる中，企業経営のあり方も少しずつ，しかし着実に変わろうとしています。これまで当たり前のように使われてきた使い捨てプラスチックやガソリン車が姿を消していくかもしれない，新たな時代の幕開けです。そんなSDGs／ESG時代の企業経営が直面する課題や今後の展望について，“CSR”と“環境経営”という2つのテーマの学習を通じて考えます。

Keywords▶SDGs，ESG，CSR，環境経営，人新世

第1節　SDGs／ESGが企業経営に提起したこと

1　企業経営を取り巻く新しいトレンド①：SDGs

“EUで使い捨てプラ食器禁止 欧州の海岸ごみ7割減”

“中国，ガソリン車を2035年に全廃へ すべて環境車に”

“小売・外食大手，森林破壊のブラジル産大豆を排除”

これらはすべて，最近の新聞に登場した見出しである。国内外のそうした動きは，企業経営にとって何を意味するのか。それについて考えるのが本章のテーマなのだが，そこでキーワードになるのが**サステイナブル**（sustainable）という言葉である。

「サステイナブルファッション」のように使われるサステイナブルだが，もともとは1980年代に誕生した**持続可能な発展**（sustainable development）という概念に由来する。当時，経済のグローバル化と地球環境問題の深刻化が進む

図14-1　SDGs の17の目標

出所：国際連合広報センターホームページより引用。

中，環境問題や社会問題を引き起こさず，なおかつ経済的にも豊かになれるような，全く新しい発展や豊かさのモデルの模索が世界的に始まっていた。そんな中，国連に設けられたブルントラント委員会が「将来世代のニーズを充足する能力を損なうことなく，現在世代のニーズを満たすこと」と定式化して打ち出したのが，この持続可能な発展概念だったのである。

そして，サステイナブルという言葉がより広く知られるきっかけになったのが，2015年９月に国連総会で合意された**持続可能な開発目標**（Sustainable Development Goals），通称**SDGs**（**エスディージーズ**）であろう。SDGs とは，2030年を期限とする，持続可能な発展の実現に向けた17の国際目標のことである（図14-1）。それは私たち人類が取り組むべき環境問題・経済問題・社会問題のリストであり，また同時に，あるべき環境・経済・社会の実現に向けて人類が進むべき針路を示したリストでもある。

なお SDGs の成立は，企業経営の世界にも大きなインパクトを与えている。かつて，前国連事務総長の潘基文（パン・ギムン）氏は次のように述べた。

「企業は，SDGs を達成する上で，重要なパートナーである。企業は，それぞれの中核的な事業を通じて，これに貢献することができる。私たちは，すべての企業に対し，その業務が与える影響を評価し，意欲的な目標を設定し，その結果を透明な形で周知するよう要請する。」

このメッセージは，国連等が作成した企業向けのSDGs指針書『SDGsコンパス』の中で示されたものである。持続可能な発展という社会ビジョン実現の担い手として，ビジネス界への期待が高まっている様子を感じ取れる。

2　企業経営を取り巻く新しいトレンド②：ESG

そしてもう1つ，SDGsの流れとも軌を一にして，企業経営の世界で注目されているのが**ESG**(**イーエスジー**)という言葉であろう。ESGとは，環境（Environment)・社会（Social)・コーポレートガバナンス（Governance）の頭文字である。

ここ最近，**ESG経営**なる言葉を目にする機会が増えてきた。気候変動のような環境リスクを軽視する企業は，果たして今後も経済的に成功していけるだろうか。あるいは，仮に経済的な成功を収めていたとしても，時間外労働が常態化しており，経営陣の中に女性が不在で，役員報酬が不当に高いような企業は，本当に“よい”企業といえるだろうか。そういった反省に立ち，売上・利益・市場シェア・株価といった経済的な物差しだけでなく，ESGという3つの物差しも意識して企業経営をしよう，というのがESG経営の考え方である。

あるいは近年，機関投資家と呼ばれるグループを中心に**ESG投資**という投資も拡大しているのだが，それについては第**4**節で詳しく説明しよう。

3　SDGs／ESG時代の企業経営：本章の目的と構成

本章の目的は，SDGs／ESG時代の企業経営の課題や展望を学ぶことである。そのために，**CSR**と**環境経営**という2つのテーマに焦点を当て，その基礎的な知識を学習していきたい。まず第**2**節ではCSRについて学ぶ。CSRはCorporate Social Responsibilityの頭文字であり，一般に「企業の社会的責任」と訳されている。ESG経営なる言葉が誕生する以前から，“よい”企業とはどんな企業かを考える際に常に参照されてきたこのCSRという言葉について，その具体的な中身を学習しよう。

第3節では，環境問題と企業経営の問題を取り上げる。残念ながら，企業はしばしばCSRをないがしろにし，環境問題を引き起こす原因者となっているが，それがなぜなのかを学ぼう。続く第4節のテーマは環境経営である。「企業経営の隅々にまで環境の意識を浸透させた経営」（國部ほか，2012）などと定義される環境経営の具体的な内容やその成立条件を学習する。そして最終第5節では，それまでの学習内容をもとに本章のとりまとめを行う。

第2節　CSRと企業経営

1　CSRのエッセンス：ISO26000を中心に

ある研究者が調べたところ，CSRにはなんと37種類（！）もの定義があったという。このように，CSRを定義するというのはなかなか厄介な作業なのだが，さしあたり本章はISO26000の定義を参照したい。ISO26000とは，国際標準化機構（ISO）という機関が定めた，社会的責任（SR, Social Responsibility）に関する手引書のことである。そこでは企業に限らず，政府やNPO・NGOなどあらゆる組織の社会的責任が想定されているのだが，以下では企業のSR，つまりCSRの議論として紹介していこう。ISO26000は，CSRを次のように定義している（記述は一部略）。

> 組織の決定や活動が社会や環境に及ぼす影響に対して，次のような透明で倫理的な行動を通じて組織が担う責任。
> ・健康および社会の繁栄を含む持続可能な発展に貢献する
> ・ステークホルダーの期待に配慮する
> ・法令を遵守し（コンプライアンス），国際行動規範を尊重する
> ・組織全体に統合され，その組織の関係の中で実践される

ただこれだけだとあまりに抽象的なので，以下では定義中のいくつかのキーワードを基に，ISO26000の他の記述も参照しながら，CSRの主要なエッセンスを整理してみたい。

⑴社会問題・環境問題に取り組む

CSR（企業の社会的責任）といったときの「社会的責任」とは，具体的にいかなる責任を指すのか。まず押さえるべきは，それが**社会問題・環境問題**への取組みを含むという点である。企業には，ビジネスという経済的な本業と並行して，あるいはそのビジネスの枠内で，社会問題や環境問題の解決に寄与する責任がある，というのがCSRの主要なエッセンスである。その場合，社会・環境に対して負の影響をもたらす活動の抑制と，正の影響をもたらす活動の促進の双方が期待されている。

⑵目的としての持続可能な発展

そもそも企業は，何のために社会問題・環境問題に取り組むのか。つまりCSRの目的は何かということだが，ISO26000では持続可能な発展の実現に貢献するため，とされている。別の言い方をすれば，将来世代の発展の可能性を奪っていないか，社会問題・環境問題の解決に寄与できているか等々を常に問いながら企業がビジネスをするその先には，持続可能な発展という社会ビジョンが描かれている，ということである。

⑶自発的な取組みを含む

CSRの中身と目的を確認したので，次に手段をみておこう。企業はどのように社会問題・環境問題に取り組むのか。ISO26000は，「法令順守は基本的な義務であり，社会的責任の基礎的な部分でありつつも，法令順守以上の活動に着手することを奨励する」と定めている（箇条1「適用範囲」）。つまりCSRには，法令で定められたことを守るのはもちろん（コンプライアンス），法令で定められた水準を超えて（上乗せ），あるいは法令がまだ規制していない問題に対して（横出し），自発的に取り組むことも含まれるのである。この**自発性**もまた，CSRの主要なエッセンスである。

⑷統合的に取り組む

CSRの手段を考える場合，全組織的な視点で統合的に取組む，という視点も重要になる。例えば，企業理念や経営戦略・経営管理，コーポレートガバナンスといったあらゆるレベルに，そして調達や製造，販売，財務，人事といったあらゆる領域に，CSRの視点を埋め込むことが必要だというわけである。

(5)ステークホルダーとの関係性

もう1つ重要なのは，自社単体の取組みだけで完結するのではなく，**ステークホルダー**（➡第1章他参照）との関係を通じてCSRを実現する，という視点である。

例えば，「自社が社会や環境にどれくらい負の影響を与えているのか」，「それを今後どう改善していくのか」といった点をステークホルダーに説明する責任，つまり**説明責任**を果たすことは，CSRの根幹に位置する行為である。それは，「責任（responsibility）」という概念がもともと「応答する（response）」という言葉に起源をもつこととも関連している。

あるいは，もし**サプライヤー**が環境破壊や人権侵害に手を染めるようなことがあれば，発注側のメーカーとしても責任の一端は免れないことから，サプライヤーへの何らかの対応が不可避となる。例えば住宅メーカーであれば，森林保全に配慮しつつ，そして労働者や先住民の人権に配慮しつつ伐採した木材を納入するようサプライヤーに要求する，といった具合である。

そもそもCSRが注目されている背景の1つが，経済のグローバル化に伴うグローバルサプライチェーンの成長にあることは知っておいてもよい。国境を越えるサプライチェーンの中で起こる社会問題・環境問題に対して，国家レベルの法的規制だけでは対策に限度がある中，CSRという自発的な取組みに期待が寄せられているのである。

2 CSR批判①：「企業の本分は金儲けである」

CSRをめぐっては，これまで数々の論争が繰り広げられてきた。そのうち，本章のテーマを学ぶのに有用な2つのCSR批判を取り上げ，その中身を学んでおこう。

第1のCSR批判は，「企業の本分は金儲けである（The business of business is business）」という立場からのものである。ビジネスを通じて利益を生み出し，それを株主に分配し，株主利益を最大化するという経済的目的に企業は専念すべきである。したがって社会問題・環境問題に自発的に対応するようなことは不要だし，ステークホルダーの利害なども株主のそれに比べれば二義的である――こういったタイプのCSR批判である。

例えばM.フリードマン[▶1]という経済学者は，次のような例え話を用いてCSR

を批判する（Friedman, 1970）。環境の改善という社会目標に貢献するため，仮に法律によって要求されている金額以上に，環境汚染を減じるための支出をしたとしよう。しかしそれによって株主への配当が減るのであれば，その経営者は株主の金を使ったことになる。あるいは，もしそれによって製品の価格が値上がりするのであれば，その経営者は顧客の金を使ったことになるし，一部の従業員の給料が下がるのであれば，その経営者は従業員の金を使ったことになる。株主の雇われ人に過ぎない経営者がそんなことをする道理はない，というのがフリードマンの主張である。

ただこれに対しては，様々な反論もされてきた。例えば第4章他でも登場したM.E. ポーターによれば，フリードマンの主張が当てはまるのは「社会的目的と経済的目的は別個のもので区別される」，「企業の社会的支出は経済的成果の犠牲を伴う」といった前提条件が満たされる場合のみだという（Porter and Kramer, 2002）。たしかに上記の例え話では，環境汚染の防止という社会的目的と，営利を追求し株主利益を最大化するという経済的目的との間に，トレードオフの関係が想定されている。そうではなくシナジー（相乗効果）が発揮され，CSR がいわばペイするような場合でも，CSR は否定されなければならないのだろうか。フリードマンの議論それ自体は何も物語っていない。

3　CSR 批判②：「CSR から CSV へ」

とはいえポーターは CSR を擁護したわけでなく，実はフリードマンと同様，ただしフリードマンとは別の角度から，CSR を批判的に検討している（Porter and Kramer, 2011）。様々な社会問題・環境問題が顕在化し，企業（特に多国籍企業）への風当たりが強まる中，たしかに CSR は一定の役割を果たしている。しかし CSR は経済的価値と結びついておらず，企業活動の周辺に追いやられている点で限界がある――これが彼らの現状認識である。

そこで主張されたのが，CSR から **CSV**（Creating Shared Value）への転換で

▶1　フリードマン（Friedman, Milton, 1912-2006）はアメリカの経済学者。ノーベル経済学賞受賞（1976年）。自由な市場経済システムの熱烈な信奉者として知られ，主な著書に *Capitalism and Freedom*（1962），*Free to Choose: A Personal Statement*（1980，共著）などがある。

図14-2　フリードマン的世界とポーター的世界

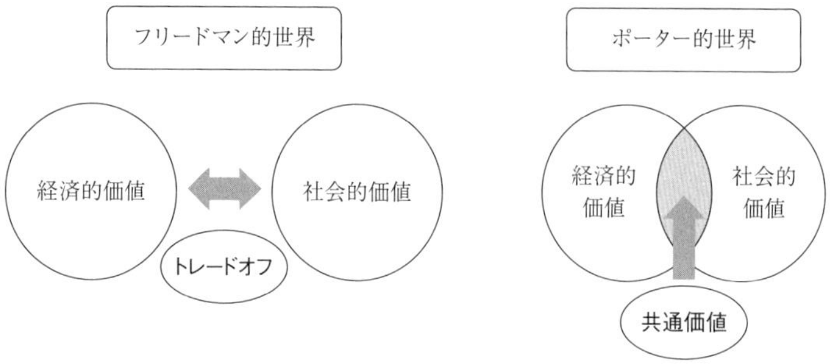

フリードマン的世界
経済的価値
社会的価値
トレードオフ

ポーター的世界
経済的価値
社会的価値
共通価値

出所：筆者作成。

ある。CSV は「共通価値の創造」などと訳され，**社会的価値**と**経済的価値**の同時実現を志向する経営戦略を指す言葉である。彼ら曰く，CSV とは「社会のニーズや問題に取り組むことで社会的価値を創造し，その結果，経済的価値が創造されるというアプローチ」であり，その具体例として，容器包装の削減や配送ルートの見直しを通じて大幅なコスト削減に成功したウォルマート社の取組みなどを挙げている。フリードマンは社会的価値と経済的価値を切り離し，なおかつ両者のトレードオフ関係を暗に想定していたわけだが，彼らはその前提自体を取り払ったわけである（図14-2）。

ただポーターらの考え方には，いくつか反論も出されている。1つは，彼らの CSR 批判は寄付や慈善活動のような一部の CSR 活動にしか当てはまらない，というものである。あるいは，経済的価値をもたらす限りにおいて社会的価値に着目する彼らの考え方では，そこからこぼれ落ちる社会問題・環境問題の存在が等閑視されてしまう，といった指摘もある。ちなみに彼らは CSV を「（企業が）経済的に成功するための新しい方法」と表現しているのだが，それが“社会的”な成功も意味するのかどうかは確かに留保が必要だろう。

第3節　環境問題と企業経営

1　企業が環境問題を引き起こすメカニズム

環境が人間と社会にもたらす“自然の恵み”は，一般には**生態系サービス**

▶▶ ***column 14*** ◀◀

近江商人と「日本型 CSR」

2020年４月，大手総合商社の伊藤忠商事株式会社が，自社の企業理念をそれまでの「豊かさを担う責任」から「三方よし」に変更して話題となった。三方よしとは，江戸・明治期に活躍した近江商人の商売の心得を表した言葉で，「売り手よし・買い手よし・世間よし」という３つの“よし”を指している（ただしその言葉自体は後世の研究者の造語)。生産者も消費者も満足し，なおかつ社会も満足できるよう心がけて商売するのが家業永続の秘訣だ，という意味である。ちなみに伊藤忠商事の創業者は，初代伊藤忠兵衛（1842-1903）という近江商人であった。

近江商人の活躍の舞台は全国に及んでいたが，縁もゆかりもない土地で，よそ者である自分たちが商売を営むには，まずその土地の人々の信頼を勝ち得なくてはならない。そう気づいた近江商人は，私利私欲を捨てて勤勉と倹約に努め，正当に利益をあげることの重要性を認識するようになったといわれる。加えて彼らは，各地で神社仏閣の造営や治山治水，学校教育に私財を投じるなど，今でいう社会貢献にも熱心であった。

彼らのこうした姿勢は，広く経済界で注目されつつある。その理由は何といっても３番目の「世間よし」という言葉であり，そこに CSR の発想の萌芽が見出されたからであった。ただし近江商人を「日本型 CSR」の源流と位置づけたいのなら，以下のような点には留意すべきだろう。

例えば江戸時代，蝦夷地（現在の北海道およびその周辺）では近江商人を含む多くの和人が商いに従事していたが，その過程でアイヌの人々が過酷な労働や不当に低い対価を強いられることも少なくなかった。あるいは，遠方で商いに従事し，本宅を空けることが多かった近江商人の妻たちは，イエ（家）の切り盛りで日々忙しかったことであろう。現代風にいえば「性別役割分業」(男は仕事・女は家庭）だが，それをそのまま今の時代に適用することはできない。重要なのは，世間よしといった場合の「世間」とは具体的には何か，そしてそこではどんなステークホルダーが想定されているのか，という問いである。

(ecosystem services）と呼ばれており，それなくして人間は生きられないし，社会も存立しえない。ある有名な試算によると，地球全体の生態系サービスの金銭価値は，毎年少なくとも約33兆ドルにのぼり，それは1990年代半ばの世界全体の GNP より多かったという。その生態系サービスの量や質が低下し，私たちの生存基盤や社会経済活動基盤が損なわれることを，私たちは環境問題と呼ぶわけである。

現代の企業には，CSRを意識して生態系サービスの保全に取り組み，持続可能な発展に貢献することが期待されている。しかし現実には，CSRをないがしろにし，むしろ環境問題の原因者となるようなケースも少なくない。ではなぜ企業は，しばしばそうした行動をとってしまうのだろうか。最もシンプルに説明するなら，以下のようになろう。

企業による生態系サービス保全は，社会的価値（そして時には経済的価値も）の創出につながるわけだが，それはタダで生み出せるわけでなく，往々にして費用がかかる。経営者としては，どれだけCSRに前向きだったとしても，それに付随するコストを考えざるを得ない。その結果「株主の不利益が顕在化しない範囲で」，「自分の裁量でできる範囲で」，「ペイする範囲で」という発想から脱却できず，取組みが不十分なものにとどまりがちとなる。

2 市場システムと環境問題

そしてもう1つ，環境問題を引き起こすメカニズムを考える上で無視できないのは，企業を取り巻く**市場**というシステムの問題である。

すでにみたように，生態系サービスは多大な価値を有しているが，生態系サービスの多くは市場価格がついていないため，市場システムの中ではその価値が過小評価されてしまう。したがって企業は，生態系サービスを利用してもその費用を認識せず，無料で無限に利用するインセンティヴが与えられてしまう。例えばある企業が操業の過程で大量の二酸化炭素を排出し，地球温暖化を促進していたとしても，それにより損なわれた生態系サービスの価値をその企業は考慮せず，二酸化炭素の大量排出を続けてしまうわけである。このように，市場というシステムは生態系サービスが持つ「価格のつかない価値」をうまく扱えないのであり（「市場の失敗」），そのこともまた企業が環境問題を引き起こす原因となっている。

ちなみに，環境問題が典型だが，ある経済活動がその市場取引の外側にいる第三者（社会）にマイナスの影響を直接及ぼす現象を**外部不経済**といい，その過程で第三者（社会）に押しつけられた被害のことを**社会的費用**という。やや古い試算になるが，地球温暖化などからなる企業の外部不経済の規模を2008年のデータで金銭評価したところ，世界全体で約6.6兆米ドルであり，世界のGDP総額の約11%を占めていたという（Trucost, 2010）。

第４節　環境経営の到達点と課題

1　環境経営とその成立要件

前節で示したように，CSRをないがしろにし，環境問題を引き起こす企業は，たしかに世の中に存在する。しかし同時に，環境と経済を両立し，生態系サービスを守りながら利益を生み出そうと努力する企業があるのもまた事実である。そうした企業経営は**環境経営**と呼ばれており，その具体的な取組みは例えば**表14-1**のように整理できる。

今では環境経営の考え方はある程度普及し，企業の環境対策もかつてに比べてかなり進んでいる。ではどういう要因が整えば，環境経営はさらに普及・進展するのだろうか。以下，大きく内部要因と外部要因に分けてみておこう。

(1)内部要因

まず大前提として，経営者がリーダーシップ（➡第２章参照）を発揮して，環境経営に関する企業理念を打ち出し，それを具体的な戦略や事業に落とし込み，経営資源を投入するといった一連のプロセスを推進しなければならない。ただ，リーダーのような人的要因だけでは自ずと限界がくる。そこで有用になるのが，そういったプロセスを推進する“仕組み”，**EMS**（Environmental Management System, **環境マネジメントシステム**）である。

数あるEMSの中で最も有名なのが**ISO14001**である。これは，第**2**節で登場したISOが定めたEMSの国際規格であり，環境法規制の順守および自主的な環境保全目標の達成に向け，PDCAサイクル（➡第７章参照）を通じた継続的な取組み改善を進めるための仕組みである。ちなみに日本企業のISO14001認証取得率は，世界的にも高いことが知られている。

(2)外部要因

環境経営のさらなる普及・進展を図るには，企業側の努力だけでは不十分である。例えば**政府**が施策を通じて企業の環境保全インセンティヴを促す，ある

表14-1 環境経営の具体的な活動領域と活動例

活動領域	活動例（ごく一部）
オフィス・工場・店舗レベルの取組み	・大気汚染・水質汚染・土壌汚染の原因物質排出削減 ・省エネ・省資源 ・創エネ（敷地内での太陽光発電など） ・ICT を用いたエネルギーマネジメントシステム（xEMS）の導入 ・地域の植生や生態系に配慮した敷地内緑化
製品・サービスレベルの取組み	・環境負荷の少ない原材料を用いた製品製造 ・「容器包装が少ない」「省エネ性能が高い」「ごみが出にくい」など，流通・販売・消費・廃棄の各段階での環境負荷が低い製品製造 ・所有から利用への移行を促し，環境負荷低減に貢献するサブスクリプションサービス（サブスク）の開発・提供 ・工場で使う汚染物質除去装置など，それ自体が直接環境負荷の低減につながる製品開発 ・環境コンサルティングのような環境経営支援サービスの提供
社会貢献活動としての取組み	・自社のヒト・モノ・カネや製品・サービスを用いた寄付やボランティア ・各種環境イベントへの後援・共催

出所：在間（2016）図表2-1を参考に筆者作成。

いはNPO・NGOがキャンペーンを通じて企業の環境破壊行為に圧力をかけるなど，ステークホルダーからの働きかけが欠かせない。

また例えば，企業がどれだけ環境負荷の低い製品やサービスを製造・販売しても，それを評価して購入する**消費者**がいなければ，環境経営は存続しえない。ちなみに日本にはグリーン購入法という法律があり，国や地方公共団体，事業者等を対象に「環境を考慮して，必要性をよく考え，環境への負荷ができるだけ少ないものを選んで購入すること」を推進している。そのような消費者が増えれば，企業も心おきなく環境経営に乗り出せることだろう。また，消費者にわかりやすく環境情報を提供する**環境ラベル**（エコラベル）がもっと普及し，グリーン購入を後押しできれば，環境経営にとってさらに追い風になるかもしれない。

以上，環境経営が成立するのに必要な要因をみてきた。ここからはさらに，近年注目を集めている3つのトピック，「イノベーション」「環境会計」「統合報告書とESG投資」について順番にみていこう。

2 環境経営のカギを握る取組み①：イノベーション

環境対策は企業に追加的なコストとしてのしかかり，その企業の市場競争力を弱めるのではないか。環境経営の普及・進展を妨げるこうした懸念の解消を試みたのが，本章でたびたび登場したポーターである（Porter and van der Linde, 1995）。環境対策はコストではなく投資と捉えられる，そしてその投資はイノベーション（➡第10章参照）を誘発し，その企業の競争優位の源泉となり，経済的価値を生みだせる，というのが彼らの主張であった。

問題は，どうすればそのプロセスが実現できるのかである。それに関して，彼らは政府という存在に焦点を当て，「適切にデザインされた政府の環境規制は企業のイノベーションを促進し競争力を高める」との仮説を示している（「ポーター仮説」）。なおこの仮説をめぐってしばしば言及されるのが，1970年代日本における自動車排気ガス規制の経験である。当時日本では，大気汚染対策の一環で自動車メーカーに対して厳しい排気ガス規制が課されたが，その過程で排ガス浄化技術や燃費向上技術が進展し，自動車産業の競争力が高まった。それに対してアメリカでは，BIG 3と呼ばれた当時の三大自動車メーカー（GM・フォード・クライスラー）の反対により規制導入が延期され，技術開発も進まなかったと評されている。

3 環境経営のカギを握る取組み②：環境会計

例えば損益計算書には費用や収益が示されているわけだが（➡第6章参照），前者には第三者（社会）に押しつけられる社会的費用が含まれないし，後者にはステークホルダーに配分される社会的価値が含まれない。このように，社会的費用・社会的価値に関する会計情報を欠いたまま環境対策をしている，というのが多くの企業の環境経営の実態なのである。

この状況を変え，会計に環境の要素を盛り込もうという試みが**環境会計**（environmental accounting）である。ちなみに環境会計にはマクロ会計（環境の要素を反映した国民経済計算システム）もあるのだが，本章では企業のミクロ会計のみを扱う。

会計には大きく分けて財務会計と管理会計があり，前者が利害調整や情報提供といった外部機能を果たすのに対し，後者は意思決定や業績評価を中心とした内部機能を果たす（➡第6章参照）。同様に環境会計にも，財務会計的役割を果たす**外部環境会計**と，管理会計的役割を果たす**内部環境会計**がある。以下順番に説明していこう。

⑴外部環境会計

「自社が環境にどれくらい負の影響を与えているのか」，「それを今後どう改善していくのか」といった点について企業が説明責任を果たす際，これまでは非財務情報の形で開示するのが主流であった。例えば，自社の環境保全方針や目標，環境負荷低減のための取組みをまとめた環境報告書（CSR 報告書）の中で抽象的に示したり，有価証券報告書の中で定性的な情報を付属的に記載したりといった具合である。

しかし近年，「環境対策に投じたコストも損益計算書で示す」「環境報告書（CSR 報告書）でも環境対策に投じたコストを示す」など，環境情報を財務情報としても示そうという機運が少しずつ高まっている。**環境コスト**の具体的な数値は，もし環境対策をしてなければそれがそのまま社会的費用になっていたという意味で，環境経営の進み具合を表す代理指標でもあるなど，ステークホルダーにとって有用な情報である。

しかし外部環境会計には，説明責任の質という点で多くの技術的な課題が残されている。例えば，損益計算書には「環境費」のような勘定科目がないので，環境コストは製造原価や特別損失といった既存の科目に分散して計上せざるを得ない。また環境コストの数値は，過去からの環境対策の取組み度合によって変わるので，単に大きければよいというものではない。さらに外部環境会計は，企業間比較のツールとしても使える水準にあるとは言い難い。仮に，環境問題に関心のある投資家が企業 X と企業 Y を比較し，より環境にやさしい企業を選んで投資するというケースを考えてみよう。しかし上記のような技術的課題を抱える今の外部環境会計は，その投資家が欲しい情報を提供できていないのが現状である。

⑵内部環境会計

管理会計的役割を果たす内部環境会計の一例として，**マテリアルフローコスト会計**（MFCA）という手法を紹介しておこう（西谷，2017）。

ここに高級食パンを製造するパン工場があったとする。単純化のために原材

図14-３　一般的な原価計算と MFCA の比較

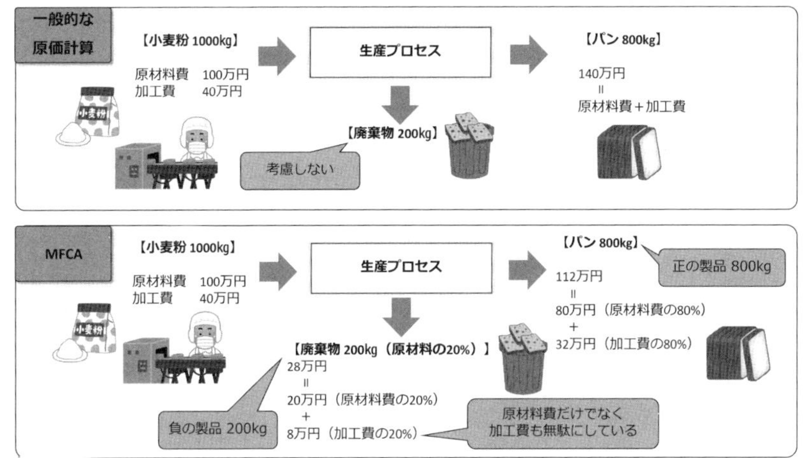

出所：西谷（2017）の図に筆者が加筆修正して作成。

料は国産最高級小麦粉（1000kg，100万円）のみとし，加工費は40万円と仮定しよう。その結果800kg のパンが製造され，残り200kg は切れ端という形で廃棄物になる（食品ロス！），というケースを考えてみる（図14-３）。

一般的な原価計算では，投入した費用140万円はすべてパン800kg に反映されると考えるのに対し，MFCA では200kg の廃棄物も同時に生産されると見なし，投入した費用も重量比に応じてパンと廃棄物に配分する。その結果，製造原価の20% つまり28万円を廃棄物という形で無駄に捨てているととらえるわけである。廃棄物に係る費用といえば廃棄物処理費用を指すのが一般的だが，MFCA では廃棄物を作り出す費用も考慮しなければ真の費用とは呼べない，と考えるのである。

MFCA の売りは，通常の原価計算では見えなかった経済的な損失（コスト削減の余地）を，環境的な損失と併せて“見える化”することで，ビジネスの意思決定（パンの製造・販売）と環境対策の意思決定（廃棄物対策）を統合できる，という点にある。言い換えれば，環境対策のビジネス的な意味を明らかにできるということであり，本事例で言えば「切れ端が出ない生産工程への変更を28万円以下で実現できれば儲けが出る」という，非常に具体的な指針情報を導き出せるのがMFCAの強みである。

それに対して通常の環境経営では，環境対策のビジネス的な意味が見えず，モチベーションも上がらないままオフィスの紙・ごみ・電気削減に終始する，という事態に陥りやすい。実はこれは，ISO14001を導入した日本企業の多くがぶつかった壁でもあった。

しかし，内部環境会計にも課題は少なくない。コスト削減インセンティヴを利用して環境対策の推進を図るのがMFCAのアプローチだが，企業にとってコスト削減手法は何も廃棄物削減だけではない。他のやり方，例えば人件費の削減を選択し，環境対策は行わないということも現実には起こりうる。内部環境会計はあくまで意思決定のツールに過ぎず，内部環境会計を導入したら自動的に環境対策が進むわけではないのである。

4 環境経営のカギを握る取組み③：統合報告書とESG投資

企業の財務情報は主として財務諸表の中で示されるのに対し，非財務情報である環境情報については，外部環境会計のところで説明したように，環境報告書（CSR報告書）の中で示されるケースが多かった。

しかし近年，両者を統合して**統合報告書**（Integrated Report）を作成する動きが，大企業を中心に起こりつつある。「統合」なので，今ある財務諸表と環境報告書（CSR報告書）をただホッチキスで束ねるのではなく，全く新しいフレームワークのもと新たな報告書を作るのである。よく使われるのは，ESGの各要素にも目配りしながら，企業活動と価値の創造・保全・毀損とがどう関連しているのかを示すフレームワークである（**図14-4**）。

ところで，企業がわざわざ統合報告書を作成する理由は何だろうか。その背後には，投資家や株主が求める情報の変化がある。これまで彼らは，基本的に財務情報から企業の現状や将来を判断し，それを投資行動に反映させてきた（→第8章も参照）。しかしこのSDGs／ESG時代，それだけでは投資にかかる適切な判断や意思決定ができなくなりつつあり，「その企業は今後どんな環境リスクに直面していくのか」，「その企業は環境問題をどうビジネスと結び付けようとしているのか」といった情報の価値が相対的に高まっている。これはまさに統合報告書で示されているような，企業の非財務側面，そして財務的側面と

図14-4　統合報告書における企業活動と価値の創造・保全・毀損

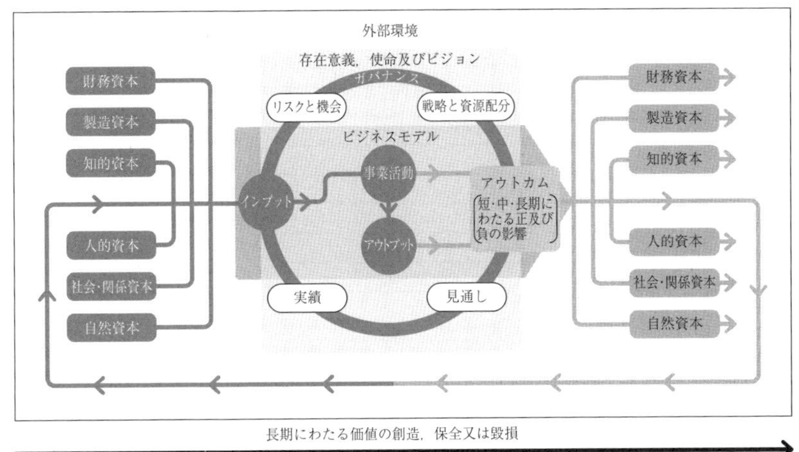

出所：国際統合報告 <IR> フレームワーク 2021年 1 月，図 2 より引用。(c) 2021. All Rights Reserved. IIRC, now a part of the Value Reporting Foundation.

非財務側面の関係に係る情報である。

そしてそういった趨勢を象徴するのが，生命保険・損害保険会社や年金基金のような機関投資家を中心とした**ESG 投資**（ESG の視点を組み込んだ投資）の急拡大である（➡第 3 章第 4 節も参照）。GSIA という機関の調査によると，2018年から2020年までの 2 年間で，世界全体の ESG 投資額は15.1% 増加し，35兆3010億米ドルとなった（GSIA, 2021）。これもまた，環境経営の普及・進展にとって追い風になるかもしれない。

第 5 節　人新世の企業経営！？：まとめにかえて

ここ最近，**人新世**（じんしんせい）(Anthropocene) という言葉をよく聞くようになった。これはもともと地質学の用語で，“人間の世紀” というような意味である。正式な地質区分でいうと，現代は完新世に属する。しかし科学技術の発展や人口増加，経済成長を背景に，人類が地球環境に与える影響がかつてなく高まっていることを受け，新たに人新世という地質時代を作ってはどうかという議論が巻

図14-5　主な地質区分と人新世

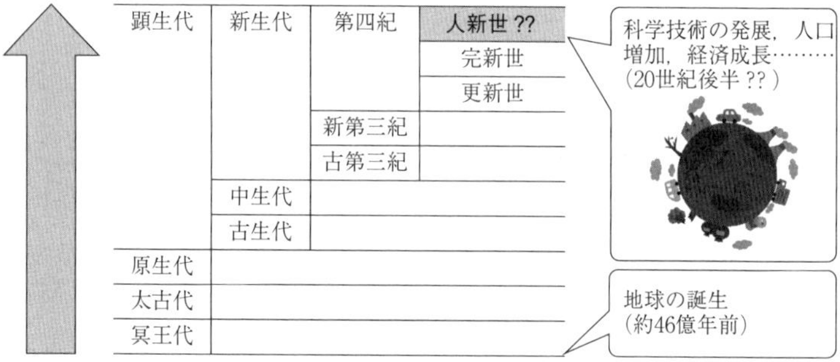

顕生代	新生代	第四紀	人新世??
			完新世
			更新世
		新第三紀	
		古第三紀	
	中生代		
	古生代		
原生代			
太古代			
冥王代			

科学技術の発展，人口増加，経済成長………（20世紀後半??）

地球の誕生（約46億年前）

出所：筆者作成。

き起こっている（図14-5）。

その地質学的な妥当性はさておき，本章では，そんな時代の企業経営を考えるための各種基礎知識を提供してきたつもりである。本章で学んだCSRや環境経営の知識は，“よい企業”や“よいお金儲け”を論じるこれまでの物差しを見直す第一歩になるだろう。SDGs/ESG時代，そして人新世にふさわしい物差しとは何か。ぜひ皆さんも考えてみてほしい。

そしてもう1つ強調したいのは，世の中には“よい企業”と“そうでない企業”，“よいお金儲け”と“そうでないお金儲け”の双方が存在するという事実を認め，きちんと複眼で捉えることの重要性である。自分にとって都合のいい存在だけを取り上げ，都合の悪い存在は見て見ぬふりをするのは，知的な誠実さ（integrity）を欠く行為といわれても仕方がない。どうすればよい企業・お金儲けを促進できるか。そして，どうすればそうでない企業・お金儲けを抑制できるか。その双方の問いを常に念頭に置きつつ，この先も経営学を学んでもらいたい。

設　問

1．CSR批判にはどのようなものがあるか，そしてそれに対してどのような反論があるか，確認してみよう。

2．統合報告書を作成している企業を探し，財務情報と非財務情報がどのように結びつけられているか，調べてみよう。

推薦図書

具承桓編著，2019，『マネジメント・リテラシー——社会思考・歴史思考・論理思考』白桃書房

環境問題の中身や構造，持続可能な発展概念の誕生経緯について，より詳細に学ぶことができる。

関正雄，2011，『ISO26000を読む』日科技連出版社

ISO26000に関する非常に分かりやすい解説書であり，CSR概念のエッセンスをより広く深く理解できる。

國部克彦・伊坪徳宏・水口剛，2012，『環境経営・会計 第2版』有斐閣

当該分野の第一線で活躍する研究者たちの手による，最も定評のある環境経営・環境会計の教科書である。

引用参考文献

國部克彦・伊坪徳宏・水口剛，2012，『環境経営・会計 第2版』有斐閣。

在間敬子，2016，『中小企業の環境経営イノベーション』中央経済社。

西谷公孝，2017，「学者が斬る 視点争点 廃棄物費用把握で環境負荷削減」『エコノミスト』第95巻第26号。

Friedman, M, 1970, “The social responsibility of business is to increase its profits,” *New York Times Magazine*, September, 13.

Global Sustainable Investment Alliance（GSIA），2021, *Global Sustainable Investment Review 2020*.

Porter, M.E. and Kramer, M.R., 2002, “The Competitive Advantage of Corporate Philanthropy,” *Harvard Business Review*, 80(12).

Porter, M.E. and Kramer, M.R., 2011, “Creating Shared Value: How to reinvent capitalism-and unleash a wave of innovation and growth,” *Harvard Business Review*, 89(1-2).

Porter, M.E. and van der Linde, C., 1995, Green and Competitive: Ending the Stalemate, *Harvard Business Review*, 73(5).

Trucost, 2010, *Universal Ownership: Why Environmental Externalities Matter to Institutional Investors*.

（宮永健太郎）

第15章　国境を越えて行われるビジネス
——国際経営——

国際経営という分野は，基本的には第４章で取り上げられた経営戦略の議論を，国境を越えてビジネスが行われる場合に当てはめたものとなります。この章では，グローバル化において主要なプレーヤーである多国籍企業が国境を越えてビジネスを行う際に，どのような問題に直面し，それらの問題に対して，どのように対応する必要があるかについて取り上げます。

Keywords▶グローバルビジネス，自由貿易，グローバル統合，現地適応

第１節　グローバルビジネスの現状

グローバルビジネスとは，様々な国の人・企業が国境を越えて商品やサービスを売買することである。衣料品や，食料品，PC，家電など日常を取り巻く様々な商品・サービスがどのように出来上がっているかをみるだけで，現代社会におけるグローバルビジネスの影響を感じることができる。例えば，2021年に累積販売台数が20億台を超えたとされるiPhoneは中国やインドで組み立てられて，世界中で販売されている。また，iPhoneを構成するタッチスクリーンやカメラレンズ，マイク，バッテリーなどといった部品は，世界中の200を超える企業によって供給されている。

２つ以上の国で国境を越えてビジネスを行う企業を意味する多国籍企業はグローバルビジネスの重要な担い手である。**表15-１**は，2005年から2019年にかけてのフォーチュン・グローバル500の国・地域別構成の変化を示している。北米，EU，日本の多国籍企業が上位を占めているが，その数は年々縮小して

表15-1　フォーチュン・グローバル500の内訳

	2005	2010	2015	2019
先進国				
アメリカ	170	133	134	121
E　U	165	149	124	104
日　本	70	68	54	52
スイス	12	15	15	14
カナダ	14	11	11	13
オーストラリア	8	8	8	8
新興国				
中　国	20	61	104	119
インド	6	8	7	7
ブラジル	4	7	7	8
ロシア	5	7	5	4
BRIC	35	83	123	138

出所：The most recent Fortune Global 500 list より筆者作成。

いる。一方で，新興国の多国籍企業をみると，2019年にはBRIC諸国の多国籍企業が138社，そのうち中国企業が119社となっており，年々その数は増加している。

国境を越えたビジネスの現状は，世界の海外直接投資を通して確認することができる。**海外直接投資**とは，企業が海外で新しいビジネスをはじめたり，既存のビジネスを買収したりすることを意味する。例えば，2021年，日本の小売大手企業のセブン＆アイホールディングスは，アメリカ市場でのシェアを拡大するために210億ドルを支払って，アメリカの石油精製会社が運営するコンビニを併設したガソリンスタンド部門「スピードウェイ」を買収している。このような海外への投資を対外直接投資と呼ぶ。もちろん，他国の企業もまた日本国内でビジネスを行うために投資を行っている。このような海外から自国への投資を対内直接投資と呼ぶ。例えば，近年では，中国の電機大手であるハイセンスグループが東芝のテレビ事業を担う子会社の株式の95％を取得するなど，アジア企業からの投資が行われている。**表15-2**は2019年の日本の対外直接投資額と対内直接投資額を示したものである。2019年には海外企業から399億ドルの投資が行われており，国別ではアメリカ企業による日本への直接投資額が最も多く，171億ドルとなっている。一方で，日本企業は他国でビジネスを行

表15-2　日本の対内直接投資・対外直接投資（2019年）

（単位：100万ドル）

	対内直接投資	対外直接投資
アジア	9519.15	55565.72
中　国	1913.97	12205.53
韓　国	426.20	2385.23
シンガポール	2514.95	14783.21
ASEAN	4065.83	32833.44
インド	26.88	4138.95
北米	17245.96	55065.85
アメリカ	17124.45	51122.07
カナダ	121.51	3943.78
中南米	2561.15	17667.75
メキシコ	304.12	921.35
EU	7351.70	120861.47
ドイツ	223.64	11757.84
イギリス	2742.30	9573.11
フランス	1587.85	1757.46
世界	39930.31	258449.01

出所：JETROのHP（https://www.jetro.go.jp/world/japan/stats/fdi.html）を基に筆者作成。

うために，2580億ドル以上を投資しており，世界最大の対外直接投資国となっている。外国企業が日本に投資する場合も，日本企業が海外に投資する場合も，海外直接投資は，国境を越えてビジネスを行う上で重要な方法の１つとなっている。

第２節　グローバルビジネスと自由貿易体制

１　貿易障壁

このような国境を超えたビジネスは必ずしも自由に行われるわけではない。国境を越えたビジネスを阻害する要因として**貿易障壁**がある。通常，各国政府は，消費者が自国内で製造された製品を購入することで，国内の企業が成長し，雇用が増えることを期待する。歴史的にみても，政府は自国の消費者が輸入品を購入したり消費したりすることを難しくするために，貿易障壁を積極的に利用してきた。

貿易障壁には，関税障壁と非関税障壁の２種類が存在する。関税障壁とは，国内産業を保護するために，輸入品に対して課税することを意味する。例えば，日本政府は，国内の米農家を保護するために，一定の輸入数量の枠内輸入を超える米に対して，778％の関税をかけている。一方で，非関税障壁とは，輸入品のコストを上げたり，量を減らしたりするためにとられる課税以外の方法である。非関税障壁には，輸入割当，輸出自主規制，政府補助金などがあり，これらの手段もまた，国内産業を海外企業との競争から守るための強力な手段となる。例えば，2021年６月，アメリカの上院は，新しい半導体製造工場の建設に対して520億ドルの補助金を交付するという声明を出した。同様の政策は，アメリカ以外の先進国においても導入されている。EU は，2030年までに世界の半導体生産能力に占める EU の割合を20％にするという目標を立てており，さらに韓国は最大で650億ドルの半導体産業の支援を承認している。(『日本経済新聞』2021年６月18日付)。このような先進各国における半導体産業への補助金は，非関税障壁の一つであり，中国政府による補助金や優遇措置を受けている中国の半導体産業への対抗策として考えることができる。

2　自由貿易

歴史的には，このような貿易障壁の存在によって，輸入品は国産品に比べてはるかに高価であることが多かった。しかし，貿易障壁のような保護主義的な政策が第２次世界大戦の一因となったという反省から，1948年に124カ国によって関税やその他の貿易障壁を大幅に削減することを目的とした GATT (General Agreement on Tariffs and Trade: 関税及び貿易に関する一般協定）が発効され，関税水準の低下に大きく貢献した。1995年には，自由貿易への枠組みをさらに強化するために**世界貿易機関**（WTO）が発足し，知的財産権やサービス貿易など幅広い範囲がその対象となっている。他にも，自由貿易を実現する動きとして，NAFTA(北米自由貿易協定)や ASEAN(東南アジア諸国連合), MERCOSUR (南米南部共同市場）といった地域的な経済統合がある。では，このような自由貿易を促進する取組みは多国籍企業にとってどのような意味をもつのだろうか。

自由貿易は企業にとって新しいビジネスチャンスを生み出し，市場における競争を激化させる。1990年代以降，24時間世界中でビジネスを行うことができるような情報通信技術が発達してきたことに加え，国境を越えた取引や投資に対する様々な障壁が急速に取り除かれたことで，多くの産業において国際的な取引の重要性が高まった。2015年には，世界各国の対内直接投資の合計は1兆7622億ドルに達し，1990年から約7倍に増加している（JETRO, 2017）。国境を越えた提携や買収も急増し，世界規模での調達も増え続け，新興国における顧客獲得もますます激しさを増している。

このような自由貿易への動きは，多くの企業に恩恵をもたらした一方で，戦略が大きく間違っていたために失敗する企業や，予想以上に実行が難しかったために失敗する企業もまた存在する。では，企業が国境を越えてビジネスを行う上での成功や失敗はどのような要因によって決まるのだろうか。

第3節　グローバル統合か現地適応か

多国籍企業は，国境を越えたビジネスを行う際に，コスト削減と現地適応という2つの圧力に対応する必要がある。**IRフレームワーク**（Integration-Responsiveness framework）は，この2つの圧力を縦軸と横軸にとり，企業の戦略パターンを整理するものである（**図15-1**）。

コスト削減の圧力はグローバルな統合を求め，現地適応の圧力は進出先の国々での適応を迫る。国内における競争においてもグローバルな競争においても，コスト削減の圧力は共通して存在するため，国際的な競争で特徴的なのは，現地適応が求められることといえるだろう。これは進出先の国における消費者の嗜好や需要に対応することを意味する。例えば，ヒンドゥー教徒が多いインドでは，マクドナルドの牛肉を使ったハンバーガーを食べる人は少ない。そのため，マクドナルドはインド国内の店舗のメニューを自国のものから変更し，チキンパティやコーンパティを使ったバーガーを販売している。

IRフレームワークに基づくと，2つの圧力の強弱から①国際戦略，②マルチドメスティック戦略，③グローバル戦略，④トランスナショナル戦略という4つの戦略が導かれる。

国際戦略は，生産規模，流通効率，ブランドなどといった国内の資源や競争優位を進出先の国々で活用する戦略である。製造業であれば輸出が行われ，サービス業の場合はライセンス契約やフランチャイズ契約という形態がとられることが多い。この戦略は比較的容易に実行でき，企業が海外に進出する際に最初に採用される戦略となる。デメリットとしては，自国を中心とした戦略であるため，進出先での適応力に欠けることが挙げられる。この戦略は，顧客の大半が国内にいる場合には有効な戦略となるが，海外での事業展開を目指す場合，海外顧客の需要を意識しなければ，潜在的な顧客を失ってしまう可能性がある。

図15-1　IR フレームワーク

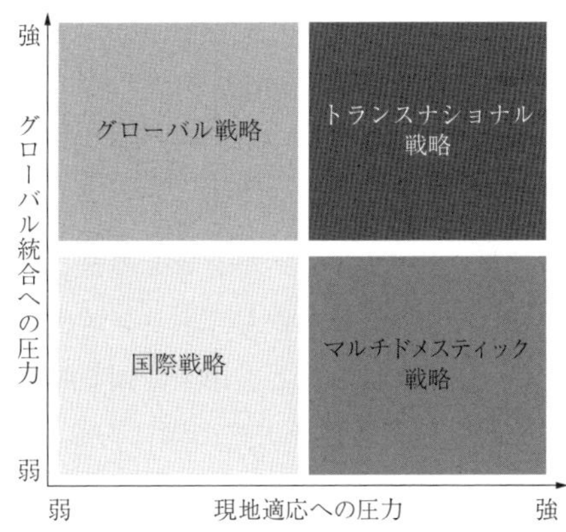

マルチドメスティック戦略では，進出先の国や地域を，それぞれ適応する価値のある独立した市場とみなす。そのため，この戦略はグローバルな効率性を犠牲にしてでも，それぞれの国や地域における市場の違いが明確な場合に有効な戦略となる。例えば，ディズニーは，アナハイム，オーランド，香港，パリ，東京，上海の6つのテーマパークで，サービスの一部を現地化している。特に，上海ディズニーランドには多くのオリジナルな乗り物が存在する。マルチドメスティック戦略のデメリットとしては，複数の国で重複した取組みを行うことによって効率性が失われることが挙げられる。また，地域的な自律性が高まることによって，全社的な調整が困難になることもデメリットの1つである。

マルチドメスティック戦略の対極にあるのが，グローバル戦略である。その特徴は，低コストの利点を最大限に生かすために，標準化された製品を世界中で開発・販売することにある。国際戦略とグローバル戦略は，どちらも現地適応を犠牲にする戦略である。しかし，その決定的な違いは，グローバル戦略を追求する多国籍企業は母国での事業に依存することなく，様々な国や地域に戦略的に重要な役割を担う拠点を設けることができるという点である。グローバル戦略のデメリットは，当然ながら現地適応を犠牲にすることになる。そのため，この戦略は，コスト削減が最優先され，現地適応の必要性が比較的少ない，半導体に代表されるコモディティ化が進んだ製品に適している。

トランスナショナル戦略は，コスト削減と現地適応を追求することで，両方の長所を取り入れようとする戦略である。コスト削減と現地適応に加え，グローバルな学習とイノベーションの拡散もこの戦略の特徴となる。従来，多国籍企業におけるイノベーションの普及は，自国から進出先の国々への一方通行の流れであった。しかし，トランスナショナル戦略をとる多国籍企業では，イノベーションは本国と進出先の国の間で双方向に流れ，さらにグローバルな学習を通して複数の進出先の国にある子会社間で共有されることになる。デメリットとしては，トランスナショナル戦略は組織的に複雑で実行が難しいこと，そして大量の知識を共有し，調整することで，意思決定が遅くなることが挙げられる。さらに，コスト削減，現地適応，グローバルな学習を同時に達成しようとすると，矛盾する要求にさらされてしまうことも，トランスナショナル戦略のデメリットとして挙げられる。

結局のところ，それぞれの戦略の様々な長所と短所を考慮すると，唯一無二の最適な戦略は存在しないということに注意すべきである。近年，トランスナショナル戦略を理想的な戦略とする傾向があるが，その是非については，この戦略を採用することによって生じる組織上の課題を考慮した上で判断する必要があるだろう。

第４節　グローバルビジネスの形態

企業が実際に海外市場への参入形態を検討する際，いろいろな参入形態を同時に考慮することはほとんどない。海外市場への参入に関する意思決定の複雑さを考えると，まずいくつかの重要な変数だけに優先順位をつけ，検討することが重要となる。図15-２は，そのような実際の意思決定プロセスを簡単に示したものである。まず，第１段階では，資本投資を伴って海外市場へ参入するかどうかを検討する。そして第２段階では，経営者は，資本投資を伴わない参入形態と資本投資を伴う参入形態の中で具体的な方法について検討をすることになる。資本投資を伴わない参入形態には，輸出やライセンス契約・フラン

図15-2　参入形態の選択

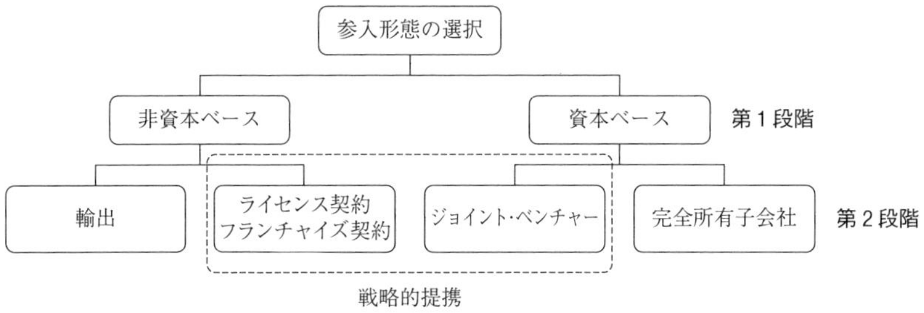

出所：Pan & David（2000）を基に筆者作成。

チャイズ契約が含まれ，この参入形態をとった場合，海外市場への関与は比較的小さくなる。一方で，資本投資を伴う参入形態は，比較的大規模な投資が必要となるため，後戻りができないほど深く海外市場に関与することになる。この参入形態では，ジョイント・ベンチャーや完全子会社といった形で海外に独立した組織を設立することになる。

1　資本投資を伴わない参入形態

代表的な資本投資を伴わない参入形態である輸出とは，企業が自国で製品を生産し，それを海外の顧客に販売することを意味する。最も基本的な形態である輸出には，国内市場での販売に依存しないですむこと，研究開発・設計・生産の意思決定をより自由に行えることなどのメリットがある。また，輸出には自国に生産を集中することで規模の経済を享受できるというメリットもある。もちろん，輸出には，デメリットも存在する。1つ目のデメリットは，多くの輸出品が関税・非関税障壁の影響を受けることになり，消費者の最終的なコストが上昇することである。2つ目のデメリットは，輸送コストによって輸出製品の価格が上昇することである。3つ目のデメリットは，製品の流通を海外の輸入業者に依存してしまうことである。例えば，海外の輸入業者が，輸入した製品を独自ブランドで販売し，海外の顧客とのコミュニケーションを独占しようとするかもしれない。また，自社の製品が海外でどのように受け入れられているかについての情報を輸出企業が知りたい場合でも，仲介業者を介することでそのような情報を得ることが難しくなってしまう可能性もある。

もう1つの資本投資を伴わない参入形態の代表的なものとして，ライセンス契約[▶1]とフランチャイズ契約[▶2]がある。ライセンサーやフランチャイザーといった権利者は，ライセンシーもしくはフランチャイジーからロイヤリティを受け取ることで，販売ノウハウや商標の利用許可を与える。ライセンス契約やフランチャイズ契約を結んだ場合，ライセンサーやフランチャイザーは，海外進出に伴う費用やリスクを全額負担する必要はなく，資本投資を抑えることができる。また，ライセンシーやフランチャイジーが海外で製品を製造，もしくはサービスを供給することになるため，関税・非関税障壁を回避することもできる。ライセンス契約やフランチャイズ契約における最大のデメリットは，海外のライセンシーやフランチャイジーの品質の監視や事業のコントロールが困難になる点である。例えば，バーバリーは，約半世紀にわたって結んでいた三陽商会とのライセンス契約を2015年に解除した。その理由は，三陽商会が何百もの店舗を出店したことによって，中価格帯の商品が日本国内に溢れている状況が，バーバリー本社の高級ブランドイメージと乖離してきた点にある。また，ピザハットは，タイで20年にわたって結んできたフランチャイズ契約をフランチャイジーであるPizza PCLによって打ち切られ，競合するピザレストランであるPizza Companyを立ち上げられた。その結果，ピザハットはタイ国内でのシェアを失うことになっている。

2 資本投資を伴う参入形態

資本投資を伴う参入形態の1つ目はジョイント・ベンチャーである。ジョイント・ベンチャーは，既存の2つの企業が協力して第3の企業を設立すること

▶1　最も身近な例はファーストフード店だろう。各加盟店は，フランチャイズ本部（マクドナルドやバーガーキングなど）にロイヤリティを払うことで，商標・チェーン名称を使用し，ビジネスを行うことができる。

▶2　事業者（ライセンサー）が他の事業者（ライセンシー）に特許などの知的財産権の使用，利用を許諾する契約を意味する。例えば，資生堂はイタリアの高級ファッションブランドであるドルチェ＆ガッバーナ（D&G）とのライセンス契約を2016年から2021年末まで結び，世界で同ブランドの香水や化粧品などを生産・販売していた。

を指す。この場合，もとの2つの企業はそのまま残るが，新たに設立された企業の所有権は2社で共有することになる。ジョイント・ベンチャーにはいくつかのメリットがある。まず，多国籍企業はコストとリスクを現地のパートナーと共有することになる。そのため，多国籍企業は一定のコントロールを持ちながら，海外進出によるリスクを抑えることができる。また，多国籍企業は，ジョイント・ベンチャーを通じて，進出先の国に関する知識へアクセスすることが容易になるうえ，進出先の国で政治的な問題に直面する可能性を低くすることができる。

しかし，ジョイント・ベンチャーにも問題がないわけではない。まず，ジョイント・ベンチャーは，背景や目的が互いに異なる企業によって形成されることが多い。そのため，企業間で対立が起こる可能性が高い。このような対立を避けるためには，2つの企業の文化の融合が重要となる。また，多くのジョイント・ベンチャーで，双方の企業にとって公平であろうとして，それぞれが平等な所有権と権力をもつことになる。しかし，その結果，権力闘争やリーダーシップの欠如を招く事態に陥ることが指摘されている。

もう1つの資本投資を伴う参入形態は，完全所有子会社の設立である。多国籍企業の約3分の1は，完全所有子会社を通じて海外市場に参入している。完全所有子会社を設立することのメリットは，親会社がすべての利益を受け取り，海外での事業を完全にコントロールできることである。それに対してデメリットは，新規事業の構築や既存事業の買収に費用がかかることだ。完全所有子会社が成功すれば大きな利益を得ることができるが，親会社がすべてのリスクを負うことになるため，失敗すれば莫大な損失を被ることになる。また，完全所有子会社は財政的にだけでなく政治的にもリスクが高い傾向にある。進出先の国々において他国の企業として目立つことになるため，進出先の国でナショナリズム的な感情のはけ口になる可能性もある。

ここでは代表的な参入形態について1つずつ焦点を当ててきたが，実際の海外市場への参入形態は1つに限定されるわけではない。例えば，イケアの中国における店舗はジョイント・ベンチャーであり，香港と台湾の店舗は別々のフランチャイズである。さらに，参入形態は時間の経過とともに変化する可能性もある。例えば，スターバックスは，当初はフランチャイズ契約を利用し海外市場へ参入していた。その後，ジョイント・ベンチャーに移行し，近年は完全所有子会社を設立して参入するケースが多い。

第5節　進出先の国を評価する

企業が海外進出を行う際には，進出先の国々について深く知ることも重要となる。ここでは，進出先の国々の独自性を生み出す経済・政治・法律・文化という4つの要因について取り上げる。

1 経　済

進出先の国の経済的状況を評価するために，マクロおよびミクロの幅広い経済指標を活用する必要がある。例えば，マクロの指標として国民総所得（GNI）や国内総生産（GDP）などがある。これらのマクロの指標の変化を捉えることで，その国の国民の生活水準が向上しているのか，経済の活性化が必要なのか抑制するべきなのか，その国の経済の状況を把握することができる。しかし，マクロの経済指標だけでは，進出先の国の経済状況を正確に把握することは難しい。例えば，アメリカ，日本，ドイツなどの経済大国は，GNIやGDPの額で常に上位に位置しており，その他の国々よりも生産性が高く，成長が早いと考えるかもしれないが，多くの場合，そのようなことはない。このようなマクロ経済指標はその国のミクロの指標，例えばその国の購買力に関する情報で補完することによってより有用なものになる。

近年，インドや中国など，平均的な所得水準が低いとされる国々でも購買力は高まっている。これは，衣食住などの基本的な生活費が相対的に安価であることによって，これらの国の消費者は生活必需品を購入した後もその他の商品やサービスの消費が可能となるためである。したがって，多国籍企業にとっては，購買力が高く，かつ経済成長によって所得が増加している国が進出先として魅力的な選択肢となる。もちろん購買力だけが，魅力的な海外市場を示す唯一の指標ではない。政府の規制などもまた重要な指標となる。例えば，ある国の購買力が一定期間の間に倍増したとしても，その結果自動車販売台数が同様に増加するとは考えられない。北京や上海などの大都市では，公害の悪化や交通渋滞のために，道路を走る車の台数が厳しく制限されている。そのため，中国では購買力の向上とともに自動車販売台数も増加しているものの，その増加幅は緩やかなものとなっている。

2　政　治

国境を越えてビジネスを行う上で，多国籍企業は，進出先の国々における政治の不確実性と政策の不確実性という２種類の政治的リスクを認識する必要がある。政治の不確実性とは，戦争，革命，政治指導者の死などの出来事によって，政治体制が大きく変化するリスクのことである。一方，政策の不確実性とは，外国企業のビジネスのやり方に直接影響を与える法律や政策の変更に関連するリスクのことである。

後者の政策の不確実性への対応は，国境を越えたビジネスにおいて重要なものとなる。進出先の国における法律や政策が変更されてしまうと，すでに多国籍企業が行った多額の投資が損なわれてしまう可能性がある。こういった政策の不確実性を軽減するために，多国籍企業が外国政府や国際貿易機関に働きかけ，その国でのビジネスに悪影響を及ぼす法律や規制の変更を求めることがある。2020年，アメリカを始め先進各国を中心に中国・深圳（しんせん）に本社を置く世界最大の通信機器メーカーである華為（ファーウェイ）の進出を阻止する動きが生じた。これらの国々は，華為に対する制裁措置の理由として，同社の機器がスパイ活動の脅威となる可能性を挙げている。これを受け，華為はベテランの民主党ロビイストを採用し，アメリカ政府との関係を修復することを試みている（Strumpf et al., 2021）。

政治的リスクに対処するもう１つの方法は，第４節で詳解したジョイント・ベンチャーやフランチャイズ契約，ライセンス契約などといった戦略的提携を選択することである。このような形態で進出することによって，その国でビジネスを行う上での政治的リスクを完全に排除することはできないものの，海外での事業活動に伴う様々なリスクを抑えることが可能となる。

3　法　律

その国の合法性の基盤がどこにあるのかもまた，進出先の国々における多国籍企業の行動に影響を与えることになる。近年台頭している新興国の中には先進各国とは合法性に対する考え方が異なる国々も存在する。したがって，進出先の国々の政府がどのように事業活動を規制するかを理解するために，多国籍企業はその国の統治原理が「**法の支配**」であるか「**人の支配**」であるかについて問う必要がある。

人の支配とは，主権者である指導者の行動が憲法や刑法によって制限されない法制度である。そのため，その国の指導者の言葉や気まぐれな行動が，どんなに不公平であったとしても，それが法となる。例えば，不正行為で告発された中国共産党員は，国の法律ではなく，まず党に助けを求めることになる。これは中国において法律の上に中国共産党が位置づけられていることを意味している。

法の支配とは，誰もが法の上に立つことはないとする法制度である。例えば，アメリカの独立宣言では，「すべての人間は平等に創られた」とされており，地位や名声にかかわりなく，すべての人が同じ法律に従うことになる。法の支配のもとでは，政府の権力は，公開された法律に従って行使され，恣意的な権力の行使は厳しく制限される。また，法律は適正でなければならず，基本的権利を保護するものであり，透明性をもって執行される。そのため，法の支配は公正な政治環境を確立するだけでなく，財産権を保護しながら，契約や取引の執行可能性を保証する。例えば，先進各国では，自分の財産をどのように管理し，そこからどのように利益を得るかを決定する権利は，当たり前に存在するものとして考えられている。しかし，アジアやアフリカ，中東，南米の多くの国々では，必ずしもこのような権利は当たり前のものとして考えられていない。それらの国々では，歴史的に人の支配が統治原理とされてきたために，たとえ法の支配が取り入れられていたとしても，それが実践されているとは限らない。その結果，それらの国々では，曖昧な財産権が常に問題となっている。また，人の支配が統治原理となっている国々では，市場での許容される行動を予測することは難しくなる。そのため，そういった国々に進出をする多国籍企業は，虚偽の告発，賄賂の勧誘などに警戒する必要がある。

4 文　化

国の文化とは，その国の人々の認識，意思決定，行動に影響を与える共通の

図15-3　ホフステッドによる文化の5つの次元

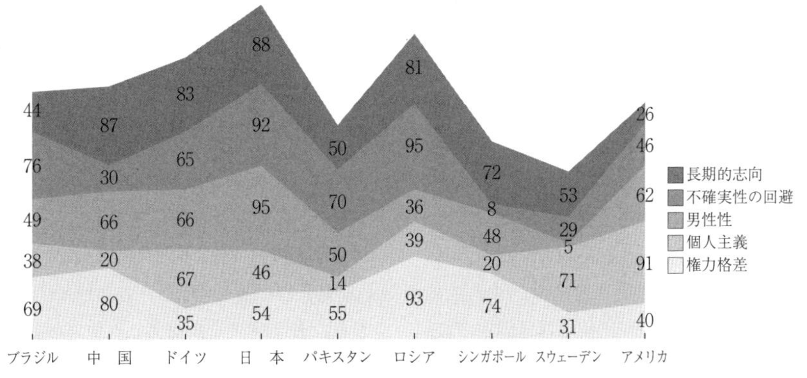

出所：www.geerthofstede.com. で公開されているデータより筆者作成。

価値観や信念のことである。多国籍企業が進出先の国々の文化に対処するための最初のステップは，それぞれの国の文化の間に存在する違いを認識することである。この点に関して，ゲルト・ホフステッドは，20年かけて53カ国の文化の違いを調査し，国を超えて権力格差，個人主義，男性性，不確実性の回避，長期的志向という5つの文化的次元があることを明らかにしている（図15-3）。

まず，権力格差とは，その国において，権力の弱い人々が，どれだけ権力の不平等を受け入れているかの度合いを意味する。例えば，権力格差の値が比較的高いロシアでは，人口の所得上位 10％の富裕層の資産が総資産の約80％を占めており，多くの人がこれをあるがままの姿として受け入れている。

次に，個人主義とは，個人のアイデンティティは基本的に自分自身のものであるという考え方であり，その反対の集団主義とは，個人のアイデンティティは家族であれ，会社であれ，集団のアイデンティティと結びついているという考え方である。図15-3で，個人主義の値が低いことは，集団主義の傾向が強いということを意味する。例えば，個人主義の値が低い傾向にあるアジアの国々のレストランでは，ほとんどの料理はテーブルの周りの人でシェアできるように提供されることが多い。

3つ目の男性性の次元は，性役割の差異を指す。伝統的なジェンダー観をもつ社会では，男性は政治，軍事，管理職などといった職業に就く傾向がある。

▶▶ *column 15* ◀◀

知的財産権と多国籍企業

財産という言葉が，通常土地などの形のあるものを指すのに対し，知的財産とは知的活動の結果として生み出される無形のもの（書籍，音楽，ウェブサイトのコンテンツ，発明など）を指す。知的財産権とは，このような知的財産の所有に関する法的権利のことを意味し，そこには特許権，著作権，商標権などが含まれる。知的財産権は，人々や企業などの権利者に対して独占的に使用する権利を与えることで，イノベーションを起こすためのインセンティブを提供する。しかし，知的財産の無形であるという特徴は，独占的に使用する権利の保護を困難にしている。実際，知的財産の不正使用は世界中で横行しており，音楽ファイルやゲームソフトの不正な共有からブランド品の偽造に至るまで多岐にわたっている。もしかするとマイクロソフトの最大のライバルは，他のソフトウェア企業ではなく，偽造品業者なのかもしれない。

グローバル化の進展に伴い，製造業が知的財産権の保護が不十分な途上国へと移転することで，知的財産権の侵害はますます加速している。また，情報通信技術の発達によって低コストで簡単にアクセスできる流通チャネルが登場したことや，関税の撤廃や規制緩和などといった自由貿易への動きが加速したことは，偽造品の世界的な流通を後押ししている。このような状況に直面している多国籍企業や各国政府は知的財産権のより強力な保護を求めている。例えば，WTO は知的所有権の貿易関連の側面に関する協定（Trade-related Aspects of Intellectual Property Rights: TRIPS）を適用し，知的財産権の保護と執行を国・地域の基準ではなく世界的な基準で行うことを加盟国に要求している。途上国の視点に立つと，世界的な知的財産権保護の強化は先進国の利益を守るためのものであり，途上国の利益に資するものではないと考えることもできる。しかし，知的財産権が保護されなければ，最終的に共有する知的財産も，盗まれる知的財産も生まれてこない。このような南北の対立を解消する形での，知的財産に関する国際的なルールづくりが求められている。

一方で，女性は通常，主婦に加えて，教師や看護師などの職に就くことが多くなる。日本に代表される男性性の度合いが高い国，つまり，男らしさを強く求められることが多い国では，伝統的なジェンダー観に沿った役割分化が生じる傾向にある。一方で，スウェーデンに代表される男性性の度合いが低い社会，つまり男らしさを求められることが少ない社会では，女性が政治家や科学者，経営者になる傾向が強く，男性は看護師，教師，主夫などの役割を担うことが多くなる。

4つ目の不確実性の回避は，その国の人々が曖昧な状況や不確実性を回避する度合いを指す。ロシアなどに代表される不確実性を回避する度合いが高い国では，仕事の安全性や退職金が重視され，不確実性を生み出す変化に抵抗する傾向がある。一方で，シンガポールのような不確実性を回避する度合いが低い国では，リスクを取ることへの意欲が強く，変化への抵抗感が少ない傾向がある。

最後の長期的志向は，将来の報酬に関する忍耐や倹約などを好む度合いを意味する。例えば，すぐに結果が見えず報酬も望めないが，将来報われることを期待して努力をしたり，ボーナスをもらっても，倹約して将来に備えたりする行動が長期志向の度合いが高い文化の特徴になる。実際，長期的志向の度合いが高い中国の貯蓄率は高い値を示している。

このような1つの国の文化の平均的な側面に注目する際には注意が必要である。例えば，異文化間の平均的な違いが，広範囲に及ぶものなのか，例外的なものなのかについて検討する必要があるだろう。また，1つの文化の中にも多くの差異が存在することも意識する必要がある。異文化間の平均的な違いに焦点を当てていると，それぞれの文化の内側にある差異を見落としてしまう危険性がある。ただし，これらの点を踏まえても，ホフステッドによって提示された5つの次元は，グローバルビジネスにおける文化の役割を理解しようとする人にとっての出発点としては十分なものといえるだろう。

設　問

1. Fortune Global 500(https://fortune.com/global500/)から興味のある多国籍企業をいくつか選び，その企業がどのような形態で海外進出をしているか調べてみよう。
2. 1．で選んだ企業から1社選び，海外進出の形態がどのように変化してきたか調べてみよう。

推薦図書

パンカジ・ゲマワット／望月衛訳，2009，『コークの味は国ごとに違うべきか』文藝春

秋（Ghemawat, P., 2007, *Redefining Global Strategy: Crossing Borders in A World Where Differences Still Matter*, Harvard Business Review Press）

完全にはグローバル化していない世界で企業が生き残るために検討する必要がある内容について，具体的な事例を用いて解説している。

パンカジ・ゲマワット／琴坂将広・月谷真紀訳，2020，『VUCA 時代のグローバル戦略』東洋経済新報社（Ghemawat, P., 2018, *The New Global Road Map: Enduring Strategies for Turbulent Times*, Harvard Business Review Press）

近年のグローバル化の現状を紹介しながら，不確実性の高い経営環境における企業のグローバル戦略について議論している。

浅川和弘，2003，『グローバル経営入門（マネジメント・テキストシリーズ）』日本経済新聞出版

本章で取り上げている内容に加えて，国際経営の発展的なトピックを包括的に取り上げている。

引用参考文献

「先端半導体工場誘致へ国動く，公的助成の規模カギに。」『日本経済新聞』2021年6月18日朝刊9頁。

JETRO, 2017,「ジェトロ世界貿易投資報告書2016年版」 https://www.jetro.go.jp/world/gtir/2016.html

JETRO, 2021,「直接投資統計」, https://www.jetro.go.jp/world/asia/th/gtir.html（閲覧日：2021年8月16日）

FORTUNE, 2021, "Global 500" https://fortune.com/global500,（閲覧日：2021年8月16日）

Hofstede, G., 2021, "Dimension data matrix" https://geerthofstede.com/research-and-vsm/dimension-data-matrix/（閲覧日：2021年8月16日）

Hofstede, G., Hofstede, G. J., & Minkov, M., 2010, *Cultures and organizations: Software of the mind*（3rd ed.), New York: Mcgraw-hill.

Pan, Y., & David, K. T., 2000, "The hierarchical model of market entry modes," *Journal of international business studies*, 31(4), pp. 535-554.

Strumpf, D., Bykowicz, J., & McNish, J., 2021, Jul 24, U.S. news: Huawei technologies hires democratic lobbyist Tony Podesta, *Wall Street Journal*.

（井口　衡）

索　引

あ　行

か　行

さ　行

た　行

な　行

は　行

ま　行

や　行

ら　行

わ　行

■執筆者紹介（執筆順，担当章）

具　滋承（ク　ジャスン） JaSeung Koo ［編者］第１章，第３章

＊編著者紹介参照

舟津昌平（ふなつしょうへい） Shohei Funatsu 第２章，第５章

京都大学大学院経済学研究科博士後期課程修了，博士（経済学）

京都大学大学院経済学研究科特定助教，京都産業大学経営学部助教を経て現職。日本証券アナリスト協会発行「証券アナリスト（CMA）講座テキスト」執筆者，中小企業診断協会「理論政策更新研修」講師など歴任。

現　　在：京都産業大学経営学部准教授

専門分野：経営組織論，イノベーションマネジメント

主要業績：舟津昌平，2020，「制度ロジック多元性下において科学と事業を両立させる組織の対応—産学連携プロジェクトを題材とした事例研究—」『組織科学』54（２）：48-61。

舟津昌平，2017，「現場に根ざしたイノベーション正統化プロセス—モスフードサービスの『次世代モス開発部』導入を題材とした事例研究—」『日本経営学会誌』39：26-36。

伊藤泰生（いとうたいき） Taiki Ito 第４章

早稲田大学商学部卒業。早稲田大学大学院商学研究科博士後期課程修了，博士（商学）

早稲田大学商学部助教を経て

現　　在：千葉商科大学商経学部専任講師

専門分野：経営戦略論，競争戦略論

主要業績：伊藤泰生，2020，「コンシューマゲーム産業における産業内多角化と業績の関係性—外部デベロッパーのモデレート効果—」『日本経営学会誌』45：３-14。

伊藤泰生，2018，「産業内製品多角化と業績の関係性—情報サービス産業における資格の多様性のモデレート効果—」『組織科学』51（４）：90-99。

伊藤正隆（いとうまさたか） Masataka Ito 第６章，第７章，第８章

同志社大学大学院商学研究科博士後期課程修了，博士（商学）

流通科学大学商学部講師，同准教授を経て現職。公認会計士・税理士

現　　在：京都産業大学経営学部准教授

専門分野：会計学（管理会計・原価計算）

主要業績：伊藤正隆，2019，「企業情報（業績予想）の開示が経営者の管理活動に与える影響」『會計』195（４）：26-37。

伊藤正隆，2016，「予算スラックに対する上位者のコントロール—日本企業を対象とした事例研究—」『原価計算研究』40（２）：100-111。

ビョン ソンウ
辺 成祐 Sungwoo Byun **第9章**

ソウル大学校経営大学修士課程修了（生産管理），修士（経営学）
東京大学大学院経済学研究科修士課程修了，修士（経済学）
東京大学大学院経済学研究科博士課程単位取得退学
POSCO（Pohang Iron and Steel Co.）を経て
現　在：近畿大学経営学部准教授
専門分野：生産管理論，技術経営論
主要業績：Byun SW., 2020, "Managing the interdependence among successive stages of production in steel industry.," *Annals of Business Administrative Science*, 19（6）: 293-305.
辺成祐，2021，「鉄鋼産業における技術移転マネジメント―工程間調整，認識ラグ，学習ラグ―」組織学会大会論文集，10（1）: 66-71。

ふくざわみつひろ
福澤光啓 Mitsuhiro Fukuzawa **第10章**

小樽商科大学商学部商学科卒業。東京大学大学院経済学研究科修士課程修了，東京大学大学院経済学研究科博士課程単位取得退学，修士（経済学）。
東京大学ものづくり経営研究センター特任助教を経て
現　在：成蹊大学経営学部教授
専門分野：経営戦略論，技術経営管理論
主要業績：福澤光啓・椙江亮介・朴英元・石瑾，2020，「バリューチェーンにおけるITシステム活用の実証分析―ものづくり企業 4 社のケース・スタディ―」『The Journal of Japanese Operations Management and Strategy』10（1）: 18-34。
Fukuzawa, M., Inamizu, N., Shintaku, J., Yokozawa, K.& Suzuki, N., 2018, "The nature of surviving Japanese factories in the global competition: An empirical analysis of electrical and electronics factories," Fujimoto, T.& Ikuine, F. (Eds.), *Industrial Competitiveness and Design Evolution*, Springer Japan, 223-247.

おおひら すすむ
大平 進 Susumu Ohira **第11章，第12章**

早稲田大学大学院商学研究科博士後期課程単位取得退学
早稲田大学人間科学部卒業（スポーツ科）。ペンシルベニア大学（米国）大学院，修士課程修了（環境地質学）。ワブコジャパン株式会社在職中に早稲田大学大学院商学研究科修士課程修了。早稲田大学大学院商学研究科博士後期課程単位取得退学。早稲田大学商学学術院助手，助教，千葉商科大学商経学部専任講師を経て
現　在：千葉商科大学商経学部准教授
専門分野：マーケティング戦略
主要業績：大平進，2021，「ギグ・エコノミーが製品開発に及ぼす影響―新しい働き方がもたらすイノベーション創出の可能性―」『マーケティングジャーナル』40（3）: 117-138。
大平進，2019，「ネットワーク視点による売り手と買い手の関係性研究の潮流と課題」『千葉商大論叢』57（2）: 45-57。

金子　充（かねこ みつる） Mitsuru Kaneko　第13章

明治大学商学部卒業。早稲田大学大学院商学研究科博士後期課程単位取得退学

早稲田大学商学部助手，京都女子大学現代社会学部助教などを経て

現　　在：早稲田大学消費者行動研究所招聘研究員

専門分野：消費者行動論，マーケティング・リサーチ

主要業績：金子充，2019，「消費者行動と情報処理」『消費者行動の実証研究』中央経済社。

金子充・臼井浩子・宇田詩織・大池寿人・落合彩映・神﨑啓慎・検見﨑誠矢・山田南帆・守口剛，2015，「ラベリングが消費行動に与える効果 —『○○女子』『××男子』のラベリングは消費行動を変えるのか—」『マーケティングジャーナル』35（2）：20-37。

宮永健太郎（みやながけん たろう） Kentaro Miyanaga　第14章

京都大学大学院経済学研究科博士後期課程修了，博士（経済学）

現　　在：京都産業大学経営学部准教授

専門分野：環境ガバナンス論，ソーシャル・ガバナンス論ほか

主要業績：Miyanaga, K., K. Nakai,2021, “Making adaptive governance work in biodiversity conservation: lessons in invasive alien aquatic plant management in Lake Biwa, Japan,” *Ecology and Society*, 26（2）：11.

Miyanaga, K.,D. Shimada.,2018, “‘The tragedy of the commons’ by underuse: Toward a conceptual framework based on ecosystem services and satoyama perspective,” *International Journal of the Commons*, 12（1）：332-351.

井口　衡（いぐち はかる） Hakaru Iguchi　第15章

上智大学経済学部卒業。早稲田大学大学院商学研究科博士後期課程修了，博士（商学）

京都経済短期大学専任講師を経て

現　　在：京都産業大学経営学部准教授

専門分野：国際経営・ファミリービジネス

主要業績：Iguchi, H., J. Yamanoi and H. Katayama, 2022, “CEOs’ Religiosity and Corporate Green Initiatives,” *Small Business Economics*, 58：497-522.

井口衡，2020，「同族企業における事業承継の不確実性と長期的投資行動」『組織科学』53（3）：4-17（2021年 組織学会高宮賞〔論文部門〕受賞）

■編著者紹介

具　滋承（ク　ジャスン） JaSeung Koo

ニューヨーク大学（米国）大学院修士課程修了，修士（財政学）

早稲田大学大学院商学研究科博士後期課程修了，博士（商学）

Booz Allen Hamilton, Ernst & Young TAS, Deloitte Tohmatsu Financial Advisory を経て

現　　在：京都産業大学経営学部准教授

研究分野：経営戦略論，国際経営論

主要業績：Koo JS, Yamanoi J, Sakano T., 2020, "Acquisition Announcements and Stock Market Valuations of Acquiring Firms' Alliance Partners: A Transaction Cost Perspective.," *Journal of Business Research*, 118：129-140.

Koo JS., 2020, "How Do Advisors Influence Mergers and Acquisitions?: An Analysis of Acquisitions in Japan," *Journal of Asian Finance, Economics and Business*, 7（7）：123-129.

Horitsu Bunka Sha

経営学の入門

2022年4月20日　初版第1刷発行

編著者　具　滋承

発行者　畑　　光

発行所　株式会社　法律文化社

〒603-8053
京都市北区上賀茂岩ヶ垣内町71
電話 075(791)7131　FAX 075(721)8400
https://www.hou-bun.com/

印刷：西濃印刷㈱／製本：㈱藤沢製本

装幀：谷本天志

ISBN 978-4-589-04198-2

© 2022 JaSeung Koo Printed in Japan

乱丁など不良本がありましたら，ご連絡下さい。送料小社負担にてお取り替えいたします。
本書についてのご意見・ご感想は，小社ウェブサイト，トップページの「読者カード」にてお聞かせ下さい。

JCOPY 〈出版者著作権管理機構 委託出版物〉

本書の無断複写は著作権法上での例外を除き禁じられています。複写される場合は，そのつど事前に，出版者著作権管理機構（電話 03-5244-5088，FAX 03-5244-5089，e-mail: info@jcopy.or.jp）の許諾を得て下さい。

岩谷昌樹著

グローバルビジネスと企業戦略
—経営学で考える多国籍企業—

A５判・174頁・2640円

なぜサムスン電子はアジア最大のグローバルブランドになれたのか？なぜシャープは業績不振に陥り，鴻海精密工業の子会社となったのか？……さまざまな多国籍企業の成功と失敗の事例から，世界でビジネスを展開し成功するための戦略を学ぶ。

道幸哲也・加藤智章・國武英生編
〔〈18歳から〉シリーズ〕

18歳から考えるワークルール〔第２版〕

B５判・116頁・2530円

仕事を探し，働き，辞めるまでのさまざまな局面における基礎的知識と法的・論理的思考を習得する。法改正や新たな動向をふまえ補訂するとともに，各章末に理解度チェックQ&AをQRコードで添付。

村上　文著

ワーク・ライフ・バランスのすすめ

A５判・160頁・1870円

いま，なぜ「ワーク・ライフ・バランス（仕事と生活の調和）」なのか。官民あげて推進することとなった背景や実践方法について基本データや先駆的な事例を挙げて概観し，普及のための視座と作法を提供する。

河合　塁・奥貫妃文編

リアル労働法

A５判・186頁・2310円

日々の労働現場で起こるリアルな出来事を題材に就活から退職までライフステージにそって労働者の権利を身につけることができる入門書。ネットゲームで知り合った若者を主人公にしたストーリー仕立てで楽しく学べる。

山下眞弘編著

会社法の道案内
—ゼロから迷わず実務まで—

A５判・200頁・2090円

学生だけでなく，実務で会社法の修得が必要な人のために改正法の全体像と実務に役立つ基礎知識を整理。学習課題の確認，「キーワード」や「一歩先に」，「Q&A」など具体的に考える素材を提供する。協同組合等の組織にも言及。

法律文化社

表示価格は消費税10％を含んだ価格です